"1+X"职业技能等级证书（网约车运营管理）配套教材

网约车运营管理

北京运华科技发展有限公司　组编

主　编　苗　骥　朱学军

副主编　赵一敏　窦慧丽

参　编　艾　亮　苏晓瞳　李　芳　向　巍
　　　　郗玉平　傅丽贤　韦婷婷　丁　丽

主　审　廖　明　王建良

机械工业出版社

本书是"1+X"网约车运营管理职业技能等级证书的配套教材，全书紧密围绕网约车运营企业内部运作、相关管理模式和方法进行编写。教材内容依据"1+X"网约车运营管理职业技能等级标准，将初级、中级、高级涉及的职业技能要求融入教材内容，涵盖网约车企业运营与资产管理部门中初级技能人员、中级技能人员、高级技能人员日常工作所需的职业技能。全书分为五个项目，分别介绍了网约车及平台运营管理、网约车驾驶员管理、网约车资产管理、网约车客户关系管理和网约车企业经营管理。

本书内容新颖、知识面广、重难点突出、内容完整，同时借助"互联网+"及信息技术，使教材内容呈现立体化、可视化和数字化。

本书可作为"1+X"网约车运营管理职业技能等级证书培训教材；也可作为"1+X"网约车运营管理职业技能等级证书适用专业授课教材，如汽车技术服务与营销、汽车运用与维修、交通运输、车辆工程等专业；还可作为网约车运营企业内部的培训教材及网约车运营企业销售、运营、财务与资产管理部门内专员、主管、经理相关岗位（群）人员的学习用书。

为了方便学习，本书配有电子课件，教师可登录 www.cmpedu.com 以教师身份注册、下载，或电话咨询 010-88379201。

图书在版编目（CIP）数据

网约车运营管理 / 北京运华科技发展有限公司组编；苗骥，朱学军主编. —北京：机械工业出版社，2021.8（2024.12重印）
ISBN 978-7-111-68965-2

Ⅰ.①网… Ⅱ.①北… ②苗… ③朱… Ⅲ.①出租汽车–运输企业–运营管理–中国–职业技能–鉴定–教材 Ⅳ.①F542

中国版本图书馆CIP数据核字（2021）第165995号

机械工业出版社（北京市百万庄大街22号　邮政编码100037）
策划编辑：师　哲　责任编辑：师　哲
责任校对：孙莉萍　封面设计：鞠　杨
责任印制：常天培
固安县铭成印刷有限公司印刷
2024年12月第1版第3次印刷
184mm×260mm·16.75印张·415千字
标准书号：ISBN 978-7-111-68965-2
定价：49.80元

电话服务　　　　　　　　网络服务
客服电话：010-88361066　机　工　官　网：www.cmpbook.com
　　　　　010-88379833　机　工　官　博：weibo.com/cmp1952
　　　　　010-68326294　金　书　网：www.golden-book.com
封底无防伪标均为盗版　　机工教育服务网：www.cmpedu.com

网约车运营管理
编审委员会

顾　问：吴宗保　锁冠侠　简玉麟　阎文兵　张振华　李东江　黄智刚
　　　　陈建民　杨忠越　陈　希　张一兵　梁仁建

主　任：杨加彪

副主任：刘　鸿　叶忠杰　刘学军　罗　成

委　员：盛艳波　刘建农　李建明　康　宁　冯　永　王　东　赵培全
　　　　于　敬　赵暨羊　娄权鑫　叶　东　陈　青　单琪奇　窦　宏
　　　　曾红雯　周晓光　王红凯

前　言

2012 年，作为一种"互联网＋汽车交通"新业态，网约车行业走进我国。网约车行业诞生于北京一家软件企业——北京小桔科技有限公司；然后在腾讯、阿里两大互联网巨头的助力下迅速崛起；近年来一大批企业纷纷投入，网约车行业百花齐放。时至今日，我国的网约车行业历经几轮起伏后，已发展成为公共交通领域一支重要力量。

截至 2021 年 2 月，全国网约车平台超过 200 余家，从业驾驶员（含兼职）达到 3000 多万，网约车用户规模已达 3.65 亿，目前仍然有较大发展空间。

网约车行业是一个新兴的互联网＋汽车交通行业，涉及面广，运营和管理内容比较复杂，对从业人员的综合素质和能力有一定的要求。为适应新业态人才需求，在"1+X"职业技能体系的支持下，本书严格按照"1+X"《网约车运营管理》职业技能等级标准中职业技能等级要求进行编写，教材内容充分反映了当前从事网约车运营管理需要的最核心的知识和技能，较好地体现了科学性、先进性和超前性。

本书全面系统地讲解了网约车运营企业内部运作、相关管理模式和方法。全书分为五个项目，突出了适应职业技能培训的特色，按等级、分任务的编写模式，每个任务按照对应的"1+X"《网约车运营管理》职业技能等级标准中各级别要求进行了标注，帮助读者有针对性地系统学习。

本书由苗骥、朱学军主编，赵一敏、窦慧丽担任副主编；艾亮、苏晓瞳、李芳、向巍、郗玉平、傅丽贤、韦婷婷、丁丽参编。全书由廖明、王建良主审。书中的部分技术资料由北京运华科技发展有限公司提供。

本书的编写是一项探索性工作，随着网约车行业的快速发展，网约车运营管理在不断地变革和创新，教学过程中的内容也随着行业的不断进步和发展有待完善，我们将与读者共同学习，共同为企业培养合格岗位人才而努力。

由于编者水平有限，书中难免有不足之处，敬请读者批评指正。

编　者

二维码清单

名称	二维码	页码	名称	二维码	页码
1-4 如何进行新服务产品设计		47	3-4 在库车辆库龄管理		143
2-2 网约车救援服务作业流程		79	4-1 网约车客服人员沟通技巧		167
2-3 网约车驾驶员培训流程		88	4-3 网约车客户满意度调查指标和调查方法		189
3-1 网约车新车验收及档案建立		109	5-2 撰写网约车市场调研报告		230
3-3 网约车运营车辆维护工作类型及内容		131	5-5 合同审核流程及合同审查的步骤		250

目 录

前言

二维码清单

项目一　网约车及平台运营管理 ……………………………………………… 1

　　任务一　网约车租赁出借业务（初级）………………………………………… 1
　　任务二　网约车租赁还车业务（初级）………………………………………… 21
　　任务三　网约车区域网点经营管理（中级）…………………………………… 25
　　任务四　网约车平台运营活动管理（高级）…………………………………… 37
　　任务五　网约车平台使用与维护（初级）……………………………………… 51

项目二　网约车驾驶员管理 …………………………………………………… 65

　　任务一　网约车驾驶员基础管理（初级）……………………………………… 65
　　任务二　网约车救援及车辆替换服务（初级）………………………………… 77
　　任务三　网约车驾驶员培训管理（初级）……………………………………… 82
　　任务四　网约车驾驶员队伍建设管理（中级、高级）………………………… 93

项目三　网约车资产管理 ……………………………………………………… 109

　　任务一　网约车资产信息管理（初级、高级）………………………………… 109
　　任务二　网约车保险管理（初级、中级）……………………………………… 117
　　任务三　运营车辆维保管理（初级、中级）…………………………………… 130
　　任务四　网约车资产采购与管理（中级、高级）……………………………… 139
　　任务五　网约车资产安全管理（初级、中级）………………………………… 158

项目四 网约车客户关系管理 ··· 163

任务一 客户常见问题处理（初级、中级）······················ 163
任务二 客户投诉处理（中级）····································· 172
任务三 客户关怀及满意度回访调查（初级）···················· 183
任务四 客户满意度数据分析（初级）···························· 193
任务五 潜在客户分析及客户忠诚度提升（初级）··············· 202

项目五 网约车企业经营管理 ··· 210

任务一 网约车平台大数据分析（高级）························· 210
任务二 市场调研分析（高级）····································· 224
任务三 市场营销方案制订（高级）······························· 232
任务四 企业经营状况分析及发展目标制订实施（高级）······· 239
任务五 企业法律风险防范及法律事务处理（高级）············ 250

参考文献 ··· 260

项目一　网约车及平台运营管理

任务一　网约车租赁出借业务（初级）

任务描述

某网约车租赁企业业务员张毅在运营平台中协助李先生进行网约车租赁出借预订业务，并约定时间到店办理相关手续。即日，张毅接待了李先生，并办理了网约车出借业务。

任务目标

1. 能够依据汽车租赁企业服务规范完成承租人资格审查。
2. 能够根据承租人需求信息判别业务类型及用车需求。
3. 能够根据承租人意向适当进行增值服务项目推介。
4. 能够按照网约车租赁出借标准操作流程，完成验车操作。
5. 能够向承租人充分、清晰地讲解汽车租赁合同权责事项，促成合同签订。

相关知识

汽车租赁是指将汽车的资产使用权从拥有权中分开，出租人具有资产所有权，承租人拥有资产使用权，出租人与承租人签订租赁合同以交换使用权利的一种交易形式。

网约车：即网络预约出租汽车经营服务的简称，是指以互联网技术为依托构建服务平台，接入符合条件的车辆和驾驶员，通过整合供需信息，提供非巡游的预约出租汽车服务的经营活动。

分时租车：是租车行业新兴的一种租车模式。意指以小时或天计算提供汽车的随取即用租赁服务，消费者可以按个人用车需求和用车时间预订租车的小时数，其收费将按小时计算。

一、汽车租赁业现状

1. 汽车经营租赁市场规模

根据 2012—2020 年我国汽车经营租赁市场规模波动变化统计数据显示，2019 年，我国汽车经营租赁市场规模为 917 亿元，2020 年超 1000 亿元，如图 1-1 所示。

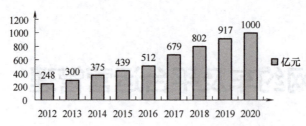

图 1-1　2012—2020 年我国汽车经营租赁市场规模

2. 互联网 + 汽车租赁发展模式

目前，互联网 + 汽车租赁发展模式有四种，见表 1-1。

表 1-1　互联网 + 汽车租赁发展模式

模式	具体分析
传统租赁企业的互联网模式	传统租赁企业早期通过发展门店，扩大租赁车辆规模为主，为布点抢占市场，在自有网点，推出网络租车服务。网络租车是企业租赁推广渠道的补充，单点客户的承接量受限于网点车辆规模，企业通过门店调配车源的方式短期满足客户需求
租赁平台模式	企业无须投入巨额的购车费用，只需通过车主（租赁企业）加盟，就可快速扩大模式，并通过先进的技术达到为客户快速提供租赁服务的目的
P2P 模式	采用该模式的企业直接将私家车出租，把私家车的空闲时间标上出租价格，租给需要的人，平台为交易双方提供保险及交易资金转移服务
创新 P2P 模式	P2P 模式的创新，如"汽车共享 4.0"（传统的租赁共享 + 互联网 + 电动汽车 + 无线充电和自动驾驶），通过互联网平台将新能源汽车进行租赁，可实现随借随还

汽车租赁是传统与现代相互融合的行业，作为我国新兴的交通运输服务业，它是一种能够满足社会公众个性化出行、商务活动、公务活动和旅游休闲等需求的交通服务方式。互联网的快速发展，使在线租赁模式逐渐兴起，尤其在短租自驾和分时租赁市场，移动化、自助化趋势愈发明显，行业整体呈现多元化发展特征。行业进驻厂商不断增多，市场竞争进一步加剧。我国互联网 + 汽车租赁市场主要企业见表 1-2。

表 1-2　互联网 + 汽车租赁市场主要企业

企业	运营特色	企业	运营特色
神州租车	直营 +P2P	TOGO 途歌	互联网 + 共享出行
一嗨租车	直营 +P2P+ 新能源	PP 租车	P2P+ 新能源
GoFun 出行	互联网 + 新能源	盼达用车	移动互联 + 车联网
租租车	互联网 + 自驾租车	悟空租车	B2P
一度用车	互联网 + 新能源	联动云出租	互联网 + 共享出行

3. 汽车租赁公司面临的主要竞争情况

在汽车市场增速回归正常、新车销售利润下滑的趋势下，汽车租赁可以有效地降低消费者用车门槛，从而促进汽车市场服务，并成为新的盈利增长点，而这点也深受企业用户欢迎。经营性汽车租赁也可以有效实现批量销售。因此，不仅仅是专业汽车租赁公司，厂商及经销商也都在积极投身汽车租赁这片蓝海中。汽车租赁公司分类见表1-3。

表 1-3　汽车租赁公司分类

汽车租赁公司类型	代表企业	企业特点
专业短期经营性汽车租赁公司	神州租车、一嗨租车、至尊租车等民营企业	提供便捷高效的租赁服务，满足用户短期需求，车队规模大，全国网点分布广，在风投支持下资金实力雄厚，系统化管理能力强
专业长期经营性汽车租赁公司	北京首汽、上海大众租赁等国有企业	车队平均规模小，区域化经营，主要依靠同客户的长期合作关系经营
专业融资性汽车租赁公司	先锋国际租赁等专业汽车融资性汽车租赁公司，国银租赁等金融租赁汽车租赁公司	利用融资租赁金融工具，帮助用户实现提前用车、均衡税负获得资金利差收入
银行系统融资租赁汽车租赁公司	国银金融租赁汽车租赁公司	资金实力雄厚，专业度较低
厂商主导	东风日产租车、梅赛德斯-奔驰租赁、大众新动力	促进品牌车辆新车及二手车销售，增加厂商金融服务盈利能力
经销商	庞大乐业融资租赁、广汇汽车租赁、易汇资本融资租赁、中进汽贸服务	促进车辆销售，增加经销商集团金融服务、盈利能力，产业链全面布局

二、汽车租赁业发展趋势

汽车租赁业未来将向三个方向发展：一是定制租赁，这一方式可以满足租车者个性化需求。在北京汽车租赁市场，大部分国际租赁品牌都利用本身业务优势，掀起"定制租赁"浪潮。二是合作金融系统，由于个人信誉体系不健全，导致汽车租赁手续烦琐。若租赁企业和金融系统结合将在一定程度上缓解骗租问题。三是车辆更新周期缩短，在欧美租赁车辆车龄在1年左右，超过2年的租赁车辆会通过二手车渠道淘汰。随着国内汽车租赁公司规模扩大、管理水平提高，租赁车辆更新周期降低到3~5年，后期会更短。

三、汽车租赁业务类型及业务流程

汽车租赁业务按照租赁期限分为短期汽车租赁业务和长期汽车租赁业务。短期租赁业务主要面向社会公众，需要在汽车租赁门店进行交车、还车等手续，业务流程环节较多，手续较为复杂。长期租赁业务主要面对单位客户，通过商务谈判和商务招标形式来确定租用车辆的价格、租期、车型、付款方式及相关服务等内容，业务流程相对简单。

1. 短期汽车租赁业务基本业务流程

短期汽车租赁业务主要包括交车前业务和交车后业务等，交车前业务包括预订、门店客户接待、验车、合同签订、交车；交车后业务包括收车违章处理。此外，为提高汽车租赁服务水平，汽车租赁经营者还提供车辆保险、车辆救援、车辆维护、服务跟踪等，如图1-2所示。

2. 长期汽车租赁业务基本业务流程

长期汽车租赁业务与短期汽车租赁业务流程内容虽然差别不大，但是具体操作和流程细节上还存在着较大差别。差异主要表现在获取客户渠道、合同签订流程以及租金支付方式等方面。短期汽车租赁业务提供的是一种标准化的作业流程，而长期汽车租赁业务的流程则更加灵活。长期租赁业务主要包括汽车租赁合同签署前业务和汽车租赁合同签署后业务，具体包括联系客户、公开招投标、合同签订、车辆采购及整备交付、租后服务、租金支出、合同履行完毕，如图1-3所示。

四、短期汽车租赁出借流程

承租人从汽车租赁预订开始至签订租车合同的业务过程称之为交车前业务，主要包括预订、门店接待、承租人资格审核、验车、签订合同等。

1. 汽车租赁预订

汽车租赁预订是承租人事先向汽车租赁经营者通过电话、网络、门店登记等方式提出的租车约定，是汽车租赁经营者提前获得需求信息并开展租赁业务的准备工作。

（1）预订方式　预订方式是承租人向汽车租赁经营者表达租车意愿的具体途径，可以分为以下四种，如图1-4所示。

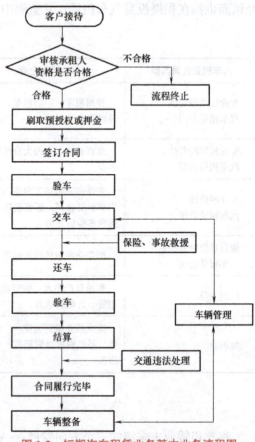

图1-2　短期汽车租赁业务基本业务流程图

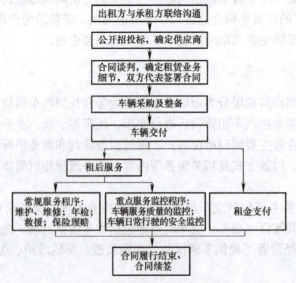

图1-3　长期汽车租赁业务流程图

（2）预订流程　预订流程是承租人按照汽车租赁经营者提供的预订途径完成汽车租赁预订手续的过程，可分为自助预订和人工预订两种方式，网上预订和手机客户端预订属于自助预订，电话预订和门店预订属于人工预订。

承租人直接前往门店预订时，主要程序如下。

1）说明需求。承租人将租车需求告知接待人员，接待人员根据需求介绍车型、价格、保险、增值服务等。

2）选择车辆。承租人可在营业门店停车场直接选择车型，并可查验车辆的实际状况。

a) 网上预订

b) 手机客户端预订

c) 电话预订

d) 门店预订

图 1-4　汽车租赁预订方式

3）其他事项确认。汽车租赁营业门店接待人员应告知承租人相关规定和重要信息。

4）签订合同。承租人对相关事项确认无异议后，即可直接签订租车合同，完成预订过程。

企业案例

某汽车租赁网站自助预约流程

步骤一：选择城市，如图 1-5 所示。

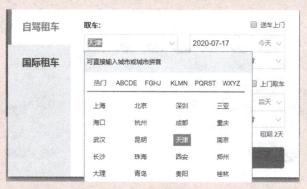

图 1-5　选择城市

步骤二：选择门店，如图 1-6 所示。

步骤三：确定时间，如图 1-7 所示。

步骤四：车型选择，如图 1-8 所示。

步骤五：选择服务，如图 1-9 所示。

步骤六：订单确认，如图 1-10 所示。

图 1-6　选择门店

图 1-7　确定时间

图 1-8　车型选择

图1-9 选择服务　　　　　　　　图1-10 订单确认

（3）预订费　部分优惠价格租车项目或预订重点节假日期间用车，一般需要客户支付部分预订费，为租金的10%~30%，结算时预订费冲抵租金。特殊订单需要客户在约定时间内完成预付操作，否则订单将自动失效。

（4）订单生效　通过网站、手机终端预订的，客户单击"提交订单"按钮后，订单即生效。到门店预订的，签订订单后生效。订单生效后，汽车租赁企业为客户预留所订车辆，并在取车前短信、电话提醒客户取车事宜。

（5）订单取消规则

1）无预订费订单。汽车租赁企业应有相应的优惠政策，鼓励客户按时执行订单。如果承租人在没有通知汽车租赁企业的情况下取消订单，汽车租赁企业应向客户提出违规告诫，并取消该客户的相应优惠待遇。

2）有预订费订单。非汽车租赁企业原因导致订单取消或未履行的，一般情况下预订费作为违约金不予退还；如因汽车租赁企业原因取消预订，预订费退还客户。

（6）订单修改规则

1）取车前修改订单。

① 无预订费订单：订单修改时间距离取车时间在6h以上的，有剩余车辆的情况下可以修改，但将重新计算车辆租赁价格；订单修改时间距离取车时间不足6h的，订单不可以修改；但在门店取车时，可视门店剩余车辆情况经协商修改订单信息，车辆租金价格将重新计算。如订单产生时间距离预计取车时间不足6h，在订单产生后2h内，在有剩余车辆的情况下，客户可修改订单，同时重新计算车辆租金价格和订单总金额。

② 有预订费订单：原则上不能修改。客户在预订取车时间前取车的，按实际取车的时间起算。

2）取车后修改订单。客户可修改的项目有还车时间、变更还车门店、变更还车方式。上述变更应于预计还车前24h告知汽车租赁企业。

3）提前或延时取车。提前或延时取车超时 0.5h 的，取车时间按照实际取车时间计算；超过预订取车时间 0.5h 或已过门店营业时间仍未取车的，汽车租赁企业应主动联系客户，根据联系结果取消订单或保留车辆。保留车辆的视为修改订单。

2. 汽车租赁门店接待业务

汽车租赁门店是汽车租赁业务开展的主要场所。门店服务人员对前来咨询、租车的客户提供各类资料、办理租车手续等。门店直接面对客户，是客户直接获得汽车租赁经营者产品信息、实际体验汽车租赁服务的最重要途径。良好的门店形象和优质的接待服务，有利于汽车租赁企业塑造品牌、提升形象及业务的开展。

汽车租赁门店为客户提供的面对面服务，主要包括客户接待、产品介绍、材料发放填写、验车、合同签订、收取押金或刷卡授权等。此外，汽车租赁门店业务还包括对客户资料进行资格审核等后台服务。

拓展资料

汽车租赁门店服务的基本要求

1. 门店服务设施要求

1）汽车租赁门店应符合公共候车区域的卫生标准。
2）汽车租赁门店应有明显标识。文字标识应与工商注册的名称或字号一致。
3）租车方的营业门店宜设置中文和英文双语标识。
4）营业门店可设立接待服务、业务办理、车辆交接等功能区域。如车辆交接区域与其他功能区域分离，出租方应提供承租人赴车辆交接区的交通服务，送车上门除外。
5）接待服务区域应公示服务项目、价目、租车手续、服务承诺和监督投诉等内容，为承租人提供等候、咨询等服务。
6）车辆交接区域至少具备 1 个停车位面积。

2. 接待人员服务要求

1）接待人员应经过岗位培训，上岗时宜统一着装，佩标识，仪表端庄整洁，文明礼貌待客。
2）接待人员应熟悉租车业务流程、租车产品种类、价格及优惠等业务和信息。
3）接待人员应业务熟练，快速完成信息验证、刷取预授权或收取押金、验车、交还车等手续。
4）接待人员应主动向承租人讲解重要合同条款及重点注意事项。

3. 承租人资格审查

承租人资格主要包括承租人身份信息、驾驶资格信息以及租车资金担保能力等。我国汽车租赁企业在汽车租赁时查验的身份证明主要包括：

1）对于我国内地公民，可持身份证、户口本或护照以及机动车驾驶证办理租赁手续。
2）对于我国香港、澳门、台湾地区居民，可持港澳居民来往内地通行证、台湾居民来往大陆通行证以及有效的驾驶证件办理租赁手续。
3）对于外籍承租人，可持护照、有效签证以及在我国的有效驾驶证件办理租赁手续。

4）对于企事业单位短租客户，可持企事业单位营业执照法人代码、承办人授权书、承租人身份证件和驾驶证件办理租赁手续。

4. 车辆推介

在选车时，业务员需要从客户租车的用途出发。如果客户出行旅游，最好选择空间宽敞、舒适的车型。如果客户出行的路况很差或者去探险，建议客户选择具有越野性能的车。如果客户是用于商务活动，可建议客户选择比较豪华的车，汽车租赁公司可以提供不同类型的租赁参考价格表，以供客户选择。租赁价格表模板见表1-4。

表1-4 租赁价格表模板

车型	1~2天（元）		3~8天（元）		8~15天（元）		月租（元/月）	季租（元/月）	半年租（元/月）	年租（元/月）	押金（元）	违章押金（元）	备注
	非会员	会员	非会员	会员	非会员	会员							

5. 增值服务推介

作为汽车租赁行业从业人员，需要做好以下几点：

（1）**进行需求分析**　通过提问、聆听、回应3种方式可以帮助从业者了解承租人需求。可以利用承租人平台注册信息及以往订单信息等来了解客户需求信息，包括承租人租车用途、用车经历、租车预算、开车习惯、用车环境、其他需求等内容。

（2）**掌握推介时机**　提供增值服务时，应选择合适推介时机。可以在以下时机提供增值服务：平台在线问询、车辆预订、交易洽谈、车辆交付、成交后联络。

（3）**了解增值服务内容**　不同的汽车租赁公司，其提供的增值服务是不同的，内容见表1-5。作为从业人员，要熟知增值服务内容，也要了解服务客户的需求及行业发展趋势，协助公司创立新的增值服务内容。

表1-5 增值服务内容

序号	服务名称	服务说明
1	异地还车	为方便客户归还车辆，推出自驾客户可将租赁的车辆归至公司在全国任一网点的短租服务
2	小额碰损责任免除	车辆租赁期间发生意外碰损，享受最高累计×××元的免赔额
3	碰损责任免除	车辆租赁期间发生交通事故，承租方无须承担××%车损维修费用及××%的加速折旧费用，其免赔额最高为×××元（承租人需协助办理保险理赔手续）
4	玻璃碰损责任免除	车辆租赁期间发生车辆被盗且在租赁时预先购买该产品，则其无须承担因车辆被盗而应承担的车辆灭失部分的赔付
5	GPS租赁	为方便自驾客户的出行，在租赁车的同时依据客户自身需求租用由公司提供的GPS道路导航设备的服务
6	车辆灭失责任免除	如果客户在车辆租赁期间发生车辆被盗且在租赁时预先购买该产品，则其无须承担因车辆被盗而应承担的车辆灭失部分的赔付

(续)

序号	服务名称	服务说明
7	整箱燃油	为免去在归还租赁车辆前必须加满燃油而带给客户的不便，自驾客户在租赁前提前优惠购买整箱燃油的服务
8	里程购买	为免去自驾客户在归还车辆时因超里程而必须支付的大额超公里费用，公司推出可由客户在车辆租赁前提前优惠购买里程服务

企业案例

×××租车公司增值服务

（1）GPS 导航仪　方便客户随时获得最直接有效的道路指南。

1）GPS 可能会因道路更新太快的原因发生导航偏差，敬请谅解。

2）GPS 为×××租车公司向第三方采购的附属产品，任何情况下，我们不承担因客户使用 GPS 而造成的损失。

说明：客户不得自行拆装在本公司租用的 GPS 设备，GPS 设备在归还时如有损坏，需按随车物品清单及价格表照价赔偿。

（2）儿童安全座椅　更好地为您的孩子提供安全乘车保障。

（3）上门送车服务　×××租车公司可将车辆送至客户指定地点现场办理租车手续。

1）各城市上门送车范围各有不同，具体送车范围请访问×××租车公司网站或向客服中心查询。

2）上门送车服务的取车等待时间为 30min，客户逾期未取车的将视为客户不履行订单。

3）该服务不向首次租车客户提供。

4）车辆已送到，但客户不符合租车资格导致租赁服务未能履行的，客户需支付上门送车费。

（4）同城异店还车服务　客户可在×××租车公司同一城市的任意门店归还租赁车辆。

1）同一城市的任意门店，指同城内的其他门店和服务点。

2）凡取车和还车在同城但不在同一门店或服务点的，均视为异店还车。

3）该服务为收费服务，客户需在预订车辆时预订，或在预计还车前 6h 告知×××租车公司客服中心；未提前 6h 告知的，扣×××元人民币。

（5）上门取车服务　租期结束，×××租车公司可到客户指定地点取回租赁车辆，现场办理还车手续。

1）客户指定地点，指×××租车公司门店、服务点以外的地点。

2）各城市上门取车的具体范围请访问×××租车公司网站或向客服中心查询。

3）该服务不向首次租车客户提供。

4）若车辆在使用过程中出现事故或故障的，客户需到门店还车。

（6）异地还车服务　客户可在×××租车公司全国的任意门店归还车辆。

1）全国的任意门店，指×××租车公司城市网络覆盖范围内的任何门店或服务点。

2）凡取车和还车不在同一城市的，均视为异地还车。

3）该服务为收费服务，客户需在预订车辆时预订，或在预计还车前6h告知×××租车公司客服中心；未提前6h告知的，扣×××元人民币。

4）各城市异地还车费以×××租车公司网站公布为准。

（7）**不计免赔服务**　×××租车公司为客户提供不计免赔服务作为基本保险的补充，客户购买不计免赔服务后，可免除车辆损失险中×××元的客户承担部分，但客户仍须向×××租车公司支付停运损失费。

6. 验车

验车是达成汽车租赁协议前，承租双方共同对租赁车辆的外观、内饰、技术状况等进行检查，确认租赁汽车处于良好的状态，从而保障承租双方权益的行为。汽车租赁实质是车辆使用权的转移，是由出租人将车辆交由承租人使用。一方面，作为交通工具，租赁汽车在使用过程中，可能发生车辆损坏、配件丢失等情况，造成车辆价值损失，损害出租方利益；另一方面租赁汽车面向不同承租人，使用者众多，需明确造成车辆损坏的真实责任人，避免损害其他承租人权益。因此，车辆检查是明确车辆状况，分清车辆损坏责任的必要环节。

验车项目一般包括车辆外观、配备装备、轮胎状况、座椅状况等。门店服务人员根据检查填写验车单。验车单是车辆状况的基本凭证，是包含车辆外观、内饰、装备配备情况等信息的综合单据，是还车时检查车辆状况的依据，验车单应由门店服务人员和承租人共同填写，并签字确认，如图1-11所示。

7. 计价

在签订合同前，业务人员应向客户详细介绍租车费用的构成和计算方法。承租人租赁汽车需要支付的费用包括租金、保险费用、超时费、超程费、增值服务费及其他费用。

（1）**租金**　租金是承租人为获得租赁车辆使用权及相关服务而向汽车租赁经营者所支付的费用。通常包括车辆使用费、折旧费、保险费、维护费、企业预期利润等；非承租人责任导致的维修费、替换费、救援费和合同约定的其他服务项目的服务费等。

租金金额为租金标准（单价）乘以租期。租金标准为单位时间租车价格，租金标准的单位为元/年、元/月、元/天、元/小时。注意，此处的保险费是指租赁车辆投入运营时，汽车租赁企业投保机动车交通事故责任强制保险（以下简称"交强险"）、车辆损失险、机动车辆全车盗抢险（以下简称"盗抢险"）所支付的保险费。

（2）**保险费用**　通常，汽车租赁企业仅给租赁车辆投保交强险、最低保额的第三者责任险、有免赔的车辆损失险和盗抢险。发生意外时这些基本保险租金难以分担承租人损失。为弥补基本保险的不足，汽车租赁企业可投保赔偿额度高和可全额赔付的保险，当然，客户需要支付额外的保险费用。

（3）**超时费**　指租赁汽车的使用时间超过合同约定的租期但不足一个收费周期，承租人依照合同约定标准，向汽车租赁经营者支付超时部分的费用，金额为超时费率乘以超时时间。

（4）**超程费**　指租赁汽车的行驶里程超出合同约定数额，承租人依合同约定标准根据超出的里程数，向汽车租赁经营者支付的费用，金额为超程费率乘以超出行驶里程的数值。

验车单

合同号:							NO:	
所属门店			车辆型号			车牌号码		
项目	发车时	还车时	项目	发车时	还车时	项目	发车时	还车时
千斤顶			存油量	0 ─┼─ 1	0 ─┼─ 1	转向灯		
工具包						喇叭		
故障警示牌			门外拉手			安全带		
灭火器			点烟器			室内灯		
轮胎			烟灰缸			遮阳板(2块)		
前左			车窗升降			车内后视镜		
前右			驻车制动			GPS导航		
后左			行车制动			行驶证		
后右			刮水器			交强险		
备胎			仪表盘			保险卡		
风窗玻璃			音响			车钥匙		
车窗玻璃			空调			完税证明		
后视镜			车灯			车钥匙		

发车: 前

还车: 前

图例: √:正常完好齐全 N:缺少 —:划痕 ○:凹陷 ●:脱落 ☆:其他

发车公里数	发车时间	还车公里数	还车时间
		双方对上述发车情况确认无疑。	
出租方签字:	承租车方签字:	出租方签字:	承租车方签字:
日期:	日期:	日期:	日期:

图1-11 国内某汽车租赁企业的验车单

(5) **增值服务费**　指承租人由于需要异地还车、GPS 导航仪、儿童座椅等个性化增值服务所应支付的费用。

(6) **其他费用**

1) 交通违章费用：车辆租赁期间产生的违章，由客户自行负责。客户还车时，须按一定标准支付违章押金，还车后 30 天并结清违章等所有费用后，退还剩余押金。

2) 燃油费：客户归还车辆时，油量不低于出车时油量。如果还车时油量高于出车时油量，汽车租赁企业应以现金或按多出油量的市价退还；如果还车时油量低于出车时油量，客户除须按当地油费标准支付燃油费用外，还须另外支付加油代办费。

3) 加速折旧费：若车辆发生严重事故（第三方全责造成的事故除外），维修费用金额超过一定数额，客户须另付加速折旧费（通常为车辆维修费总额的 20%）。

4) 随车物品损失：车辆归还时，车辆及随车物品应完好无损，对客户租车期间造成的随车物品损坏或遗失，客户须照价赔偿。

8. 合同签订

业务人员请客户共同确认合同内容与客户需求或预订确认单内容相符、租金标准、承租人信息等条款无误后请客户签字。

（1）汽车租赁合同主要内容和特点 除《中华人民共和国合同法》中租赁合同的主要内容外，汽车租赁合同有以下内容和特点：

1）出租、租赁双方权利义务。出租人与承租人的权利义务、服务内容已形成双方认可的约定俗成的固定模式。出租人要为租赁车辆投保第三者责任险、车损险、盗抢险等，还应当负责租赁车辆的维修、年检、各种税费的缴纳等，并提供免费救援、保险索赔等服务。服务规范的租赁公司，还承诺为承租人提供全方位服务，承租人全无后顾之忧。当然，承租人不得侵犯出租人对租赁车辆的所有权，需承担因人为原因造成的损失和发生意外时保险免赔部分的损失。上述内容，会在双方签订的合同上，以非常清楚和可以度量的方式确定，以保证汽车租赁过程中双方的权益。

2）承租人、担保人信息资料。汽车租赁承租人、担保方的信息是汽车租赁合同的最重要内容之一。信息资料包括承租人、担保方的名称、法定地址、居住地址、联系电话（固定电话、移动电话）等详细内容。当承租人是法人时，承办人的相关信息也应在合同中记录。承租人、承办人身份证明的有关证件的复印件也是信息资料的组成部分，在签订租赁合同时，出租人应核实承租人信息的真实性和承办人与承租人委托关系的合法性。

3）租赁车辆交接清单。汽车租赁交易存在租赁物转移的特点，因此必须在租赁合同中记录出租、租赁方在签订合同时租赁物的物理特性及现状，合同的这部分内容被称为"车辆交接单"，通常包括车型、车辆牌号、发动机号、车架号及车辆外观等。租赁车辆交接单证明履约行为，在还车时需进行比对，故出租、承租人在交接车辆时应认真核对车辆交接单。

（2）汽车租赁合同的类型和主要构成

1）按格式划分。

① 格式合同（标准合同）。格式合同是指全部由格式条款组成的合同，我国《合同法》第39条规定："格式条数是当事人为重复使用而预先拟订并在订立合同时未与对方协商的条款"。

② 定制准合同（非标准合同）。对于长期租赁和有特殊需要的客户，租赁车辆的车型、租期、付款方式、服务内容等合同主要内容差异较大，汽车租赁企业要与客户进行谈判才能确定合同的主要内容，所以格式条款这样的标准合同无法满足此类业务的需要。汽车租赁企业可以和客户按照定制服务的内容起草合同，也可以通过标准合同加补充合同的形式确定双方权利和义务。

2）按业务类别划分。根据业务内容的不同，汽车租赁合同可分为长期租赁合同、短期租赁合同、带驾驶员租赁合同、婚车租赁合同和班车租赁合同等。

3）汽车租赁合同的主要构成。完整的汽车租赁合同由汽车租赁合同文本及其附件（汽车租赁登记表、车辆交接单、车辆租用告知书、补充合同）组成。

车辆租用告知书样本

车辆租用告知

感谢您租用本公司车辆。请您认真阅读租赁合同条款,充分了解租赁合同内容。

1. 本公司向您提供的车辆(牌照号:_____),行驶牌证齐全有效,技术状况良好,已在运输管理部门备案,已向保险公司投保机动车交通事故强制保险、_____险和_____险。

2. 您驾驶的车辆如果发生事故或运行故障,请及时拨打我公司的_____救援电话,以便我们及时组织救援并办理保险索赔。

3. 为了使您的合法权益得到保障,您租用的车辆请由租赁合同中指定的驾驶员驾驶,不要转借他人使用,不要擅自改装车辆或安装其他附属设施,不得利用该车辆非法从事运营活动。在租用车辆期间发生的交通违法行为,请您及时接受处罚,自行承担法律责任。

4. 欢迎您对我们的服务进行监督并提出宝贵意见。我公司的监督投诉电话:_____。

合同样本

《北京市汽车租赁合同》条款

1) 术语解释。

① 出租人:持有经营范围含有"汽车租赁"的营业执照和汽车租赁经营许可证,为承租人提供汽车租赁服务的企业。

② 承租人:与出租人订立汽车租赁合同,获得租赁车辆使用权的自然人、法人和其他组织。

③ 保证人:当承租人不能履行汽车租赁合同约定的义务时,代为承担相应责任的第三方。

④ 租赁车辆:依照汽车租赁合同约定,出租人提供给承租人使用的车辆,包括附属设施、部件和牌证。

⑤ 租金:承租人为获得租赁车辆使用权及相关服务而向出租人支付的费用。租金不包括承租人使用租赁车辆发生的燃油费、通行费、停车费、违章罚款等费用。

⑥ 有效证件:能够证明租赁车辆符合法律、法规规定的在道路上行驶的有关证件,如行驶证等。

⑦ 设备:指保证车辆安全、正常行驶时相应服务的设备,如备胎、随车工具、报警器、灭火器、座套等。

⑧ 超时费:超过合同约定租期且不足一个收费用期,以合同约定标准,计收超时部分的租金。

⑨ 超程费：超出合同约定的行驶里程部分，按元/km 计收费用。

⑩ 保证金：为保证承租人履行合同义务，由承租人提供的资金形式的担保。

2) 通用条款。本条款根据《中华人民共和国合同法》《北京市汽车租赁管理办法》等有关法律、法规、规章制订。

第一条　出租人权利

① 拥有租赁车辆所有权。

② 依照合同向承租人计收租金及约定费用。

第二条　出租人的义务

① 向承租人交付技术状况为《营运车辆技术等级划分和评定要求》（JT/T 198—2004）规定的一级标准、设备齐全的租赁车辆以及租赁车辆行驶所需的有效证件。

② 交接租赁车辆时如实提供车辆状况信息。

③ 免费提供租赁车辆维护以及合理使用过程中出现的故障维修服务。

④ 提供本市行政区域内故障、事故的 24h 救援服务。

⑤ 承担不低于 80% 的因交通事故或盗抢造成的租赁车辆车价损失；承担不低于 5 万元的第三者责任意外风险。

⑥ 对所获得的承租人信息负有保密义务。

第三条　承租人的权利

① 按照合同的约定拥有租赁车辆使用权。

② 有权获知保证安全驾驶所需的车辆技术状况及性能信息。

③ 有权获得出租人为保障租赁车辆使用功能所提供的相应服务。

第四条　承租人的义务

① 如实向出租人提供驾驶证、身份证、户口本、营业执照等身份证明资料。

② 按合同约定交纳租金及其他费用。

③ 按车辆性能、操作规程及相关法律、法规的规定使用租赁车辆。

④ 妥善保管租赁车辆，维持车辆原状。未经出租人允许，不得擅自修理车辆，不得擅自改善、更换、增设他物。

⑤ 承担不高于 20% 的因交通事故或盗抢造成的租赁车辆车价损失；承担因交通事故引发的其他责任：承担保险条款规定贴付范围、合同约定或法律法规规定应由出租人承担之外的其他经济损失。

⑥ 保护出租人车辆所有权不受侵犯。不得转卖、抵押、质押、转借租赁车辆；未经出租人允许和相关管理部门批准，不得转租租赁车辆。

⑦ 租赁车辆发生交通事故、被盗抢时，应立即向公安、交管等部门报案并在 12h 内通知出租人，协助出租人办理相关手续。

⑧ 保证租赁车辆为合同登记的驾驶员驾驶，在租赁期内，如承租人登记的信息发生变化，应及时通知出租人。

⑨ 租赁期满，应按时归还租赁车辆及有效证件。

第五条　租金、保证金

① 租金单位为元/年、元/季、元/月、元/天、元/小时，租金标准双方约定。

②承租人用保证金提供担保的，保证金不得用于充抵租金，合同履行完毕后，保证金应退还承租人。承租双方经约定也可采取其他方式担保。

第六条　意外风险

①双方约定的意外风险责任，出租人可向保险公司投保或以其他方式承担。对约定分担的意外风险未投保的，风险损失的计算、赔付，参照机动车辆保险条款及赔付程序进行。

②政府政策重大变化、不可抗力以及无法追究责任造成的损失，依照有关法规和公平原则双方协商解决。

第七条　出租人的违约责任

出租人未能履行向承租人提供合同约定的车辆、服务等义务时，应承担下列违约责任：

①提供的租赁车辆不符合一级标准的，应予以更换；车辆危及承租人人身安全的，承租人有权解除合同。

②不能按约定提供故障维修、救援时，承租人有权解除合同，出租人应退还租赁车辆停驶期间租金并支付停驶期间租金20%的违约金。

③维修、救援后，租赁车辆仍无法恢复使用功能，出租人应提供相应档次替换车辆或其他救济措施。

④出租人原因导致车辆技术故障的，应承担由此给承租人造成的直接损失。

第八条　承租人的违约责任

承租人不能按合同约定交纳费用、使用租赁车辆、保管租赁车辆、归还租车辆时，应承担下列违约责任：

①逾期交纳租金的，每逾期一日按应交租金总额的0.5%交纳滞纳金。逾期归还租赁车辆的，除继续计收租金外，应交纳逾期应交租金20%的违约金。

②承租人有下列行为的，出租人有权解除合同并收回租赁车辆：

a. 提供虚假信息；

b. 租赁车辆被转卖、抵押、质押、转借、转租或确有证据证明存在上述危险；

c. 拖欠租金或其他费用。

③承担不按车辆性能或操作程序使用而造成的租赁车辆修理、停驶损失，承担因过失被保险公司拒绝赔偿的损失。

④承担擅自更改、更换、增设他物等改变租赁车辆原状造成的损失。

⑤承担非出租人原因导致车辆被第三方扣押的责任。

⑥违反交通安全法规时，应在被告知的5日内接受处罚。如拒绝接受处罚，合同中登记的驾驶员将作为违法责任人被提交公安交通管理部门处理。

第九条　担保条款

如采用保证人提供担保的方式，保证人应就承租人履行本合同的义务负连带保证责任。

第十条　特别约定

承租双方可对本合同通用条款内容以书面形式予以增加、细化，但不得违反有关法规及政策规定，不得违反公平原则。另约定中含有不合理地减轻或免除通用条款规定的应由出租人承担的责任内容的，仍以通用条款为准。

第十一条 其他

①"专用条款""汽车租赁登记表（表1-6）""租赁车辆交接单（表1-7）"作为"通用条款"的附件，共同构成《北京市汽车租赁合同》。

②承租人如要求延长租期，须在合同到期前提出续租申请，出租人有权决定是否续租。

③本合同项下发生的争议，双方应协商或向北京出租汽车暨汽车租赁协会、各级消费者协会等部门申请调解解决；协商或调解解决不成的，可向有管辖权的人民法院提起诉讼或向双方选定的仲裁机构提起仲裁。

表1-6 汽车租赁登记表

汽车租赁登记表

合同号：

承租人					
住址/地址					
电话			证件种类/号码		
担保人					
住址/地址					
电话			证件种类/号码		
驾驶员	档案号		驾驶证号码		电话
车牌号	车型	颜色	发动机号	车架号	颜料标号
起租时间		终租时间		租期	行驶里程
租金标准	超程费	超时费	保证金	预付租金	下次付款日
合同变更记录					
出租人： 经办人： 日期：			承租人： 经办人： 日期：		

表1-7　租赁车辆交接单

租赁车辆交接单

车牌号：_____

车辆交接情况							
提车时间	年 月 日	起始公里		应还车时间		年 月 日	
车辆型号		发动机号		车辆钥匙			
行车去向		还车公里		还车时间		年 月 日	
		租出	归还			租出	归还
各种证件	行驶证			牌照（前后）			
	车险复印件			使用说明书			
车况	左前照灯			车身			
	右前照灯			刮水器			
	左前示廓灯			前后保险杠			
	右前示廓灯			座套			
	左前转向灯			点烟器			
	右前转向灯			底盘			
	左反光镜			防盗锁			
	右反光镜			收放机			
	左后转向灯			脚垫			
	右后转向灯			烟灰缸			
	左后制动灯			油盖			
	右后制动灯			栅灯			
	左倒车灯			车内反光镜			
	右倒车灯			仪表盘			
	侧车灯			发动机工况			
	防雾灯			空调工况			
工具	千斤顶一只			轮胎扳手			
	备胎一只			呆扳手一把			

其他异常备注：

注：1. 上述证件、车况，备用工具好的在空格上打"√"，无或损坏打"×"。
　　2. 如无特别备注说明，则默认不在上述列表中的车辆配件均为无损坏。

承租方代表签字：　　　　　　　　　　　租赁方代表签字：
承租方盖章：　　　　　　　　　　　　　租赁方盖章：
　　　　年 月 日　　　　　　　　　　　　　　年 月 日

9. 收取租金、保证金

汽车租赁租金、保证金收取有两种模式：

1）预收费：预收费有三种情况：
① 承租人为法人或长期租赁。
② 承租人为自然人但不使用信用卡结算。
③ 部分以先付款为条件的汽车租赁优惠产品。
客户以现金或支票等方式支付租金和保证金，待租期结束时，根据实际结算金额，多退少补。
① 如租金为多次支付，业务人员应于合同规定的付款日或之前向承租人催收下期租金。
② 将合同号等输入计算机，生成收款通知单，财务部门根据收款通知单核收租金、保证金等。
③ 收取租金、保证金及其他费用时，必须按照财务制度开具正式服务业发票。
④ 业务员根据其他业务部门的通知，收取承租人违约金、赔偿金等其他费用。
⑤ 保证金是承租人对履行合同的保证，承租人未按时缴纳租金、损害车辆等违约金、赔偿金由保证金支付，通常期间租金不得由保证金抵扣。
⑥ 交通违法保证金用于支付承租人使用租赁车辆交通违法而发生的罚金，一般在租期结束后1个月扣除发生的罚金数额后退还承租人。
2）信用卡支付：对于自然人客户，多数企业采用信用卡结算，此时通过POS机按照保证金、租金总额进行第一次预授权，这样才能冻结承租人信用卡的相应信用额度。待还车后，根据结算单数额从承租人信用卡划转相应数额的租赁费用，向承租人开具发票，同时进行第二次预授权，根据企业管理办法冻结承租人信用卡一定金额的交通违法罚款保证金信用额度。

> **企业案例**

×××汽车租赁公司预授权、押金及租金支付

×××汽车租赁公司只接受信用卡及/或借记卡支付，不接受现金付款。

1. 预授权及押金

取车时，客户需按租用车辆的标准预授权，刷取信用卡预授权或支付押金。

（1）5000元（不含）以上车型 必须刷取信用卡预授权；租期15天（含）以上时，需使用信用卡支付等额租车押金。

（2）5000元（含）以下车型 允许国内借记卡支付与预授权等额的押金；租期15天（含）以上时，需使用信用卡或借记卡支付等额租车押金。

2. 租金支付

租金支付见表1-8。

表1-8 租金支付

产品类型	租金支付时间	租金额度	享受车辆租金价格
普通产品	预计总租金<80%预授权或押金：还车时一次性支付	全款	正常价
	预计总租金≥80%预授权或押金：取车时一次性支付	预计全款，还车多退少补	正常价
周期/月租产品	取车时一次性先付	预计全款，还车少补，多不退	周租/月租价

注：部分特殊产品（如顺风车）或节假日订单，预订时会要求客户一次性预付。

10. 发车交接

发车交接是租赁双方现场交车、试车和清点行车牌证、随车物件的重要程序，是租前阶段的最后一个环节。

1）车务人员带承租人选车，介绍使用性能及防盗措施。
2）确认车况、登记公里数、存油量（满箱）、随车工具、填写车辆交接单。
3）承租人对汽车租赁合同内容予以确认，业务员上机操作，打出汽车租赁登记表、付款单。
4）由承租人凭付款单到收款处办理交款手续。承租人交款后，收款员签字盖章。
5）承租人与业务员签订汽车租赁合同、汽车租赁登记表、车辆交接单等相关文件。
6）车务人员将车辆及车钥匙、行驶证等相关证件交给承租人，并确认下次维护里程。

实战范本

发车交接话术举例

"先生您看这就是您租的帕萨特 B5。您先看一下外观，给您车辆交接单，您看一下前翼子板这里有蹭伤，在交接单中已经标示出来了，请看前门没有伤，前门没问题，您看这里有一个小坑，在这里已经标示出来了，后翼子板、后保险杠没有问题。带您看一下行李舱的工具，这里有警示牌、灭火器、转向盘锁、千斤顶和套管，这些都是随车工具，您看这是备胎，备胎没问题，已经检查过了。再带您看一下车的仪表、灯光，您看车的仪表，行驶里程是×××，油量是×××，杂物箱里有一个随车小包，您看一下，这个是提示卡，里面有我们的救援电话、维护记录卡、保险卡、投诉电话，这个是行驶证，还有一些活页，提示您关于这辆车的一些驾驶注意事项。您看一下前风窗玻璃的右上角，有检字标、交强险标、环保标，没有问题。这里有个消毒提示卡，说明这辆车今天已经消过毒了。您看，您对这辆车有问题吗？如果没有问题，请您在这里签一下字。"

五、长期汽车租赁出借流程

（1）**目标客户选择**　长期汽车租赁主要面向的是企业、政府及事业单位。汽车租赁经营者通过主动上门与有需求的客户联络、沟通，了解目标客户的需求。

（2）**投标**　汽车租赁经营者针对承租方提出的招标细节以及需求制作投标文件，参加承租方组织的公开招标。承租方对参与投标的汽车租赁经营者的实力、信誉等方面进行综合评价，确定中标者为该企业的汽车租赁服务供应商。

（3）**签订合同**　承租双方就合同具体条款进行协商和谈判，内容主要涉及服务项目、租金价格、服务期限、服务标准等内容，并对双方的权利和义务进行规定和确认。与短期汽车租赁业务不同，长期汽车租赁业务的合同内容是灵活的，可针对不同企业的特点进行修改，按照承租方的需求制订专门的车辆解决方案，每个客户的合同内容之间存在较大差异。在合同细节达成一致后，双方授权代表在合同上签字并加盖双方公章，合同生效。

企业案例

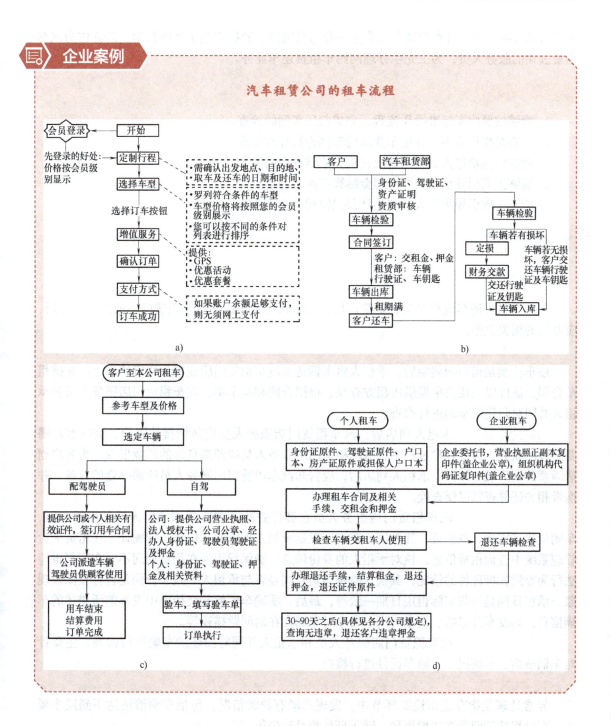

汽车租赁公司的租车流程

任务二　网约车租赁还车业务（初级）

任务描述

王先生通过网上租赁平台办理了汽车短期租赁业务，并在租赁期满后致电租赁公司服务人员告知按期还车，且在租赁期间发生一起违反道路交通标志违法驾驶行为。请你作为汽车租赁公司的服务人员，为王先生办理网约车租赁还车业务。

任务目标

1. 能够按照收车标准操作流程，完成归还车辆的检查。
2. 能够对损坏或不符合还车要求的车辆进行异常处理。
3. 能够根据承租人的租用情况正确完成结算单的确认。
4. 能够正确引导承租人办理租金结算和押金退还业务。
5. 能够正确引导承租人办理违章预授权相关业务手续。

相关知识

一、网约车租赁还车流程

网约车租赁还车流程是指租赁期满后，承租人将车辆送至汽车租赁门店或指定地点后，应办理的相关业务。

1. 还车检验

还车检验是指租约到期后，承租人将车辆送至汽车租赁门店或事先约定的地点，并持租车合同、证件以及相关单据供出租方查验。根据合同和验车单，汽车租赁门店服务人员和承租人共同对归还的车辆进行检查。

（1）还车接待　承租人到店后，汽车租赁门店服务人员应热情接待客户，询问客户需要办理的业务。接待客户过程中，汽车租赁门店服务人员应塑造良好的职业形象，为客户创造满意的到店服务体验。承租人到店后，应告知汽车租赁门店服务人员所需办理的业务，并携带相关证件资料以便查验。

（2）证件查验　汽车租赁门店服务人员在证件查验环节应要求承租人出示租赁合同、车辆检验交接单、身份证、驾驶证。首先，根据承租人提供的身份证、驾驶证，在租赁平台管理系统中查询租赁信息，核对承租人的身份信息，确保承租人在租赁期间不存在因严重违法行为导致扣押证件的情况；其次，检查租赁合同是否与承租人一致、合同是否存在涂改现象、承租日期是否与实际租用日期一致等；最后，明确车辆检验交接单中发车前所描述的车辆信息，如发车公里数、发车时间、发车时车辆存在的问题描述等。

（3）车辆检查　汽车租赁门店服务人员和承租人共同对归还的车辆进行检查，主要针对车辆清洁、车辆损伤、随车证件进行检查。

2. 异常处理

异常处理是指在还车检验环节中，发现车辆有异常情况，包括车辆清洁达不到还车要求、车辆租赁期间存在新增损伤、随车证件物品缺失等。

1）车辆清洁达不到还车要求时，存在车内烟灰，携带宠物遗留的毛发或脏污，车门、座椅、仪表台、顶篷和行李舱部位沾染不易去除的液体痕迹，外观面沾染柏油、树胶等极难去除的污渍等，汽车租赁门店将依据服务规则与车辆清洁程度收取不等费用。

2）车辆租赁期间存在新增损伤时，汽车租赁门店的技术人员需要出具具体的损坏鉴定，确定双方的损坏责任。若是由于承租人过错造成损坏的，根据有关规定和承租人协商确认后，提出赔偿方案，双方若无异议，承租人缴纳赔偿金和租金结算，完成还车业务。

3）随车证件物品缺失时，因客户遗失证照或违法违规用车导致车辆被扣，停运损失费按租期内车辆租赁及服务费均价乘以停运天数收取；因车内随车设备和物品不在保险公司赔付范围内，如不慎遗失或损坏，参照相关标准或当地 4S 店价格进行赔偿。

3. 费用结算

费用结算是指承租人在租赁期结束，与汽车租赁门店交接车辆并按实际消费项目进行结算，主要分为费用项目与还车结算。

（1）**费用项目**　费用项目包括车辆租赁及服务费、基础服务费、车辆整备费、超时服务费、超里程服务费、可选服务费、其他费用等。

（2）**还车结算**　还车时承租人可以选择不同的结算方式，例如信用卡、借记卡、储值卡。还车结算主要分为两个环节，第一，租赁门店在信用卡预授权中扣除租车消费，剩余的预授权额度将在 3 天左右解冻；第二，在首次押金中扣除租车消费，扣除租金后如有押金剩余，余额部分在 15~20 个工作日退还到刷卡账户。

4. 提前还车处理

（1）**正常提前还车**　订单已使用取还车服务，承租人在距离实际还车时间前 4h 通知租赁公司，租赁公司可安排还车服务；承租人通知租赁公司的时间距离实际还车时间小于 4h，租赁公司成功安排还车服务后，承租人需要承担因还车服务产生的相应的还车服务费。

（2）**违约提前还车**　承租人如需提前还车，可通过手机 APP 或官方网站发起修改订单的请求或提前联系租赁公司确认还车时间及地点，订单中承租人未使用的天数租金按照提前还车违约金计算。未使用天数的基础保障费及补充保障服务、轮胎轮毂保障服务费、驾乘无忧保障服务费不退还，保障期限不变。

5. 延期还车处理

延期还车处理是指承租人在租赁期到期后，因个人原因向租赁公司提出还车申请。

1）申请延期还车：承租人于预订时间内归还车辆，延期 4h 以内还车，延期用车时间计入总租期，租车费用将按总租期计费；延期 4h 以上还车，需提前联系租赁公司申请续租。续租后单次总租期（已租＋续租）最长不超过 3 个月；如在取车时刷取预授权，在续租后总租期超过 15 天（含）时，租车预授权将转为同等金额的租车押金；续租方式视续租次数和续租部分天数而定。

2）违约延期还车：超过 4h 以上未还车且未按规定办理续租手续，或未经同意强行不还车，承租人将支付正常租金及超期违约金（标准为超期部分车辆租赁及服务费/超时服务费等可选服务费的 300%），租赁公司保留可强行收回车辆的权力。

6. 违章预授权

交通违法除现场处罚外，车辆违法信息发布距离违法实际发生时间存在一定滞后。对于短期租赁业务，承租人归还车辆完成租赁交易并经过一段时间后，汽车租赁经营者可能查询到租赁汽车有交通违法记录，如未与承租人进行约定，会因承租人的交通违法行为而给汽车租赁经营者造成经济损失。租赁车辆交通违法处理的一般操作方法为：在承租人还车后，出租方根据合同发生时间进行交通违章记录查询，如果没有交通违法信息,则退还承租人保证金或解除冻结信用额度;如果发现有交通违法信息,汽车租赁企业应告知承租人,并在预授权或保证金中扣除与罚款等额的款项。违章预授权处理流程如图 1-12 所示。

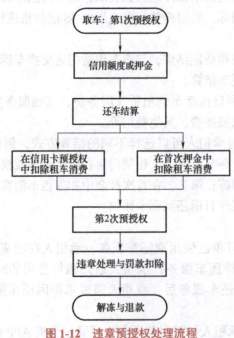

图 1-12　违章预授权处理流程

二、网约车租赁还车流程企业案例

汽车租赁公司要制订规范的还车流程,以此来实现规范性的操作。在此,提供几份汽车租赁公司的还车流程,如图 1-13 所示。

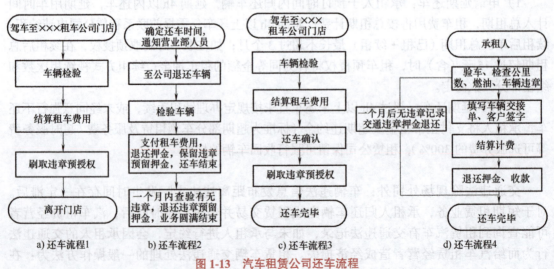

图 1-13　汽车租赁公司还车流程

任务三　网约车区域网点经营管理（中级）

任务描述

网约车租赁服务企业需要审查区域网点经营状况，请你作为区域网点负责人，预测网点年利润率，制订区域网点经营状况改善计划。

任务目标

1. 能编制出区域经营状况的统计报表，并根据管理需要进行数据编制方案的调整。
2. 能通过经营报表掌握区域经营状况，并预测未来利润。
3. 能通过调整运营车辆分布、成本优化等经营要素，调整改善区域经营状况。

相关知识

一、网约车区域网点经营管理概述

网约车租赁服务企业除小型企业（50辆车以下的企业）外都有一个网点建设问题。中型企业一般在一地或跨省市构建局部区域经营网络，大型企业则需构建跨省市、跨国经营大型网络，这是网约车租赁行业性质所决定的。

1. 网约车区域网点经营管理类型

统一管理、集中营销、网络化服务型管理主要适用于ICP经营模式的汽车租赁企业。中央系统直管到所有门店。门店功能为业务接待、服务客户、管理员工。车辆管理、财务管理各成体系，概括为三个体系，即财务管理体系、运营保障体系（车辆管理体系）、业务管理体系（营销管理）。总部以职能划分各成体系，相互支撑相互制约。业务网点考核以服务为主或者营业收入与服务相结合，强调服务标准化和价格统一。

统一管理、分散经营式的管理主要适用于ICP+ISP经营模式的网约车租赁企业。网络中各站点自成经营单位、实施利润考核、价格弹性化、总部只出参考价格，交易价由经营单位自行制订，各经营单位灵活应对市场。总部负责管理、督导、考核。车辆划分到门店管理，经营者积极性较高，利于市场开拓。

2. 网约车区域网点经营管理内容

1）掌握日常信息：每日查看企业办公网办公信息，了解公司动态和各项活动安排，并传达到部门每一位员工，保证公司管理、沟通渠道的畅通。

2）查看重点信息。

① 查违法，检查部门车辆的交通违法情况，及时通知客户处理，达到车辆违法不过月。

② 查欠费，检查部门欠费情况，要求欠费不过月，特殊情况报公司营运管理部。

3）日常业务管理。

① 人员管理：做好员工思想工作，安排好部门每日工作，要求部门业务工作、财务工作、车务工作及修理工和驾驶员的工作责任落实到人，做到"人人都管事，事事有人管"。

② 车务管理：管理部门车辆，保证车辆运营。做到掌握车辆各种状态，包括车辆总数、出租、待租、修理、年检、油耗、卫生、GPS 安装及完好数、车辆保险状态等。

③ 经营指标管理：了解所有公司经营管理要求，随时掌握进程，完成公司下达的年度指标。

4) 管理目标。

① 做到安全生产：随时检查经营部安全生产情况，对员工进行安全教育，安全工作责任到人，做好防盗、防骗工作。下班后切断电源，消除火种及其他安全隐患，及时铲除各种不安全因素。

② 做到服务规范：负责本部门规范服务化工作的实施、管理和改进。

③ 做到合同规范：逐一检查当日签订合同的规范性和承租方手续，降低车辆经营风险。

④ 做到日清日结：日讲、周评、月比，监督检查部门工作。

二、网约车区域网点经营状况分析

网约车企业经营规模达到一定程度（一般是运营车辆超过 400 辆）时，多数汽车租赁企业使用计算机进行业务管理，可以通过对基础数据的统计，向经营者提供一些反映企业经营情况的指标数据，为领导决策提供依据。企业也可以根据各自需要和特点，自行制订经营分析方案。

1. 网约车区域网点经营指标

分析或衡量区域网点经营状况的主要经营指标是收入、支出和利润。例如，收入包括主营业务收入、其他业务收入。支出包括成本支出和费用支出。利润包括营业利润、利润总额和净利润等。这些主要指标是指导区域网点经营活动的重要依据。

（1）收入指标　收入主要包括租金收入、其他营业收入和退役车辆销售收入三部分。

1) 租金收入，对于区域网点而言，主营业务收入即租金收入。

① 租金收入计算公式。租金收入是网约车区域网点向承租人收取的其为获得某一时间区间租赁车辆的使用权及租赁车辆使用功能而支付的费用。其数额按照使用租赁时间长度计算，单位为元，计算公式为

$$f = pt$$

式中　f——租金收入；

　　　p——租金标准；

　　　t——租期。

② 影响租金收入的因素——租金标准。租赁车辆租金标准的市场化程度很高，租金标准是随行就市、由市场确定。出租率主要受价格影响，与价格成反比。另外还受季节影响，分淡、旺季。

2) 其他营业收入。其他营业收入包括为汽车租赁提供辅助服务的收入，如驾驶员驾驶劳务收入、租赁车辆交通违章处理劳务收入、因承租人原因导致的救援服务收入及其他增值服务等。

3) 退役车辆销售收入。销售退出租赁经营的车辆是汽车租赁公司获取利润的重要环节。

① 残值计算方法。财务上的运营车辆残值销售收入 = 车辆原值 − 累计车辆折旧费，但是实际运营车辆残值销售收入完全依赖于二手车市场，其价格是评估出来的。

② 影响二手车价格的因素。影响二手车价格的因素除车辆年限外，还有车辆性质、保值率。租赁车被认定为营运车辆，有的地方将其视为出租车，认定报废年限为 8 年，有的地方将其视为其他营运车辆，认定报废年限为 10 年。因此租赁车的旧车价格在同等条件下较社会车辆要低 10% 左右。汽车保值率，就是汽车再售时的售价与新车买入时的价格之比。同样的年限、同样的原值，保值率高的车卖的价格就高。市场保有量较大、售后服务比较好、维修方便、配件便宜、市场认知度高的车型，其保值率就高。

（2）支出指标　汽车租赁的支出包括成本和费用两部分，在特定情况下，如讨论定价或收益管理时，也将成本称为不变成本，费用称为可变成本或运营成本。

1）成本。汽车租赁成本包括车辆折旧费用；车辆维修、维护、配件费用；车辆保险费用；车辆年检、上牌、换牌费用；车上设备费用；车辆调度费用、燃料费、过路过桥费、停车费；事故处置及赔偿费用等。汽车租赁成本中最大的三项费用是车辆折旧费、车辆保险费和车辆维修维护费。

① 车辆折旧费。车辆折旧费是汽车租赁成本的主要部分，最高可达成本的 80%，具体所占比例与企业规模、运营车辆的车型有关，一般与企业规模成反比、与车型档次成正比。

根据国家有关规定，扣除车辆原值 5% 的残值后，按折旧年限等额计提折旧。关于折旧年限没有统一规定，《中华人民共和国企业所得税法实施条例》规定汽车的最低折旧年限为 4 年，另有 2013 年实施的《机动车强制报废标准规定》规定租赁车报废年限为 15 年。汽车租赁企业可根据财务需要，在此范围内自行设定折旧年限，计提车辆折旧。

车辆购置税应计入车辆购置费用一并计提折旧。车辆购置税是购置车辆时缴纳的税费，计算公式为

$$s = \frac{g}{1+17\%} \times 10\%$$

式中　s——车辆购置税；

　　　g——车辆购置费（含税价格）。

> 例如，消费者购买一辆 10 万元的国产车，去掉增值税部分后按 10% 纳税。计算公式是 100000 元 ÷（1+17%）× 10%=8547 元。

② 车辆保险费。由于租赁汽车属于经营性质，因此租赁车辆保险与私人车辆保险相比存在着差异：首先是，保险费率不同，租赁车辆应按营运车费率进行投保，保费高于私人车辆；其次是，存在连带赔偿风险，当租赁车辆发生伤人事故时，如超出保险赔付额度，租赁公司可能存在连带赔偿风险；最后，涉及权益主体多，租赁车辆的保险合同涉及保险公司、出租方、承租方三方的权益。

③ 车辆维修维护费。车辆维修维护费包括因各种原因造成车辆无法正常行驶而需要恢复其技术性能而支出的修理工时费、材料费、配件费等；车辆按照使用说明定期维护而支付的费用等。车辆维修维护费与车辆的运行时间成正比，且达到一定时间后，维修维护费用上升速度快。故从降低维修维护费用角度考虑，汽车租赁企业应尽可能使用新车，缩短租赁车

的运营年限。

2）费用支出。汽车租赁的费用支出包括营业费用支出、管理费用支出和其他费用支出。

① 营业费用支出。营业费用支出包括广告等市场营销费用、营业站点员工工资和福利、营业站点房屋和停车场租赁费、通信费用、水电燃气费用、业务招待费等。

② 管理费用支出。管理费用支出包括车船税，印花税，管理人员工资，社会保险费，办公用品费，会议费，差旅费，公正、审计、认证、年检费用，计提的福利、教育、工会费用，咨询服务费，办公设备折旧等。

③ 其他费用支出。其他费用支出包括财务费用、税费、刷卡交易银行收取的手续费。

(3) 利润指标 利润最基本的概念是企业在一定期间的经营成果，即收入减去费用后的净额。利润是反映企业经营业绩和获利能力的直接指标。根据需要，以利润为基础衍生出相关的指标，如销售利润、净利润、利润率、投资收益率等，通过对这些指标的分析，可以从不同侧面了解企业经营状况。

1）汽车租赁利润的计算。根据利润的定义，汽车租赁利润的计算公式为

$$m = I + S - (C + V)$$

式中 m——利润；

I——租金收入；

S——退役租赁车辆销售收入；

C——成本支出总额；

V——费用支付总额。

2）利润率。利润率是运营期间利润与支出的比例，单位为%，计算公式为

$$p' = \frac{\sum m}{C + V}$$

式中 p'——运营期间利润率；

$\sum m$——运营周期内的总利润；

C——成本支出总额；

V——费用支付总额。

(4) 其他重要指标 以下这些指标可以从各方面反映网约车区域网点的经营状况。

1）可供租赁车数 M（辆）。可用于租赁的车辆数是企业规模和固有经营能力的重要指标。不包括故障、在修等无法出租的车辆。

2）在租车辆数 N（辆）。在租车辆数是指按照租赁合同已交付承租人使用的车辆数，反映企业实际经营状况。

3）租赁车辆总车日 W（辆·天）。租赁车辆总车日等于统计周期内可供租赁车辆数乘以天数。例如，某企业可供客户租赁车辆数为 100 辆，则 3 月份的租赁车辆总车日为 100 辆 × 31 天 = 3100 辆·天。

4）租赁车日 V（辆·天）。租赁车日等于统计周期内在租车辆乘以租赁天数，计算规则如上例。

5）在租车辆平均收入 P（元/辆）。在租车辆平均收入是指每辆在租车辆的平均租金收入，是反映企业实际单车创收能力的指标，计算公式为

$$P = \frac{I}{N}$$

式中 I——租金收入；
　　N——在租车辆数。

> 如某企业有 50 辆车在租，租金收入为 11500 元，则在租车辆平均收入为 11500 元 ÷ 50 辆 = 230 元/辆。

6）可供租赁车辆平均收入 Q（元/辆）。可供租赁车辆平均收入是指统计周期内平均车辆可供租赁的租金收入，是反映企业固有单车创收能力的指标。计算公式为

$$Q = \frac{I}{M}$$

式中 I——租金收入；
　　M——可供租赁车辆数。

7）出租率 R（%）。出租率是指一个统计周期内租赁车日之和占租赁车辆总车日的比例，可以反映企业实际经营状况。计算公式为

$$R = \frac{\sum V}{W}$$

式中 V——统计周期内的租赁车日；
　　W——统计周期内的租赁车辆总车日。

案例分析

汽车租赁利润分析

说明：以某车型为例，依照汽车租赁经营的常规模式和各种运营参数，对区域网点短租业务的经营利润进行预算。

1. 主要参数
1）新车购入到退出运营的期间：2 年。
2）两年后车辆残值平均收入：50000 元/辆。
3）运营期间平均租金：285 元/天·辆。
4）运营期间平均出租率：75%。
5）工作人员：30 人，月均工资为 4000 元/人·月。
6）场地租用费（营业、停车）：区域内划分 6 个网点，每个网点 60000 元/年。
7）运营车辆：200 辆。

2. 租金收入

　　年收入 = 285 元/天·辆 × 200 辆 × 75% × 365 天 = 15603750 元

3. 总成本
1）计算固定成本，租赁车辆购置时一次性支出估算值见表 1-9。

表 1-9 固定成本

项目	单车平均价格	200 辆车总价	备注
车价	100000	20000000	
购置附加费	8547	170940	车辆购置税 = 车价 ÷ 1.17 × 10%
GPS	1200	240000	
车务手续费	130	26000	
总计	109877	21975400	

2）计算年运营成本，维持租赁车辆正常运营的支付估算值见表 1-10。

表 1-10 运营成本

项目	单车平均价格	200 辆车总价	备注
验车费	50	100000	两年验车一次，年均费用
车船税	300	60000	
保险费	3566	713200	交强、车损、三者
维修费	1200	240000	平均 100 元/月·辆
GPS 使用费	600	120000	50 元/月·辆
工资	7200	1440000	工作人员年工资总和分摊到单车的费用
场地费	1800	360000	6 个场地年费用总和分摊到单车的费用
其他费用	500	100000	办公费、广告费用等
总计	15216	3043200	

3）计算总成本，总成本 = 固定成本 + 2 年运营成本 = 21975400 元 + 3043200 元/年 × 2 年 = 28061800 元

4．年利润率

1）计算租车利润，租车利润 = 总租金收入 − 总成本 = 15603750 元/年 × 2 年 − 28061800 元 = 3145700 元

2）计算两年后租赁车辆残值收入，租赁车辆残值收入 = 50000 元/辆 × 200 辆 = 10000000 元

3）计算毛利润，毛利润 = 租车利润 + 租赁车辆残值收入 = 3145700 元 + 10000000 元 = 13145700 元

4）计算净利润，净利润 = 毛利润 − 增值税 = 13145700 元 − 13145700 元 × 11% = 11699673 元

5）计算年利润率

年利润率 = 净利润 ÷ 总成本 ÷ 2 年 × 100% = 11699673 元 ÷ 28061800 元 ÷ 2 年 × 100% = 20.85%

2. 经营分析管理体系

（1）**经营分析**　"经营分析报告"是经营分析管理体系对汇集数据的归纳和分析，其用途在于为高层管理者提供企业经营状态的综合数据和关键数据，评定企业经营管理效率及工作改进的方向。报告除必要的分析外，主要由几个反映企业经营状况的统计表构成，这些统计表包括"经营状况综合统计表""收入状况统计表""车辆状况统计表"。这三个表比较科学、全面地概括了反映企业全面状况的租赁业务、更新业务、财务指标、人员指标、车辆指标五方面的数据，通过对这些表格的分析，经营者可以掌握企业的经营状况并针对这些数据反映的某些问题，适时进行经营策略的调整。

1）经营状况综合统计表样表见表 1-11。

表 1-11　经营状况综合统计表样表

项目		本月数	本年累计数	项目		本月数	本年累计数
服务/次	救援次数			车辆保险/元	保险费/元		
	表扬驾驶员次数				投保车辆/辆		
	投诉次数				出险次数		
交通事故责任/次	全责				保险事故结案次数		
	主责				核定经济损失/元		
	同责				实际赔付金额/元		
	次责			指标	目标收入/元		
	无责				目标收入率（%）		
修车费用/元	合计				收入实现率（%）		
	内部修理				车辆出租率（%）		
	外部修理						
驾驶员保险	增减净值						
	全险变化						
	无险变化						

注：1. 目标收入 = ∑（车型 × 月租报价）。
　　2. 目标收入率 = 本月应收 / 目标收入 × 100%。
　　3. 收入实现率 = 本月实现 / 本月应收 × 100%。
　　4. 车辆出租率 = 本月出租天数 / [（车辆总数 − 挂靠数）× 30 天] × 100%。

2）收入状况统计表样表见表 1-12。

表 1-12　收入状况统计表样表

项目	小计	大众桑塔纳	大众捷达	大众宝来	大众迈腾	大众帕萨特	奥迪A6L	奥迪A4L	别克昂科威	别克GL8	丰田亚洲龙	本田雅阁	金额小计/万元
租金标准/（元/月）													
车辆合计													

3）车辆状况统计表样表见表 1-13。

表 1-13 车辆状况统计表样表

项目		小计	大众桑塔纳	大众捷达	大众宝来	大众迈腾	大众帕萨特	奥迪A6L	奥迪A4L	别克昂科威	别克GL8	丰田亚洲龙	本田雅阁
车辆购置年份	2017年												
	2018年												
	2019年												
	2020年												
营运状况/辆	出租												
	停驶												
	待租												
	在修												
	待更												
	待查												
	合计												
车辆保险状况	车损险												
	第三者责任险												
	盗抢险												
	不计免赔险												
	其他险种												
	车辆合计												
车辆保险到期月份	1月												
	2月												
	…												
	11月												
	12月												
	车辆合计												

（2）租赁业务统计　包括"租赁业务统计报告""更新业务报告"等月报及财务、人员、车辆三种数据。租赁业务统计是对公司经营管理活动主要构成的统计分析。

（3）基础数据统计　形式为各部门周报、日报及日常管理报表，是对日常工作情况的记录汇总。基础数据统计为经营管理分析提供基本素材，是企业经营管理体系的基础。

3. 经营分析系统运行规则

（1）租赁业务管理统计规则

1）"租赁业务统计报告"为月报，是"运营统计报告"及"服务统计报告"两份独立报告的统称，由经营管理部门负责汇总。"运营统计报告"由运营中心负责编制，编制周期为月，完成日期为每月 4 日以前。"运营统计报告"编制依据为"运营日报"。"运营日报"由运营中心根据"营业部日报"每日编制。"服务统计报告"由服务中心负责编制，编制周期为月，完成日期为每月 4 日以前。"服务统计报告"编制依据为"车务部周报""保险部周报"。

2）"更新业务报告"由设备管理部门根据各营业部编制的周报统计当月租赁车辆的更新情况和更新需求。"更新部周报"根据上周六至本周五的日常工作编制。编制日期为周五，月初、月末不足一整周的期间，应单独编制周报。

3）财务数据，财务部提供的数据项目为成本、费用及公司盈利能力、偿债能力、发展能力、经营管理效率等指标。所提供的数据用于编制"经营分析报告"。

4）人事数据由各部门按照企业人事管理制度，于每月 25 日上报办公室，主要内容是当月有关企业人员构成及变动的数据。

5）车辆数据的主要统计标准是车辆总数、车型、车号、购置时间、车辆技术性能、维修记录等，由设备部门定期统计。

（2）部门、岗位基础统计规则　部门基础统计报告以"营业部日报""保障工作一览表""保险工作一览表"日常管理基础报表构成。其基本编制关系及规则如下：

1）周报。"服务中心周报"由服务中心根据"车务部周报"和"保险部周报"编制。每月初及月末不足一整周的期间应单独编制一份周报。"保障部周报"由保障部根据上周六至本周五的"保障工作一览表"及相关工作单编制。"保险部周报"由保险部根据上周六至本周五的"保险工作一览表"及相关工作记录编制。每月初及月末不足一整周的期间应单独编制一份周报。

2）日报及基础表格。"工作日报"根据每日相关基础管理表格填写，并于每日营业结束时报运营中心。"工作日报"记录的内容包括车辆、合同、租金、修理、维护、救援等各项事宜。"工作日报"同时还应附各类营业部日常管理表格，如"业务情况登记表""车辆停驶表"等。表 1-14 为工作日报样表。

表 1-14　工作日报样表

租　出							退　租		
车号：							车号：		
工作内容：									
车型	出　租		退租	停　运			实际运营	运营合计	出租率
	长租	零租		待租	替换	在修	借用		

"保障工作日报"由保障部人员对每日发生的工作细项加以登记。内容包括车辆维修维护、救援。表 1-15 为车辆报修（维护）单样表。

表 1-15　车辆报修（维护）单样表

车型：			车号：			报修时间：		
租车单位：						报修人：		
报修内容：								
维护项目	机油	三滤	制动液	制动系统	灯光音响设备	蓄电池	制冷系统	轮胎	底盘	紧固螺钉
维护结果										
维护公里：										
租赁服务部签字：							年　月　日			
报修内容：										
修理部签字：							年　月　日			

保险工作一览表由保障部人员依每日发生的工作细项加以登记。所登记内容包括投保、出险相关的各项事宜。表 1-16 为其附属文件车辆事故保险记录。

表 1-16　车辆事故保险记录

车号：_____	车型：_____	颜色：_____
出险时间：_____	出险地点：_____	
责任：_____	驾驶员：_____	驾驶证号：_____
联系电话：_____		
事故经过及损失情况：		
修理费垫付方式：	保险公司 □　　客户 □　　租赁公司 □	
填制人：	填制时间：	

三、网约车区域网点经营决策

1. 经营决策的种类

1）定性决策方法是在决策中充分发挥人的智慧的一种方法。它直接利用那些在某方面具有丰富经验、知识和能力的专家，根据已知情况和现有资料，提出决策目标和方案，做出相应的评价和选择。这种方法主要适用于那些难以定量的决策问题，同时也可对某些应用定量决策方法做出的决策进行验证。

2）定量决策方法是建立在数学分析基础上的一种决策方法。它的基本思想是把决策的常量与变量以及变量与目标之间的关系用数学公式表达出来，即建立数学模型，然后根据决策条件，通过计算求得决策答案。

2. 经营决策的方法

（1）常用的几种定性决策方法

1）经验决策法。对业务熟悉、工作内容变化不大的工作，可凭经验做出决策，并能取得良好的效果。

2）德尔菲法。它的核心组织形式是：发函请一些专家对问题提出看法和意见，被征询的专家彼此不相知。收到专家们意见后加以整理分析，再分寄给专家们继续征求意见。如此重复多次，直到意见比较集中为止，以据此做出决策。

3）头脑风暴法。这是邀集专家，针对确定的问题，敞开思想、畅所欲言、相互启发、集思广益、寻找新观念，找出新建议的方法。其特点是运用一定的手段，保证大家相互启迪，掀起头脑风暴，在比较短的时间内提出大量的有效的设想。一般采取会议讨论的形式，召集5~10名人员参加，参会人员既要求有各方代表，又要求各代表身份、地位基本相同，而且要有一定的独立思考能力。会议由主持人首先提出题目，然后由参会人员充分发表自己的意见，会上一般不允许对任何成员提出的方案和设想提出肯定或否定意见，也不允许成员之间私自交谈。会议结束后，再由主持人对各种方案进行比较，做出选择。

4）集体意见法。这种方法是把有关人员集中起来以形成一种意见或建议。与会者发表的各种看法，其他人可以参加分析、评价，或提出不同看法，彼此之间相互讨论、交流、补充和完善。会议主持人还可以根据发言者的个人身份、工作性质、意见的权威性等因素加以综合，然后得出较为满意的方案。

（2）常用的几种定量决策方法

1）确定型决策法指决策的影响因素和结果都是明确的、肯定的。一般根据已知条件，直接计算出各个方案的损益值进行比较，选出比较满意的方案。

2）风险型决策法，一般先预计在未来实施过程中可能出现的各种自然状态，如市场销售状况可能有好、中、坏三种，估计这三种状态可能出现的概率。然后根据决策目的提出各种决策方案，并按每个方案计算出在不同的自然状况下的损益值，成为条件损益。最后分别计算出每个方案的损益期望值，进行比较，择优选用。具体方法有两种：

① 决策表法。是利用决策矩阵表计算各方案的损益期望值，然后进行比较的一种决策方法。

② 决策树法。是利用树枝图形列出决策方案、自然状态、自然状态概率及其条件损益，然后计算各个方案的期望损益值，进行比较选择的决策方法。

3. 经营决策的主要步骤

经营决策的主要步骤是市场调研和对调研资料进行分析，并根据分析方法和结果做出决策。分析也分为定性分析和定量分析两种形式，经营模式选择即为定性分析，利润分析即为定量分析。

4. 经营决策的主要项目

经营决策的主要项目有组织机构及岗位责任、经营模式选择、定价与营销等。

四、网约车区域网点业务程序及组织机构调整

1. 业务程序

汽车租赁的各业务程序都是彼此关联的，当企业租赁的经营规模、业务类型发生变化

时，各业务程序必须按照一定规则进行协调及调整，如图1-14所示。

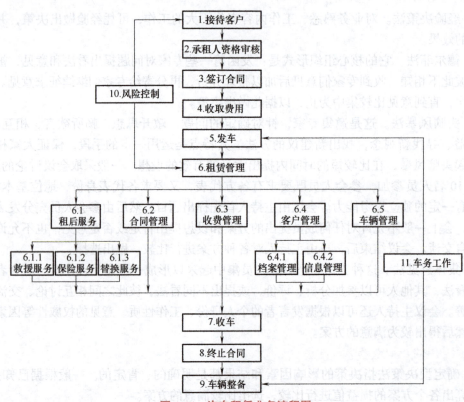

图1-14 汽车租赁业务流程图

2. 组织机构调整

见表1-17，汽车租赁经营活动是由若干个业务程序组成的，企业根据业务类型以及企业经营理念和企业文化特征，组建若干个部门来实施这些业务程序，这些部门在各个业务程序中承担不同角色，共同保证整个汽车租赁业务的顺利完成，同时根据市场变化引发的需要，调整业务程序以及业务部门，即对部门与业务程序进行组合，以使它们的组合更加适应汽车租赁业务的需要，效率更高，从而保证企业的持续发展。

表1-17 汽车租赁部门程序关联表（注：★主办；☆协办）

程 序	关联部门			
	业务部门	车务部门	服务部门	财务部
1. 接待客户	★			
2. 承租人资格审核	★			
3. 签订合同	★			
4. 收取费用	★			☆
5. 发车	★			

（续）

程　序			关联部门			
			业务部门	车务部门	服务部门	财务部
6. 租赁管理	6.1 租后服务	6.1.1 救援服务		☆	★	
		6.1.2 保险服务		☆	★	
		6.1.1 替换服务	☆		★	
	6.2 合同管理		★			
	6.3 收费管理		☆		★	
	6.4 客户管理	6 4.1 档案管理	★	☆	☆	☆
		6.4.2 信息管理	★	☆	☆	☆
	6.5 车辆管理		☆	☆		
7. 收车			★			
8. 终止合同			★			☆
9. 车辆整备			☆	★		
10. 风险控制			★	★	★	★
11. 车务工作			☆	★	☆	☆

任务四　网约车平台运营活动管理（高级）

任务描述

网约车租赁服务企业需要提高运营平台用户量。请你作为战略规划部负责人，根据运营情况，制订足够吸引用户的活动方案。

任务目标

1. 能够整合运营平台信息，组织开展活动，增加平台活跃用户数，提升平台用户黏性。
2. 能够分析平台运营数据，制订符合市场现状的运营平台活动方案。
3. 能够根据市场调研情况，设计开发符合市场需求的运营平台服务产品。

相关知识

一、运营平台活动的作用

网约车运营平台活动的作用主要体现在以下几方面：
1）网约车运营平台活动策划能够使企业以市场为导向，以用户的消费心理为指导，综合考虑企业的外部环境和内部资源，从企业的长远利益出发，制订合理的营销目标以及营销的战略和策略，从而使企业避免营销的短期行为。

2）网约车运营平台活动策划能够使汽车企业的营销活动紧紧围绕营销目标展开，通过对企业营销活动进行系统科学的规划，确保网约车运营平台活动不偏离方向。

3）网约车运营企业要想获得理想的营销效果和良好的营销效益，除了要有一个明确、合理的营销活动目标外，还要保证企业的营销活动紧紧围绕其营销目标有计划有步骤地开展。因此，汽车企业对营销活动的目标、战略、策略以及具体实施方案必须进行事前系统的设计和规划，建立科学的程序和步骤，以系统的观念指导网约车平台营销活动有序进行。

4）网约车运营平台营销活动策划能够对营销费用的支出进行科学的安排，避免盲目活动给企业带来不必要的浪费，提高营销行动的投资效益。

5）网约车市场的竞争逐步从自然竞争转化为策划竞争的时代，激烈的市场竞争迫使企业必须对企业的市场营销活动进行周密的计划和安排。自然竞争是无序的、被动的；而策划竞争具有目的性和进攻性，需要具备高超的技巧，它的发展方式是跳跃性的，并能起到后发制人的作用。采用策划竞争能使企业之间的均衡发生变化，使格局、时机、势能都变成对己方有利，而这种变化如果仅靠自然竞争是做不到的。

二、运营平台活动的形式

网约车运营平台活动的最终目的是收集潜在客户，将潜在客户转变为平台保有客户，促进平台活动的受众面，提升平台活跃用户量。

1. 平台活动推广

（1）传统广告

1）电视广告：传播速度快，覆盖面广，形式丰富多彩，可声像、文字、色彩、动感并用，感染力强；但成本昂贵，制作费工费时，受时间、播放频道等因素的限制和影响，信息只能被动地单向沟通。晚上19：00~20：30被认为是广告的最佳时间，但费用也相对更高。

2）电台广告：一种线形传播，运用口语或生动具体的广告语表述。电台广告成本低、效率高、受众面广。一般可以通过热线点播、嘉宾对话、点歌台等形式来刺激听众参与，从而增强广告效果。但传播手段受技术的限制，不具备资料性、可视性，表现手法单一。

3）报纸广告：以文字和图画为主要载体来向客户传递企业和产品信息，可反复阅读、便于保存、剪贴和编辑。能给客户较充分的时间来接受信息，更容易给读者留下深刻的印象，且信息表达较为精确，成本较低；但传播速度慢，传播范围小，且受到受众的文化程度限制。网约车租赁公司可以在报纸上购买版面来宣传自己，并在广告上注明预订电话、网站、APP和公司地址等。

（2）**户外广告**　一般把设置在户外的广告叫做户外广告。常见的户外广告有路边广告牌、高立柱广告牌（俗称高炮）、灯箱和霓虹灯广告牌、LED看板等，现在甚至有升空气球、飞艇等先进的户外广告形式。近年来公交车身广告、地铁广告、电梯广告、路牌广告等也发展迅速。

（3）**网络媒体**

1）网站。客户在网络中做出预订决策，一般都是通过网约车租赁公司的网页来了解网约车租赁公司的基本信息。因此做好网页设计是网约车租赁公司产品策略的关键。网站内容应包括公司简介、最新资讯、车型展示、企业服务、租车价格、租车手续、特惠服务、会员管理、网上预订、客户留言和联系我们等。

2）搜索引擎。搜索引擎是对互联网上的信息资源进行搜索整理，然后供人们查询的系统，它包括信息搜集、信息整理和用户查询三部分。其广告包括赞助商广告、付费排名广告和内容关联广告，根据付费的多少决定排名的先后。

3）博客、微博。博客、微博推广是指在网站设立的博客、微博，进行用户注册，然后发表宣传型与广告型文章，介绍网约车租赁公司情况、产品与服务情况而引起上网的读者注意，与潜在客户进行网络沟通的一种新的推广方式。

4）论坛。论坛推广是企业利用各种论坛平台，通过文字、图片、视频等方式发布企业的产品和服务信息，从而让目标客户更加深刻地了解企业的产品和服务，最终达到宣传企业的品牌、加深市场认知度的推广目的。

5）病毒式营销推广。病毒式营销推广是一种常用的网络推广方法，常用于进行网站推广、品牌推广等，病毒性推广利用的是用户口碑传播的原理。在互联网上，这种"口碑传播"更为方便，可以像病毒一样迅速蔓延，因此成为一种高效的信息传播方式，几乎不需要费用。病毒式营销推广常见方法有免费服务、便民服务、节日祝福、精美网页或笑话等。

6）电子邮件。电子邮件在为生活带来便捷的同时，也为网约车租赁公司带来新的推广机会。作为一种新媒体，电子邮件将成为最锐利的推广工具，电子邮件推广已被越来越多的网约车租赁公司重视。

7）团购。团购就是团体购物，指的是认识或不认识的消费者联系起来，加大与商家的谈判能力，以求得最优价格的一种购物方式。根据薄利多销、量大价优的原理，商家可以给出低于零售价格的团购折扣和单独购买得不到的优质服务。现在团购的主要方式是网络团购。

网约车租赁公司团购作为一种收益管理的工具，只是在淡季提升出租率的一种手段，对网约车租赁公司的推广模式和价格体系并不会有太大的影响，团购一般只能选择在网约车租赁公司生意淡季进行，旺季无法提供那么多的低价租车。

(4) 异业联盟 异业联盟打破了传统的营销思维模式，通过寻求非业内的合作伙伴、发挥不同类别品牌的协同效应、避免单独作战的同时达成"1+1>2"之势。

1）与酒店合作。网约车租赁公司可以与酒店建立长期战略合作，通过独家推荐和重点宣传（可利用店内海报、宣传彩页、X展架等）的方式为客户同时解决出行交通与食宿问题，合作方式如下：

① 酒店都是有会员的单位，所以网约车租赁公司可与其建立凭卡优惠，或是凭卡享受优先等合作方式，这种合作方式是双向的，只要凭借合作单位的会员卡即可享受对方的优惠政策，从而达到互利双赢的目的。

② 对酒店住宿时间超过3天以上的可以提供一些本地的旅游、投资、出行指导及租车便利等服务。

③ 酒店注册高级会员可享受无抵押折扣租车服务，或在合作酒店等消费一定金额的顾客，可免费享受酒后代驾和上门接送服务，服务次数根据消费金额的增长而增加。

④ 在合作酒店大堂设立专门的宣传展位，在酒店房间、酒店餐桌摆放印有温馨提示、安全提醒、日历等内容的彩页上附加汽车租赁优惠、店庆、抽奖活动等相关信息。

2）与银行合作。网约车租赁公司可以与银行合作，引进银联系统，使公司能够通过与银行的联网确定客户的银行信用情况，以便完成以下操作。

① 当银行客户存款满一定金额时，经银行确认，可为客户提供免押金租车服务。

② 为有银行信用卡的客户提供无抵押租车服务，折扣租车服务，客户加油、洗车享受折扣等服务。同时可为首次信用卡开卡用户提供租车折扣等优惠。不定期地与银行联合推出公司各种优惠活动。将优惠政策体现在信用卡宣传册、信用卡电子账户、银行内宣传彩页中。

3）与航空公司合作。网约车租赁公司与航空公司双方雄厚的实力保证了各自的利益需求都将被尽可能地满足。航空公司需要一个遍布全球的租车网络为飞往世界各地的旅客们服务，网约车租赁公司则看中的是每周近百万的潜在客户量。

4）与旅行社合作。现在，许多人都喜欢自驾游，可以说旅行社有着大量的客源。因此，网约车租赁公司要积极开拓旅行社的潜在客户。

5）与其他行业企业合作。网约车租赁公司也可以与其他行业企业合作，如餐饮企业，因为餐厅的客人在用餐后也可能需要租赁汽车。这些便利的条件相当于是银行、酒店等企业推出的一种增值服务，不要为此付出任何的代价，简单到只要在宣传单页上加上一条内容即可。这是网约车租赁公司与其洽谈的重要的合作筹码。

6）拓展大学校园市场。目前，许多高校学生，希望在节假日和同学、朋友等同龄人出门旅游。网约车租赁服务行业的发展，为大学生旅游提供了新的契机，同时为租车市场带来了新的发展渠道。学生只需出示本人身份证、学生证、驾驶证就可以租到价格相对低廉的汽车。

2. 会员优惠活动

（1）会员客户分析

1）会员等级划分。根据二八定律，20%的客户创造80%的利润，网约车租赁企业可以根据累计消费情况区分会员价值，对高价值的会员提供更有吸引力的优惠待遇，吸引特定客户群体更多地消费，并保持忠诚度。

2）会员热销产品。通过此项统计，商家可知道用哪些商品做促销能够激发会员的消费热情，提高会员忠诚度，刺激其反复消费。那些受到会员追捧的商品其实就是商家店内的特色，可以作为品牌卖点。

3）零售热销商品。通过此项统计，商家可知道用哪些商品做促销能够吸引普通客户，提高普通客户转化为会员的概率。

（2）会员奖励与优惠 制订会员对应的优惠条件，通常是价格优惠和优先办理手续等礼遇服务。此外，网约车租赁企业也为会员提供临时性奖励，如办会员日活动，让会员体验专享产品、专享价格、专享服务，免费品尝咖啡和奶茶，免费试用无线宽带上网等。

> **活动范本**
>
> ×××网约车租赁公司会员日生日优惠
>
> 优惠说明：会员生日当月12个月以前，积分达到标准，就可以领取200~500元不等的优惠券。

获取途径：系统自动发送到会员账户。
积分要求：见表1-18。

表1-18 积分兑换

会员生日当月前12个月累计积分	赠送优惠券
2000~2999 分	200 元优惠券
3000~4999 分	300 元优惠券
5000 分以上	500 元优惠券

使用规则：
1）生日优惠券有效期至赠送之日起一个月。
2）限抵用租期内所租车型日租金，保险费、服务费、超时费等费用不可抵用。
3）限日租使用，月租不可使用此生日优惠券。
4）不可与其他优惠同时享受。

三、运营平台活动的内容

1. 活动文案的设计

（1）活动主题

1）确定活动主题。确定活动主题需要考虑到活动的目标、竞争条件、环境及促销的费用预算。降价、价格折扣、赠品、抽奖、礼券、服务展示、消费信用等都是常用的活动工具及活动主题。

2）包装活动主题。在确定了主题后要尽可能使活动主题艺术化，淡化促销的商业目的，使活动更接近和打动消费者。这一部分是促销活动方案的核心，应力求创新，使活动具有震撼力和排他性。

（2）活动时间和地点　活动的时间和地点选择得当会事半功倍。发起活动的时机和地点很重要，对活动持续多长时间效果会最好也要深入分析。持续时间过短，会导致活动目标在这一时间内无法实现，很多应获得的利益不能实现；持续时间过长，又会引起费用过高且市场形不成热度，降低在客户心目中的身价。

（3）活动对象　活动对象即为活动针对的群体，它可能是每一个人或某一特定群体，这需要控制活动范围，明确哪些人是活动的主要目标，哪些人是活动的次要目标，正确选定活动对象会直接影响到活动的最终效果。

（4）活动方式

1）确定伙伴。
2）确定刺激程度。

2. 平台活动数据跟进与管理

平台活动数据的跟进与管理至关重要，不仅可以收集运营平台活动报名信息，跟进驾驶员或承租人参与活动的情况，还能针对目标客户进行系统分析，为企业后续发展规划奠定基础。

（1）活动数据的主要指标

1）PV（访问量）、UV（独立访客）及流量来源。页面流量是指活动页面的打开人次和次数，是活动最基本的指标，没有活动页面的打开也就没有活动的参与及后续流程。页面UV越高，活动效果越好。PV对比UV的倍数越高，单用户操作次数越多。需考虑用户是不太理解活动玩法重复点击，还是页面存在卡顿，还是用户感兴趣愿意多次浏览，从而分析活动页面设计的优劣。倍数太低，需考量是否活动设计得不好，导致客户退出浏览，结合停留时间查看是否有异常。

流量来源大类可分为站内和站外，站内主要是投放的资源位，用户进入运营平台后的所见，站外包括外部投放的市场付费渠道，如今日头条信息流、朋友圈广告、站内用户分享出去唤起的站外用户、微信内的H5应用和小程序、同业异业合作唤起量等。主要分析各渠道流量贡献占比，得出优质合作渠道。

2）客户参与度。参与是指用户不仅仅访问了页面，而且完成了指定的行为，与页面发生交互的行为：

① 报名。收集愿意参加活动者的信息，为线下活动做准备；数据指标涉及2个：报名人数和报名率。

② 问卷调研。用于用户满意度调研，产品使用调研等，数据指标涉及2个：提交问卷人数和提交率。

③ 投票。通过用户投票的形式了解用户的喜好，数据指标涉及2个：投票人数和投票率。

④ 分享。扩大传播范围，让用户带动用户，利用社交关系链提高分享率，常见的积赞、拼团、好友帮点砍价、集字得奖励等。分享率的计算口径：分享按钮的点击/曝光、分享用户/参与用户等。

⑤ 下单。促成交易的活动目标，双11、618活动就是希望用户完成下单行为，提升电商平台的交易额。数据指标涉及2个：下单UV和下单转化率，如果用了补贴，还可以看用券率、补贴率。

⑥ 预约。周期较长的活动或秒杀类的，需要提前曝光活动力度积蓄流量，预约提醒功能让前期积累的用户可以在活动当天爆发，提升关键日期的数据值。数据指标涉及2个：预约人数和预约率。

⑦ 其他互动形式。各种类型的线上小游戏，用户完成目标路径即算参与了该活动，活动参与率也是常会关注的指标，参与人数/页面访问人数，反映活动对用户的吸引程度。

3）活动奖品。

① 招商。活动的奖品来源可能是供应商赞助、项目组采购、公司预算和外部招商等。数据指标可以关注招商总数，包含参与方数、奖品总数和覆盖城市数等。

② 领取。奖品发放出去的数据，共发出去多少份，都被什么类型的用户领取了，领取的用户人均领取了多少份，成功领取率的值。如果活动发奖涉及概率，需要实时的查看奖品发放情况，根据用户领取情况调整，保证奖品可以发出去，用户可以最大程度领到，提升用户体验。

③ 使用。使用率针对电子券或电子套餐的核销率，满减活动的下单满足率。

④ 库存。活动结束后要看下奖品的发放情况，剩余库存如何利用在下一次活动中，或

通过其他途径发放出去。数据指标看库存消耗率。

4）目标完成度。

① 大盘涨幅。大盘分为流量和订单，大盘涨幅主要看流量较去年同期增长（考虑年同比自然增长部分），今年周环比涨幅，历史峰值以及流量转化率的提升值（有补贴的情况下转化率一般会有所提升）。

② 交易流水。核心指标 GMV 和成交总额，即所有已支付和未支付的订单总金额。

③ 蓄水回流。该指标看预热活动为主会场带去的流量，形式为预热活动期间发的券到活动正式开始才可以使用，或用户参与活动的开奖结果需活动开始后才知晓，以此冲刺活动正式期的流量和订单峰值。

④ 传播覆盖量。活动上线后的传播推广对活动效果的影响至关重要，大型 IP 更是在传播层面投入了巨额的时间和金钱，这里的传播覆盖量主要衡量活动的推广资源预计覆盖了多少的用户曝光量，部分渠道如地铁广告不太好直接计算，可根据人流量预计大概的量级。

（2）活动跟进　　跟进是指比较实际成果与预期成果，并于必要时采取更正的行动。平台活动实施后的跟进中，活动应急处置与活动数据收集是达成活动目的关键。活动应急处置主要是全程把握活动节奏和监控平台稳定性，时刻观察活动进展情况并防范突发情况出现，如出现偏差，要找出引起偏差的根本原因，及时提交给对应负责人采取相应的纠正措施进行修复。活动数据的收集是持续的，在活动进行中需要对收集到的数据及时跟进，有效跟进网约车驾驶员或承租人的活动参与情况，校验并核对活动报名信息的正确及准确性，更新用户标签，精细化用户分层与服务，完善用户画像，为用户数据分析奠定基础。

四、运营平台活动的制订与实施

运营平台活动价值概括为吸引用户关注、拉动用户贡献、强化用户认知。

开展运营平台活动，可分为活动前期准备阶段、活动制订阶段和活动方案执行阶段。

1. 活动前期准备阶段

活动前期准备阶段主要有以下两个步骤。

（1）运营平台数据收集及分析　　网约车平台的收入是由一个个订单堆积出来，由用户购买相关产品或服务产生，用户和商品/服务为订单两大基本元素。主要数据指标为：

1）活跃用户交易比。衡量一段时间内交易用户占活跃用户的比。体现商业变现能力，变现用户才是最接近商业模式的群体。如果平台活跃用户很多，但交易用户很少，说明平台变现能力有问题，没有找到有效的变现途径。

2）复购/再次下单率。

① 计算单位时间内，消费两次以上的用户数占购买总用户数的比；比如一个月内有 100 个用户购买商品，其中有 20 人购买了 2 次以上，那么月复购率就是 20%。

② 计算单位时间内，重复购买次数占总购买用户数的比；比如一个月内有 100 个用户购买商品，其中 20 人购买了 2 次，10 人购买了 3 次，那么月复购率就是 40%。

对于复购率，可以继续区分：购买 2 次的用户、3 次用户、4 次用户等，不同购买频次的用户打上不同的标签，对于平台深度分析用户行为很有用，可以做用户画像，对营销策略或产品进行调整。

3）平台交易转化能力（变现率）。变现率/货币化率指的是互联网平台将成交总额

（GMV）转化成收入的能力，一般用收入/GMV。

（2）明确活动目的　提升日活跃用户数量（DAU）就是活动目的。活动目的是策划活动的起点。网约车平台常见活动目的为：

1）拉新。吸引新下单用户或 APP 的新启动用户。

2）活跃。拉动保有客户访问登录平台及进行用户生产内容（UGC）的次数。

3）促销。提升某项服务或提高某款商品的订单数量。

4）品牌。扩大品牌知名度和品牌辨识度。

2. 活动制订阶段

（1）确定目标和时间　目的是一项数据，目标就是把这个数据具体化。以活动目标为将 DAU 提升 50% 或提升到 10W 为例。如果预期是把 DAU 从 5W 提升到 6W，适用的活动形式很多，难度并没那么大；但如果期望是从 5W 提升至 10W，那就要用心研究，很多活动形式不可行，因为无法达到预期。另外，活动的起止时间也要有大概的范围。想要活动快速见效，要学会"借势"，在合适的时间上线，事半功倍。

（2）策划活动的原则　策划活动的本质是找到活动目标、用户需求和产品形态的最佳结合点。策划活动有几个关键点：

1）尽量有趣。活动就是让用户"玩"的，在玩的过程中达到运营的目的。所以，即使不是游戏，也可以让活动游戏化，这样会更有趣。如图 1-15 所示，某出行平台 APP 为提高新业务的业务量，通过游戏的形式获得优惠券，邀请转发好友获得游戏步数，引导用户主动推广。

2）操作便捷。从用户看到活动，到操作环节结束，每多一步都会有很大的折损。活动操作的步骤要少；不要让用户在非活动流程的页面里跳来跳去。

3）规则易懂。活动策划时，让规则尽量简单，表述方式要简洁，用户一眼就能明白"做什么，得到什么"。完整的活动规则包括时间、操作方法、评奖办法、奖品列表、附加条件、注意事项等，这些都是阅读成本。用户只需了解关键规则就可参与。所以，在活动页面表述时，核心规则放在页面显著位置，具体规则和免责放在底部。字符多且拗口的文案易流失用户，下面以 Uber（优步）的活动为例，如图 1-16 所示。

图 1-15　某出行平台业务游戏

图 1-16　Uber 活动案例

当看到 Uber 这个活动时，活动标题非常诱人，但是查看规则时，想要理解其本意，至少需要读两到三遍才能读懂。因为有"查看详情"的入口，这里就不用写太多细节的规则。改成"本周六日乘 Uber 累计 3 次，即得 6 次免费行程；乘 Uber 累计 5 次或更多，可获得 10 次免费行程！"效果更好。

4）突显用户收益。用户参加活动，会有相应的物质或精神收益。在活动页面要把收益放在明显位置。把奖品放到头图里，比如物质类的 iPhone、红包、礼盒，精神类的特权、等级、头衔。以神州租车活动为例，如图 1-17 所示。

5）可视化的进度标识。活动都有一连串的操作行为，每一个操作都应给用户一个反馈，比如数字 +1 或进度条走了一步。目的告知用户操作成功且已被记录，另外也是一种精神激励。活动页面也需要打造人气爆棚的氛围，符合人们喜欢热闹的心理，所以很多活动页面会在头部展现"已有××人参与"，并且数字会不断刷新。以美团网当年上线的一个商品为例，如图 1-18 所示。

图 1-17　神州租车活动案例

图 1-18　美团网活动案例

（3）费用预算　费用预算也是营销方案中重要的部分，除了媒体宣传、市场开发、人员工资及奖励、差旅费用等，还应包括完成这个活动所需的人员数量的预算。预算根据方案设计的内容来测算。在进行网约车运营平台活动设计时，本身就要考虑到费用的支出。如在计算促销费用时，除列出总金额外，还要计算出广告费用、公关或人员推销的费用。在广告费用中，还要分解成电视广告费用、电台广告费用等。

3. 活动方案的编制

为了提高活动方案撰写的准确性与科学性，应把握其编制的几个主要原则：

1）层次清楚。活动的目的在于解决网约车运营平台营销中的问题，按照逻辑性思维的构思来编制活动方案。首先是设定情况，交代活动背景，分析市场现状，再把活动中心目的全盘托出；其次进行具体活动内容详细阐述；最后明确提出解决问题的对策。

2）重点突出。抓住活动中要解决的核心问题，深入分析，提出可行性的相应对策，针对性要强，具有实际操作指导意义。一个优秀的策划人员要记住：适当的舍弃是重要的策划技术。

3）具体可操作。编制的活动策划书是要用于指导营销活动的，其指导性涉及营销活动中的每个人的工作及各环节关系的处理，策划书要具有良好的可执行性，具备详细的活动安排。

4）以奇制胜。要求策划的创意新、内容新，表现手法也要新。新颖的创意是策划书的核心内容。

5）能得到大家的认可。活动方案必须得到认可和支持，才能为企业所接受并付诸实施。

> **活动方案模板**
>
> ××××活动方案
>
> 一、活动背景：（分析为什么开展活动，可以从内部和外部两方面进行分析）
>
> 二、活动目标：（预计达到的效果：平台营收增长率、日活跃用户数量、朋友圈转发数等具体数据指标）
>
> 三、活动名称：（完整的踊跃活动文案的名称）
>
> 四、活动时间：（活动时间、报名时间等有关活动的所有时间节点）
>
> 五、活动地点：（活动的地区、地域或具体的活动地址）
>
> 六、活动对象：（人数、人群及年龄等）
>
> 七、活动内容：（可用于宣传文案的活动详细内容，如抽奖、游戏、评比等其他安排也在此项内写清楚）
>
> 活动口号：（可以与活动名称一致，也可作为活动名称的补充）
>
> 活动规则：（具体活动规则）
>
> 活动流程：（用户层面，用户参加活动具体操作或实施的流程）
>
> 特别注意：（补充规则未完善或其他需要明确的内容）
>
> 八、活动流程：（公司层面，用于活动执行，以时间为节点的活动流程安排，明确执行部门或执行人）
>
> 九、活动物料及预算：（活动实施所需物料及整个活动项目预算）
>
> 十、宣传配合：（按宣传形式罗列条款，每条均须有时间、数量、执行部门或执行人。）

4. 活动上线前的准备活动

活动上线前的准备也可以叫作活动预热。线上活动的爆点时间很短，大概一两天。但为了这短暂的爆发，要有前期的预热和后期的收尾，一前一后服务好活动准备，把控活动节奏。活动预热非常重要，这关系到能否迎来爆点以及爆点到底有多高。预热最简单的方式就是告知，如哪天上线什么活动。更复杂的方式是，用有噱头的元素，吸引用户感兴趣并关注，并投入推广资源扩大受众。

5. 活动风控的策略

（1）常见活动风险的类型　活动风险主要体现在以下几个层面：

1）技术层面。因技术原因导致上线时间推迟或上线后产生漏洞。

2）推广方面。活动所需资源未按时到位。

3）用户方面。活动主打卖点用户不买账。

4）外部环境。其他热点问题爆发。

5）法律方面。有违法违规行为，如侵害消费者权益。
6）作弊漏洞。被用户找到规则漏洞，如刷单、灌水等。

（2）活动监控方向

1）数据。分为按实时和单位时间（按天）两种情况，关注平台数据波动情况和数据波动范围值。

2）反馈。紧密关注会出现用户反馈的所有平台，比如用户群、贴吧、微博、朋友圈等。

（3）活动风险控制的方法　营销活动方案的控制按其进行的顺序可分为预先控制、现场控制、反馈控制。

6. 活动的回顾与优化

活动回顾是对过去做的事情的重新演绎，从而获取对这件事更深的理解。回顾关注的不仅仅是一个结果，更是整个活动的过程。根据回顾的总结，优化运营方案。活动回顾包括回顾目标、呈现结果、分析差异和总结经验。

五、运营平台服务产品设计

网约车运营平台经营管理中最精华的部分是服务产品设计。服务产品设计的内容和程序包括：

1）根据市场调研初步确定市场所需要的服务产品类型，如车辆品牌型号、收费标准、服务内容。

2）利用投资收益分析方法印证服务产品的可行性。

3）通过利润分析，设计该服务产品的经营模式，如车辆运营周期、退出方式等。

网约车运营平台管理者必须根据市场调研了解客户的需求趋势，适时对现有的服务项目进行调整，推出符合市场需求变化的新的服务产品。例如及时引进新车型以适应城市新政变化、带驾驾驶员新业务管理措施等。按服务产品开发过程，服务产品可分为服务产品改进和全新服务产品开发。

1. 服务产品改进

网约车运营平台必须经常对现有平台运营数据分析及客户反馈进行服务产品改进，保持现有服务产品的行业优势。服务产品的不断改进离不开企业经营状况数据的支撑，更多依托于网约车运营平台客户反馈意见及平台使用过程中暴露出来的问题。由营销部门将服务产品问题信息和竞争服务产品信息反馈给产品部门，由产品部门实施服务产品改进。选择合适的服务产品改进方向，是服务产品改进的基础。

（1）适应政策　要求网约车运营平台服务产品适应市场环境政策，制订符合市场政策的改进方案，以某出行平台为例，在2020年新型冠状病毒疫情暴发后，迅速推出"四大防疫措施，守护乘客安全出行"，如图1-19所示，要求网约车驾驶员做好自身防护及运营环境卫生。运营团队通过分析国家政策，制订符合国情的服务产品改进方案。效益上虽不能立即获得提升，但通过此次改善，进一步规范了网约车服务标准，为同行业做出榜样。

（2）价格调整　价格调整是网约车运营平台交易的一个必不可少的环节，这也是客户选择服务时关注的重点。在进行价格调整研究时，网约车运营平台根据不同车型配置、客户服务需求、营销和管理成本以及行业竞争影响调整定价规则。

（3）发起促销　网约车运营平台在开发服务产品的促销策略时，市场人员将面临挑战。

公司必须找到办法使大多数服务产品的无形口碑得以提升,并且能将消费者所得的利益成功传递。因此,服务产品改进必须找出自己与竞争对手所不同的特征和利益。

图 1-19　某出行平台防疫措施

以神州租车经营状况为例,2016—2019 年的车队规模呈上升趋势。但平均日租金、车辆利用率都在下降。2019 年的平均日租金为 210 元,同比下降 3.7%,主要是由于为刺激部分旅游城市的需求所致。根据经营数据统计,发现现有服务产品在网点覆盖面及运营车辆数量在行业内领先,但旅游城市租车定价没有优势,经多次在旅游城市发起促销活动,带动提升旅游城市租车率,整体效果明显,如图 1-20 所示。

图 1-20　2016—2019 年神州租车各业务收入变化

2. 全新服务产品设计

(1) 服务产品设计的含义　服务产品设计是一种对服务产品本身和提供该服务的系统进行规划的观念性活动。

1) 设计是满足客户需求的活动。网约车运营平台通过统计平台用户、驾驶员或承租人的反馈意见和建议,从用户出发,以满足用户需求为中心,进行创新设计。

2) 设计活动包括服务产品本身设计和服务产品生产流程设计两方面。依托于现有运营平台资源,整合、调配、创造其他可供企业发展的功能与业务。

3) 设计活动本身也是一个转形加工处理过程。所谓转形加工处理过程,就是将某一事物经过一个处理系统的加工而转化成另一种形式的事物的过程。这个过程也表明了运作管理的基本模式，如图1-21所示。

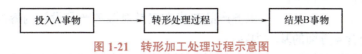

图1-21 转形加工处理过程示意图

4）设计活动是一个从抽象概念到具体设计细节的过程。一个完整、具体的设计不可能在设计活动开始时就形成了，设计总是开始于一个非常模糊简单的对可能的解决方案的认识，经过一段时间，这种认识（当初可能只一个"主意"或"概念"）被逐步提炼并细化，最后形成一个具体完整的产品服务内容及生产流程的设计方案。

（2）**服务产品的特点** 服务产品特点是产品在服务内容本身和服务提供方式上所表现出的特性，它体现了服务产品的功能与客户需求的适合程度，也揭示了服务产品区别于竞争对手产品的异质性。具体表现在以下10个方面：服务的可获得性、服务的方便性和可进入性、服务的可靠性、服务个性化程度、服务产品价格、服务质量、服务组织的声誉、服务产品的安全性、服务速度、服务产品范围。

（3）**服务产品设计的基本内容** 设计一种服务产品，应包括：服务理念，这是指用户消费该服务所期望获得的利益和效用；服务内容，为了实现用户期望的利益和效用所必须向用户提供的各种服务要素，包含但不限于服务内容、辅助服务提供的有形物品；服务提供过程（系统），指完成服务提供所必须依赖的系统、方法，包含但不限于设施布局方式、服务地点选择、服务流程类型。

（4）**服务产品设计步骤** 服务产品设计最后形成的设计方案要包括完整的服务理念、服务要素组合和服务系统及流程3个部分。为达到这一目标，服务产品设计活动要经过一系列步骤和环节，如图1-22所示。

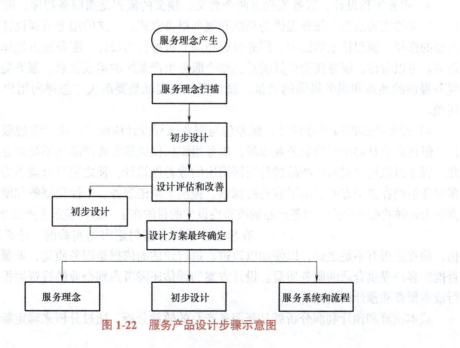

图1-22 服务产品设计步骤示意图

（5）服务理念的形成　服务理念是服务产品的核心，是网约车运营平台提供给用户满足其一种或几种服务产品的功能、效用。服务理念的确定是服务设计的基础，服务理念的合理性决定了服务设计的科学性。

（6）初步设计方案的形成　服务产品初步方案是对服务产品设计内容的初步的总的规划和安排，它包含4方面的基本内容：

1）服务产品特点的确定。服务产品特点是指服务产品相对于用户需求和竞争对手在可获得性、可靠性、个性化程度、价格、服务范围、服务质量和服务速度等方面所具有的特征。明确了服务产品的特点，就确定了服务产品的基本格调。如顺风车服务的设计特点在于强调车主为到达某一目的地，顺路接上相同方向或路线的乘客，乘客远远少于打车的费用到达目的地，车主到达自己目的地的同时赚取一定费用，补贴油费支出。服务产品设计基本格调的确立，为服务要素和服务流程的设计规定了设计原则，明确了设计重点。

2）服务要素的确定。服务要素的确定即服务内容的确定。服务要素的组合又被称为"服务包"（Service Package），是指服务组织为满足客户需要必须向客户提供的服务内容，它包括显性服务、隐性服务、支持性设施和支持性物品4方面。服务包设计的主要目的在于确定"向用户提供什么"。

> 以神州租车还车模式为例简要说明服务包设计：
> ① 显性服务：通过服务网点业务人员优质热情的服务，用户能方便快捷地完成还车业务。
> ② 隐性服务：用户感到还车非常轻松，不需要考虑很多问题，心理得到满足。
> ③ 支持性设施：区域网点的标准化建筑和装修。
> ④ 支持性物品：各种服务单据。

3）服务流程设计。服务流程有两个含义。狭义的流程是指服务程序，即服务的先后顺序。广义的流程指整个服务提供的系统和服务提供方式。广义的服务流程设计包括服务流程类型的选择、流程技术的运用、服务设施布局、服务行为设计、服务地点选择和服务容量规划等。可以看出，服务流程设计关系到整个服务生产系统的组成要素、服务提供的方法以及服务提供的地点和服务提供的数量。设计服务流程就是要解决"怎样向用户提供服务"的问题。

4）服务产品的改善性设计。服务包与服务流程设计构成了一项"常规服务产品"的设计。但在竞争日趋激烈的服务业市场，服务组织仅仅依靠常规产品还不足以立足和发展。因此，服务组织还需对服务产品进行更深层次的改善性设计，使之更具有竞争力。近年来，许多服务组织在这个方面做出了有益的探索，提出了承诺服务、个性化服务和增值服务等多种竞争力较强的服务形式。服务产品的改善性设计的目的在于"怎样使服务产品更具竞争力"。

（7）设计方案的评估和改善　在将初步设计方案付诸市场实验前，还必须对它进行评估，检查是否有不足之处，以便加以改进。进行评估的依据是服务质量，即服务产品设计是否能向客户提供合适的服务质量。设计方案的评估还考虑到企业的投资回报，这就需要进行成本预算和预计利润分析。

成本预算和预计利润分析就是新服务产品的效益分析，通过分析来确定新服务产品的开发价值。新服务产品的设计目的归根结底是为了给企业带来好的经济效益，如果一个新服务产品的投资最终要亏本或无利可图，那么这个新服务产品是不值得去开发的。所以企业在产品概念形成后，必须要对新产品的投资效益和开发价值进行认真的分析。

成本预算和预计利润分析实际上也有两个角度：一是其绝对价值，即产品上市后的预期收益与产品开发成本之间的比较，只要预期收益大于开发成本，就具有开发的价值；二是相对价值，即不仅是指新产品开发的绝对成本，而且也必须考虑企业因开发这一产品而放弃其他投资所形成的机会成本，这样才能比较客观地分析出企业在新产品开发方面的效益与风险。

（8）模拟实验和最终设计方案的确定　设计方案评估与改善完成后，还需进行模拟实验和最终方案确定。通常使用两种方法确保设计方案的完美性。

1）小规模实验法。如某出行平台刚上线车主加油服务时，只在部分区域进行测试，没有进行大规模推广，当小规模试验获得成功时，再对其功能、操作方式等进行设计及修改。

2）电子辅助设计。运用计算机模拟设计使用效果，大大减少实验成本，并且能方便地对原有设计方案进行修改，以测试实际方案在各种条件下的效果。

（9）新服务产品项目报告的制订　在新服务产品可行性进行论证后，主要的输出文件是项目立项报告，这也是企业领导层规划新服务产品实施的基础文件。项目立项报告包含且不限于包含项目概述、市场现状及前景分析、项目内容及目标、项目计划、目标市场和应用、投资估算这六大部分。

任务五　网约车平台使用与维护（初级）

任务描述

王先生在线预约网约车服务，并咨询相关问题。你作为平台服务人员，请为王先生解答订单变更、违章提醒、隐私保护的服务政策，并针对平台的运营数据进行分析，提出运营管理优化建议。

任务目标

1. 能够使用企业平台解决还车方式变更等常见的业务变更问题。
2. 能够使用企业平台追踪车辆违章信息，及时告知承租人处理。
3. 能够对运营平台整体运行数据进行统计，形成数据分析报告。
4. 能够对运营平台的功能提出升级建议，并优化平台运营管理。

相关知识

一、运营平台业务功能

根据艾瑞咨询发布的报告，截至 2018 年底，我国网约车用户规模达到了 2.85 亿，如图 1-23 所示。打车出行方式因素中，有 76.5% 看重便捷度，53.1% 看重安全性，32.2% 看重舒适性，24.7% 看重出行价格。

图 1-23　我国网约车用户规模

1. 在线预约

　　一嗨租车创立于 2006 年 1 月，是我国首家实现全程电子商务化管理的汽车租赁企业。公司总部位于上海，在全国 400 多座城市开设了 5000 多个服务网点，提供 200 多种车型。公司主要为个人和企业用户提供短租、长租以及个性化定制等综合租车服务，不仅支持电话预约、门店预约等传统预约方式，而且支持网上预约、手机预约等在线预约方式。一嗨租车 PC 端界面，如图 1-24 所示。

图 1-24　一嗨租车 PC 端界面

（1）网上预约　步骤 1：注册登录，步骤如下：
①单击页面左上角"免费注册"。
②在会员注册页面中正确填写您的手机号、短信验证码等信息。
③设置账户密码。
④单击"注册"按钮即可完成注册，如图 1-25 所示。
步骤 2：预订车辆。
①选择用车时间地点。在首页选择取还车时间、城市、门店，单击"立即选车"进入选车页面，如图 1-26 所示。
②选择车型。进入选车页面后，可根据您的用车需求选择车型和价格类型，如图 1-27 所示。
③订单明细页面操作。单击预订后，进入提交订单页面。选择支付方式：目前支持线下支付、在线支付、代金券支付、余额支付等方式，如图 1-28 所示。

项目一　网约车及平台运营管理

图 1-25　网上预约 - 注册登录

图 1-26　预订车辆 - 选择用车时间地点

图 1-27　预订车辆 - 选择车型

步骤 3：门店取车，确认订单后，请携带规定证照至门店办理手续；交接车辆时，请在门店工作人员陪同下验车，并填写验车单，确认并签字（此验车单将作为您返还车辆时验车的凭证）；验车完成后，请支付租车费用及车辆押金。

53

图 1-28　预订车辆 - 提交订单

(2) 手机预约

步骤 1：注册登录，通过手机 APP 进行注册，正确输入租车人的手机号及验证码，设置登录密码后即完成新用户的注册，如图 1-29 所示。

图 1-29　注册登录

步骤2：预订车辆，选择城市及取车门店，若异地还车时则开启相应功能。根据租车需求选择车辆的类型，例如经济型、舒适型和精英型等，选定车型后进行订单确认，如图1-30所示。

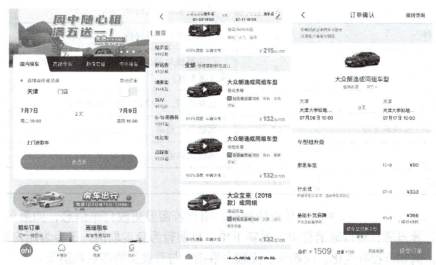

图1-30　预订车辆

步骤3：门店取车（同网上预约）。

2. 订单变更

曹操出行于2019年由曹操专车更名而来，是吉利集团"新能源汽车共享生态"的战略性投资业务，我国首个建立新能源出行服务的专车品牌。据公开资料显示，截至2019年5月初，曹操出行已在全国上线35个大中小城市，投放车辆39000辆，注册用户2430万，每日活跃用户达百万人次。2019年2月，曹操出行APP更新，更多产品新功能逐步上线开放，例如安全管理、订单变更等，利用大数据平台为用户提供更加贴心的服务。曹操出行PC端界面如图1-31所示。

图1-31　曹操出行PC端界面

曹操出行对接入平台的车型及品牌不做限制，但需符合网约车政策的有关规定。运营专员可利用平台对服务订单进行变更处理，主要可分为计费前用户更改订单、支付前驾驶员更改订单、特殊情况平台更改订单。曹操出行开放平台订单状态见表1-19。

表1-19 曹操出行开放平台订单状态

订单状态	状态编码	订单状态	状态编码
未派单	1	已派单	2
乘客上车，计费开始	8	形成结束，计费结束	5
订单待支付	7	订单已支付，待评价	6
订单已评价	4	订单系统取消（超时无驾驶员接单或预约单改派失败）	9
开始服务	10	订单取消，待付款（暂无该状态）	11
订单改派中（预约单才有）	12	驾驶员已到达	20
用户取消	21	驾驶员取消	26
第三方取消	27	—	—

（1）**计费前用户更改订单** 开始计费前，用户若需要更改订单信息，如乘车人、联系电话、出行地点等，可以取消订单后重新下单，目前暂为免责取消。平台为用户提供17种取消原因，例如行程有变化、误操作、无理由取消、与驾驶员协商后取消等。

（2）**支付前驾驶员更改订单** 驾驶员接实时单或预约单后出发到指定地点接乘客，驾驶员到达、乘客上车、计费开始。乘客支付前驾驶员可更改订单的类型可分为4种。

1）行程过程中，若乘客提出现金支付时，驾驶员可结束订单计费，但需提前联系运营人员授权开放此功能，默认情况下不配置现金支付功能。

2）行程过程中，若乘客明确提出需要消费其他付费产品时，驾驶员可在乘客支付前输入额外费用，待乘客在用户端APP确认后即可成功支付。

3）行程开始前，驾驶员在到达上车点后，且超过最大等待时间后，可取消乘客订单。

4）行程开始前，乘客提出出行需求变更时，驾驶员可针对预约单进行改派申请。

（3）**特殊情况平台更改订单**

1）特殊情况，驾驶员接单后到订单支付前，运营人员可通过平台取消订单。

2）无驾驶员接单，超时时间为120s，平台系统会取消订单或再次提醒用户重新下单。

3）特殊情况，运营人员根据用户的反映事实，可通过平台改价。

3. 违章提醒

神州租车成立于2007年9月，总部位于北京。作为我国汽车租赁行业领跑者，神州租车积极借鉴国际成熟市场的成功汽车租赁模式，并结合我国客户消费习惯，为广大消费者提供短租、长租等专业化汽车租赁服务以及送车上门、道路救援、违章提醒等完善的配套服务。神州租车PC端界面如图1-32所示。

（1）**平台短信违章提醒** 神州租车的运营专员会将车辆信息上传至网约车平台与道路交通违法信息管理系统，用户若在租车期间发生非现场处罚的驾驶违章行为，交通技术监控设备收集违法行为记录资料后，交管部门将对资料进行审核，审核无误后录入道路交通违法信息管理系统。运营平台会获取车辆违章的信息，并及时通过手机短信或电话的方式提醒用户办理违章处理，自行负责缴纳罚款、清除违章记录，如图1-33所示。

项目一　网约车及平台运营管理

图 1-32　神州租车 PC 端界面　　　　图 1-33　平台短信违章提醒

（2）软件信息违章提醒　截至 2019 年 9 月，神州租车移动端订单占比达 94%，主要分布在 20~49 岁，无人化运营模式效果显著，受到年轻人青睐，自助取车订单占比达 87%。2020 年 3 月，神州租车新版 APP 界面新增他人代付、自助修改、取消订单、违章查询等功能，利用大数据分析及人工智能技术，进一步提升用户体验。用户可以通过神州租车平台侧边栏中的"违章查询"栏，查看车辆违章处理情况，并在历史违章中显示国内租车和分时共享违章详情，如图 1-34 所示。

图 1-34　软件信息违章提醒

4. 隐私保护

（1）用户授权范围　根据某出行平台软件使用协议所显示，访问该出行平台的手机软件服务平台，其中，基础信息服务平台涵盖的服务内容包括为用户提供基础的信息传输和用户间即时通信、网络社区治理等基础信息服务，并同时授权旗下或合作的功能服务交易信息平台使用该平台的知识产权及基础信息功能。基础信息平台仅提供线上的信息交互环境、交易环境和必要的信息传输、存储等电信服务业务，不提供具体的交易信息或交易中介服务。

服务交易信息平台是指具有相关服务资质和能力的独立网络平台运营商，在该平台基础信息平台上，基于基础平台的基础交互功能和规则，通过 API 接入的方式，加载自身网络服务功能，提供具体的专业性的交易信息平台服务，并完善交互、交易环境，协助用户完成线上或线下的交易行为，如图1-35所示。

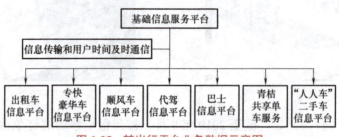

图1-35 某出行平台业务数据示意图

根据隐私协议，对于信息平台的所有用户，除手机号码外为获取出行服务所必备的信息外，用户可以选择向出行平台提供照片、昵称、姓名、身份证或其他身份证明、性别、年龄、行业、公司、职业、个性签名。如经用户授权，出行平台可以向其他第三方获取用户的征信信息、职业信息等，以上信息可在个人账户资料中选择是否填写或授权出行平台获取上述信息。第三方业务方面，出行平台所提供的第三方服务包括共享单车、保险、办理银行卡、办理手机卡、手机充值、充流量、理财服务、消费金融、获取周边优惠。

（2）用户数据管理　某出行平台隐私协议中显示，其平台对个人信息的使用与保存期限为用户使用该平台服务的整个期间。在此期间内，出行平台将会持续保存用户的个人信息，而当用户自主删除个人信息或注销账户后，出行平台在法律、法规规定的最短期限保留期内，不会将所保存的个人信息用于商业化使用，之后将对用户信息进行匿名化处理。某出行平台用户数据分类，见表1-20。同时出行平台在授权中显示，在为配合人民检察院、公安机关、国家安全机关侦查用户使用该出行平台服务过程中产生的犯罪行为调查时，对于用户已自主删除个人信息或注销账户，将在刑法规定的犯罪追诉时效期间内，加密隔离存档用户个人信息。此外，该授权也显示，出行平台服务的过程中，将对存在严重违反法律法规、平台协议、平台规则等情形的用户，其违法、违约记录及相应的平台信用记录，将被出行平台永久保存。而在使用智能手机出行平台软件的过程中，出行平台对其调取设备资料，其中IOS系统权限调用情况见表1-21。

表1-20 某出行平台用户数据分类

全部信息数据类型	个人敏感信息
姓名、昵称、手机号码、用户密码、身份信息、照片、面部识别特征、性别、年龄、职业信息、征信信息、是否有犯罪记录、是否有不良行为记录、车辆信息、驾驶证、行驶证、车辆监督卡、常用地址、通信地址、收货地址、紧急联系人、位置信息、行程信息、航班号、通话记录、录音录像、订单信息及交易状态、支付信息、提现记录、银行卡号及其绑定手机号、评价信息、日志信息、设备信息、IP地址、手机充值记录、积分商城兑换记录	手机号码、用户密码、身份证或其他身份证明、面部识别特征、职业信息、征信信息、驾驶证、位置信息、行程信息、通话记录、录音录像、支付信息、提现记录、银行卡号

（3）用户隐私保护　在隐私政策与手机应用软件界面设计中，出行平台对个人信息功能授权与开放功能，进行以下设置：

1）用户可以通过平台中的"头像"，访问及修改个人资料信息，如图1-36所示。

表 1-21 IOS 系统权限调用情况

设备权限	对应的业务功能	调用权限的目的	是否询问	可否关闭权限
位置	全部业务功能	获取用户当前位置，推荐周围上车点，方便用户叫车等	首次打开手机客户端时弹窗询问	是
通讯录	专车、快车	代叫车时填入被代叫车人联系方式 填入紧急联系人联系方式	单击选择联系人时弹窗询问	是
照片	核心业务功能	上传头像照片	单击上传头像时弹窗询问	是
麦克风	核心业务功能	语音叫车或紧急情况下录音取证	首次打开手机客户端时弹窗询问	是
相机	核心业务功能	扫码解锁、人脸识别	首次使用相应功能时弹窗询问	是
通知	全部功能	发送消息	首次打开手机客户端时弹窗询问	是
无线数据	全部功能	连接网络	否	是
Siri	全部功能	全部功能	首次打开手机客户端时弹窗询问	是
蓝牙	青桔单车	辅助定位、蓝牙解锁	辅助定位、蓝牙解锁	是

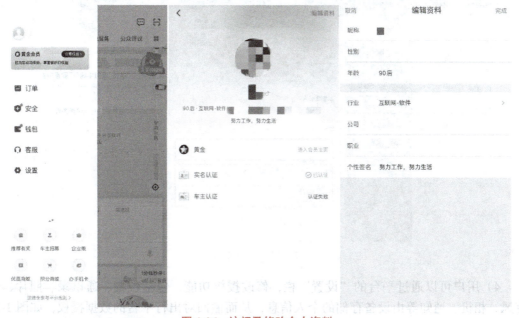

图 1-36 访问及修改个人资料

2）用户可以通过平台中的"订单"栏，访问修改行程信息、订单信息及交易状态，如图 1-37 所示。

3）用户可以通过平台中的"安全"栏，访问及修改设置的紧急联系人、实名认证情况、位置权限授权情况、录音录像状态，如图 1-38 所示。

图 1-37　访问订单信息

图 1-38　访问设置安全信息

4）用户可以通过平台的"设置"栏，修改授权功能，包括位置、通讯录、照片、麦克风、相机、通知等由设备存储的个人信息，从而撤回对出行平台的数据授权，如图 1-39 所示。

二、运营平台升级优化

随着互联网的飞速发展，平台以聚合需求、整合资源为方式，力图占据相当的市场份额，并能通过平台资源量和整合服务的逐步优化，使用户的黏性越来越大，进而为平台企业建立起难以复制的竞争优势并实现盈利。

图 1-39 数据授权

> **企业案例**
>
> **1. 平台运营结构优化**
>
> 2018 年 2 月,神州租车打造"人车生态圈"的整合和运营主体,将囊括汽车租赁、网约车、汽车电商、汽车金融等众多汽车相关业务,如图 1-40 所示,具体战略与模式特征包括:
>
>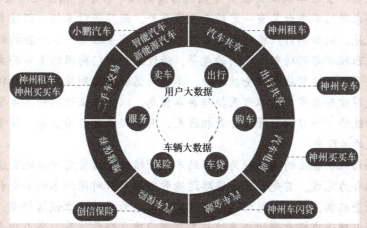
>
> 图 1-40 神州租车全产业链平台
>
> (1)架构汽车全产业链平台式战略 神州租车在已有用户大数据和车辆大数据的基础上,通过业务延伸、投资、合作等方式完成了汽车全产业链的布局。神州租车购置的

车辆，除了用于自有租车服务外，还通过车辆调配用于专车业务以提高车队利用率，退役车辆则主要通过神州买买车完成二手车销售。凭借多年来在汽车供应链中积累的经验与优势，神州租车开展了新车相关的一系列业务，填补了产业链中汽车电商、汽车金融等板块的空白。除此之外，随着产业链的成熟，神州租车将车辆的维修和保险环节纳入自主经营环节，并在车队配置中选择了部分智能汽车和新能源汽车。

(2) 谋划全方位融资战略协同　神州租车积极地引入战略投资者，既可以为拓展业务板块募集资金，又可以与大型金融平台、保险企业强强联合，实现汽车金融、车险业务等的战略协同。同时，针对汽车产业链上尚未完善的环节，神州租车也达成了与汽车厂商、银行、科研机构的合作，充分利用各方品牌和业务资源，增强自身平台的整体实力、扩大神州租车的品牌影响力。

(3) 从经营"资产"到经营"资产+客户"的转型　近年来，神州租车运营车辆增长和固定资产增长均降至10%以下。提升车队利用率，优化客户体验，不断满足和创造潜在客户的需求，已成为神州租车新的经营重心。2017年，神州租车车队利用率为66.7%，相比2016年增长9.1%；直营网点数量增长13%，注册会员人数同比增长49%，2017年底达到2030万人。同时，神州租车深挖客户更短时间、更高频的用车需求，进军分时租赁业务。这不仅可以充分利用现有车辆和网点资源，补齐汽车生活平台业务版图，更能培养用户流量，获取更多信息数据。

2. 平台运营管理优化

(1) 政府层面建议加强市场信息监管　创立"政+企"管理模式。对于网约车治理而言，可创新采用"政+企"管理模式，在交通部门下属公司设立虚拟平台，将重要的打车软件公司及出租车公司的车辆调度信息整合到平台中。有效解决车辆与驾驶员身份识别（将克隆车、黑车剔除在外）、提高车辆运营状态的安全性（屏蔽有客车辆、无须发送预约信息）及对车辆运营状态进行识别（承接有预约业务的车辆）等突出问题。同时，把企业服务、营运车辆及驾驶员等相关信息纳入平台中，相互之间共享信息资源。另外，不仅要求网约车平台具有一定的企业资质外，而且还对车辆、驾驶员、服务等相关问题予以规范，例如制订严格的驾驶员准入条件及审查程序。这一独特的治理模式有效改善了传统出租车与网约租车之间的差异，通过政府部门同网约车市场主体合作的方式，有效解决了车辆运营状态安全性保障、车辆与驾驶员识别及车辆运营状态转换的主要问题，且使得政府与市场主体可互换与共享信息，以此来保证网约车市场可持续稳定发展，这同传统的"一刀切"管理方式相区别，而是促进政府为主导、注重市场力量参与到城市问题的治理中。

多部门联动维护合法的市场行为。网约车运营情况的监管需要各地交通管理部门与其他有关部门合力完成。首先，需要道路运输管理部门针对网约车的安全和质量监理具有科学性的检查机制，同时以统计违法违规者黑名单为目的建立诚信档案；其次，需要运价管理部门以确保市场竞争的公平性与工商部门建立合作关系，合力打击类似恶意低价的不正当竞争行为；再次，要联合公安部门强化安保监督工作，尽可能地避免出现网约车和出租车驾驶员为了争客流、出租车驾驶员因发展受阻而聚众抗议等群体性事件；此外，还需要基于强化网约车出行服务中的个人财产和信息保护，在通信部门的努力下完善网络运营系统，依法惩治盗用乘客信息的行为；最后，为了避免偷税漏税行为，还要联合税务部门一起督促和稽查网约车平台的税收情况。

(2) 平台层面建议优化运营管理标准

1) 强化对驾驶员的管理。对于兼职性质的外地驾驶员准入问题，可以借用传统出租车的管理方法，即统一牌照管理法，这样能在确保网约车顺利发展的同时合理地处理外地驾驶员准入的问题。发展顺风车、拼车等业务是实现共享经济的有效措施，让那些在驾驶员原本要经过的路线点上的乘客顺便搭乘，充分地将闲散资源利用起来才是共享经济的最好体现。关于驾驶员行驶过程的监督管理，目前较为有效的方式是乘客监督法，因为乘客是最清楚驾驶员行车服务和行驶行为的人，所以，可以采用激励举报的方式来有效控制行车安全问题。

2) 完善信息安全设备。在正式投入运营前，每一个接入的车辆都要经过行业协会的严格检测，其中，包括车辆行驶里程、车辆基本技术性能等。行车记录仪是每一个运营车辆都必须安装的，还可根据实际条件设置指纹验证，以此来避免出现人、车不符的情况。除此以外，网约车平台公司还需要建立高效的反馈渠道，强化监督网约车驾驶员和平台管理漏洞的力度，同时建立附属性24h服务制度，在接到乘客投诉的第一时间答复乘客并告知驾驶员，并予以违反规定的驾驶员停运或禁运的惩罚。

3) 优化软件功能。打车软件是平台、驾驶员和乘客赖以生存的基础，软件的功能、性能影响着平台驾驶员的接单成功率，影响着客户的留存率，更影响着平台整体的盈利能力。在驾驶员和乘客使用过程中，很多问题的出现都是因为打车软件功能完善性低造成的，因此，各大网约车平台有必要加强软件优化力度，同时与各方合作伙伴保持良好的合作关系，如地图公司和路政部门，做好平台功能和数据的实时更新。

(3) 驾驶员层面建议制订合理奖励规则 通过设置参与交易的游戏规则，让网约车驾驶员自己主动跑起来，这样有利于整个运营平台增加网约车的单量。对于让网约车主动地跑起来，主要是通过奖励的规则鼓励网约车驾驶员主动及时积极地去接单。比如Uber网约车在我国市场发展的时候，就专门根据我国的交通市场环境，提出了对上下班高峰期接单与冲单的奖励。同时，平台通过地图以及GPS定位，随时通过定位网约车的地理位置，通过设置科学的距离，将网约车所在位置一定半径范围内的游客作为网约车必须接单的对象，规定网约车驾驶员必须在15s内去接单，如果通过后台派给网约车驾驶员的单，驾驶员完成的任务不能达到80%，则取消对网约车驾驶员的奖励。除了接单奖励外，网约车还对驾驶员进行五星制评分，对驾驶员的评分结果还会上传到用户的约车平面，用户可通过对驾驶员的评分进行判断是否呼叫该专车，所以评分的好坏直接决定着网约车驾驶员的接单量，能够促进网约车驾驶员更好的服务。此外，对于网约车驾驶员推荐的新驾驶员，在加入网约车平台注册运营后，如果该驾驶员的接单量情况良好，该介绍人就可获得一定的现金奖励。通过上述多种激励模式，一方面促进网约车驾驶员积极主动的接单，增加自己的接单量，同时也增加自己的收入。另一方面，乘客网上预约车辆后，能够得到驾驶员及时的回应，并且能够让最近的预约车辆及时地赶到，为乘客服务，有效地增强了乘客的乘车服务体验。

(4) 用户层面建议开展多种激励方式 通过有效的管理促进了网约车驾驶员的接单

量以及服务质量后，充足稳定的客源也是保证网约车有效运营的关键。网约车为了促进在初期发展阶段积累大量的叫车用户，开展了多种激励方式，鼓励广大的客户使用网约车。首先直接对网约车用户进行红包奖励，红包奖励是最直接也最有效的方法。打开通过对用户进行用车次数达到多少次以后进行数量的奖励。在奖励的数量中，用户可以免费乘车。对有些客户来讲，客户通过打车获得的奖励与打车消费进行折算，有些客户觉得乘坐网约车甚至比乘坐公交车还要便宜。还有以领取红包的方式奖励，网约车平台设计了客户在每一单结束后，通过将网约车软件推荐给好友而获得领取红包的机会，有时还会领取到免费的打车券，这对客户来讲无疑也是一种有效的吸引。除了红包奖励吸引广大客户以外，网约车还通过"充返"措施，有效地补贴广大用户。例如曾经有充500元获得750元的余额活动，除此之外还可以再送490元的×××影视会员一年，另有充1000元获得1500元的余额，充1500元获得2250元的余额。总之，充返措施的宗旨是，充得越多返得越多，主要是为网约车积攒长期稳定的用户。

项目二 网约车驾驶员管理

任务一 网约车驾驶员基础管理（初级）

任务描述

车务部经理根据区域业务需要进行网约车驾驶员招聘，请为车务部经理撰写招聘简章，并为驾驶员建立信息档案；解答车队内驾驶员常见服务问题，促进队内业务。

任务目标

1. 能够撰写驾驶员招聘简章并选择合适渠道发布。
2. 能够建立驾驶员信息档案，正确填写信息。
3. 能够根据驾驶员信息变更完成档案变更维护。
4. 能够对网约车驾驶员日常业务进行监管与督促。
5. 能够解答驾驶员日常服务问题。

相关知识

一、驾驶员招聘

1. 驾驶员招聘渠道

目前常见的网约车驾驶员招聘渠道可分为以下几种：

（1）**互联网招聘** 互联网招聘包含移动网络招聘和网站招聘。移动网络招聘包括微信、公众号、微博、QQ、微视频、手机招聘 APP 等。网站招聘包括全国性的招聘网站、地方性的网站、行业门户网站和一些搜索性的网站。行政部通过各类招聘渠道收集驾驶员信息，经初步审核后交予车管部经理，甄选合格人员。

（2）**内部推荐** 根据招聘岗位要求，公司内部员工利用个人人脉网络进行推荐。该方法对于提高员工的积极性很有帮助，良好的选拔招聘机制，能为员工提供更多的成长空间，使员工的成长与企业发展相协调，更容易激励员工积极进取、不断学习、追求成功，有助于形成良性的竞争氛围。同时内部招聘还可以降低招聘的成本、提高招聘效率，选拔的成功率较高且能够有效降低用人风险。

（3）网约车驾驶员招募 网约车服务不是简单的传统出租车行业加网络预约，而是新型交通网络信息服务，不是运输服务，不能用监管出租车的思维对待新兴产业。网约车服务运用互联网思维模式调动了大量闲置和未充分利用的小汽车资源，节约了稀缺的道路资源，创造了巨大的经济和社会价值，网约车驾驶员招募加盟，体现了共享经济的理念以及公众对"共享交通"的迫切需求，是区别于传统出租车的一种新业态。

网约车加盟分为两种，一种是驾驶员加盟，开公司统一标配车辆；另一种是驾驶员自己带车加入，此种加盟形式除了驾驶员要符合招募条件外，车辆也应符合网约车平台要求。某出行平台专车招募条件见表2-1。

表2-1 某出行平台专车招募条件

类型	项目	快车	专车
驾驶员准入	驾龄	3年	3年
	驾照	C1以上	C1以上
	路线	熟悉	熟悉
	面貌	无	五官端正
	外观	外露皮肤无明显疤痕、文身	外露皮肤无明显疤痕、文身
	发型	无怪异发型或颜色	无怪异发型或颜色
	语言	标准普通话	标准普通话
	年龄	男：22~55周岁 女：22~50周岁	男：22~55周岁 女：22~50周岁
	身份背景	无犯罪记录 无不良驾驶记录	无犯罪记录 无不良驾驶记录
	健康状况	无影响驾驶及服务的慢性疾病、传染病或精神病史 提供公共场所类健康症	无影响驾驶及服务的慢性疾病、传染病或精神病史 提供公共场所类健康症
车辆准入	车型	见加盟注册车型系统	见加盟注册车型系统
	车辆性质	无要求	无要求
	里程	10万km内	10万km内
	车龄	6年内	5年内
	保险	交强险 车辆损失险（含不计免赔） 商业第三者责任险30万及以上（含不计免赔） 司、乘座位责任险1万/座（轿车5座商务7座）及以上	交强险 车辆损失险（含不计免赔） 商业第三者责任险30万及以上（含不计免赔） 司、乘座位责任险1万/座（轿车5座商务7座）及以上
	颜色	不限	黑、白、灰、蓝、棕、红，颜色按照色系执行，例如深灰、浅灰算灰色，金色算棕色
	改装	无	无改装
	淘汰	7年淘汰	7年淘汰

2. 驾驶员任职条件

（1）**学历教育** 学历教育指任职于本岗位应具有的最低学历要求，一般包括学历和学力两种类型。学历指一个人的学习经历。同等学力一般是指学习经历不同，但在知识水平和学习能力方面达到同等程度的人员。

（2）**知识要求** 知识要求指任职于本岗位应具有的具体细化的知识，由专业类型及特殊知识两部分构成。以人事专员岗位为例，其知识要求应为：人力资源管理及相关专业，具备劳动法等相关法律、法规知识。

（3）**资质证书** 资质证书指任职于本岗位应具有的专业、职业资格认证，如计算机等级证书、英语等级证书及其他专业领域资质认证。

（4）**专业技能** 专业技能指任职于本岗位应具有的基本技能和能力。基本技能如驾驶、口语、第二外语种类、计算机某专业领域、法律和财务等。能力包括沟通能力、组织能力、应变能力、协调能力、控制能力和统筹能力等。

（5）**年龄** 年龄是指任职于本岗位应具有的年龄要求，一般为区间值，主要针对中、高层管理人员及特殊岗位设计。

（6）**相关经验** 相关经验是指任职于本岗位前，应具备的最低的工作经验要求，由经验类型及经历时间两部分构成，主要指专业经历要求，即与岗位相关的知识经验背景，也可以是企业内部的工作经历要求，尤其针对企业中的一些中、高层管理岗位。

（7）**个性特点** 个性特点是指任职于本岗位应具有的性格特征，例如销售类岗位应开朗、乐观，管理类岗位则需要沉着、冷静。

（8）**体力要求** 体力要求是指任职于本岗位应承受的体力强度，对应于劳动法规定的体力强度要求，设计时应科学合理，参照国家标准局规定的体力劳动强度划分标准。

企业案例

网约车企业驾驶员招聘任职条件

一、网约车驾驶员招聘（1）

任职要求：全职网约车驾驶员。

1）男女不限，天津本市户籍，年龄22~50周岁，持C1或C2以上驾照满3年，无重大犯罪记录、无重大贷款违约记录，近3年无一次性扣满12分记录、无重大交通事故记录、无酒驾记录、无吸毒记录、有天津市网约车驾驶员资格证优先。

2）具备良好的服务精神，普通话标准，熟悉天津路况。

3）驾驶员可灵活选择上班时间、地点，不需要每天到公司签到，车辆可放自己家中保管，无须主动找客户，平台派单。

二、网约车驾驶员招聘（2）

任职要求：

1）22~55岁，学历不限，性别不限。

2）3年及以上驾龄。

3）驾驶技术娴熟，会使用导航仪，身体健康，具有较强的安全意识。

4）无犯罪犯法记录、征信无问题。
三、网约车驾驶员招聘（3）
任职要求：
1）22~55 岁。
2）3 年以上实际驾驶经验，熟悉路况，有过驾驶员相关工作经验者优先。
3）懂商务接待礼仪，具有一定的服务意识。
4）无不良驾驶记录，具有较强的安全意识，无不良征信及犯罪记录。
四、网约车驾驶员招聘（4）
1）拥有 C1 及以上驾证，驾龄需满 3 年及以上。
2）五官端正，身体健康，外露皮肤无明显疤痕、文身，无怪异发型（颜色），无传染疾病。
3）普通话标准。
4）年龄：男 22~55 周岁、女 22~50 周岁。
5）无犯罪记录、无精神病史、无吸毒史，较近 3 个记分周期内没有记满 12 分记录。
6）从事过网约车驾驶员、代驾、企业驾驶员、企业员工、货运驾驶员、退役军人等相关工作，熟悉天津城市道路。

3. 招聘简章撰写

（1）**公司简介**　简要的公司介绍，在 100~300 字即可。对公司目前基本情况进行概述，简述公司发展规划及未来愿景，表现出企业的优点（比如公司的知名度，如果在某个范围内公司有一定的名气，可以在招聘信息里适当描述），进而吸引应聘者。

（2）**职位描述**　即招聘的职位。

（3）**福利待遇**　包括基本工资，加班费标准，其他奖金，月大概综合工资；年终奖及绩效奖状况；社保及其他保险状况；食宿状况（如免费住宿，包中晚餐等）；员工培训福利；年假福利；生日礼品福利等，尽量详细，增加招聘信息的吸引力。

（4）**岗位要求**　即驾驶员任职条件。

（5）**面试须知**　告知求职者面试时间和地点，面试所带的资料（身份证原件、学历证书和笔等）。

二、驾驶员管理

根据各地网络预约出租汽车管理实施细则，网约车平台公司应建立驾驶员管理制度，负责对驾驶员培训、教育、工作考评及奖惩工作；定期组织例会，实施交通安全、服务质量、职业道德的教育和规范。

1. 驾驶员档案管理

网约车驾驶员管理档案包括服务质量信誉考核结果、道路交通事故责任情况、违法行为记录、继续教育记录等内容。

1）驾驶员信息登记表，见表 2-2。
2）驾驶人身份证、驾驶证等相关证件的复印件。

3）驾驶员安全驾驶信息记录见表 2-3。
① 公安交通管理部门出具的驾驶证信息查询记录。

表 2-2　驾驶员信息登记表

姓名		性别		
出生年月		民族		
籍贯		文化程度		
手机号码		紧急联系人		
联系地址				
身份证号			初次领证	
驾驶证档案号		准驾车型	年审日期	
签名备案 在其他工作文件上签名 以此签名格式一致			入职时间	年　月　日
			登记时间	年　月　日

（身份证、驾驶证、网约车行驶证、健康证、居住证）
复印件

资料核查人员：_____

② 安全驾驶经历证明。
③ 交通违法情况记录及处理资料。
④ 交通事故情况记录及处理资料。
⑤ 安全行驶里程统计。

表 2-3　驾驶员安全驾驶信息记录表

项目	时间	地点	计分	违章情况
交通违法记录				
项目	时间	地点	责任	肇事情况
交通事故记录				
安全行驶 里程记录	年度	一季度	二季度	三季度	四季度

4）教育培训、诚信考核信息记录见表 2-4。
① 驾驶员日常安全教育记录。
② 继续教育和培训考核记录。
③ 违反道路运输相关法规的情况记录。

④ 服务质量事件、投诉信息情况记录。
⑤ 诚信考核结果记录。
5）驾驶员辞退记录。

表2-4 驾驶员教育培训、诚信考核信息记录表

日常教育记录	（　　）年一季度		（　　）年二季度		（　　）年三季度		（　　）年四季度	
	1		4		7		10	
	2		5		8		11	
	3		6		9		12	
继续教育培训考核记录	（　　）年上半年度				（　　）年下半年度			
	继续教育				继续教育			
	培训考核				培训考核			
违反道路运输相关法规情况记录	时间		地点		违反道路运输法规情况			
服务质量事件投诉信息记录	时间		地点		服务质量事件投诉情况			
诚信考核记录	（　　）年度				考核成绩			
	一季度							
	二季度							
	三季度							
	四季度							
辞退记录	辞退时间				辞退原因			

2. 驾驶员管理规定

各公司管理方式不同，规定大同小异，但包含的基本内容一致。以下用带驾业务驾驶员管理规定与网约车驾驶员管理制度分别说明，见表2-5和表2-6所示。

表2-5 带驾业务驾驶员管理规定

制度名称	带驾业务驾驶员管理规定	制度编号	
执行部门		发布日期	

1. 目的
为规范带驾业务驾驶员的行车安全和服务行为，为客户提供优质的服务，特制订带驾业务驾驶员管理规定。
2. 适用范围
本制度适用于公司带驾业务驾驶员的日常管理。
3. 管理规定
3.1 车辆管理规定
3.1.1 驾驶员在带驾服务期间，必须做好车辆的日常保管工作，确保公司财产安全。

(续)

3.1.2 驾驶员在带驾服务期间，必须做好车辆的日、夜间停放保管工作（客户同意驾驶员将车停回家中的），发生车辆停放费用的，需如实申报，不得随意乱停乱放，违者将按公司相关规定从严处罚并不再允许将车辆开回家。

3.1.3 驾驶员在带驾服务期间，必须严格按公司的标准对车辆执行定期维护、保养、年检工作，每日做好车辆的例行保养、清洁工作。带驾业务车辆的维护、保养、年检工作由带驾驾驶员到公司指定地点和厂家执行。

3.1.4 驾驶员在带驾服务期间，必须做好车辆随车证件的保管及有效性维护。

3.1.5 驾驶员在带驾服务期间，必须做好车辆的随车工具及附件的保管工作。

3.1.6 驾驶员在执行带驾业务前，必须做好车辆的接车工作，并保管好车辆的交接单。

3.1.7 驾驶员完成带驾业务后，必须做好车辆的交接和还车工作。

3.1.8 驾驶员严禁使用客户租用车来办理私事。

3.1.9 驾驶员不得将车辆交予他人驾驶（长租带驾合同中明确规定客户可以自驾的必须按照合同条款的规定做好车辆的交接手续），违者将受到公司相关规定的处罚及承担由此造成的一切后果。

3.1.10 驾驶员在服务期间，必须遵守国家法律、法规，不得将车辆用于违法犯罪活动，违者应接受公司的处罚并承担由此造成的一切后果。

3.1.11 驾驶员在服务期间，必须严格遵守《中华人民共和国道路交通安全法》，做到安全行车，无违章、无事故、无违纪、不疲劳驾驶、不酒后驾驶。

3.1.12 驾驶员在服务期间，应做好本人驾驶证件的有效性维护，做到持有效驾驶证驾驶车辆。

3.2 车辆事故、车损及行车违法管理

3.2.1 驾驶员在服务期间发生交通事故，应及时向事故发生地公安交通管理部门报案并及时报告公司驾驶员管理部门、人员，同时向保险公司报案。

3.2.2 驾驶员在服务期间发生有责行车事故及行车违法行为的，按照《带驾业务驾驶员交通违法、事故、车损赔偿处罚规定》的标准承担赔偿责任和处罚。

3.2.3 "驾驶员事故责任"以公安交通管理部门认定为准。

3.2.4 "车损和相关理赔费用"指被公安交通管理部门认定的、列入事故赔偿范围的费用。

3.2.5 驾驶员发生责任行车事故时按照责任划分并根据保险公司绝对免赔比例进行赔偿，按照《带驾业务驾驶员交通违法、事故、车损赔偿处罚规定》的标准承担赔偿，个人赔偿额度的上限为5000元/次。

3.2.6 发生有责行车事故，经保险公司核定，不在保险公司理赔范围内的损失费用，由事故驾驶员本人承担。

3.2.7 驾驶员因酒后驾车肇事、肇事逃逸的，及因驾驶员未及时报案，造成保险公司拒赔的费用，由驾驶员本人承担，解除与其劳务用工关系。

3.2.8 驾驶员交通肇事被公安交通管理部门处以吊销驾驶执照的，公司在向驾驶员追究各类损失后，解除与其劳务用工关系。

3.2.9 驾驶员因私自使用客户租用车辆及发生交通事故的，公司在向驾驶员追究各类损失后，解除其劳务用工关系。

3.2.10 驾驶员在服务期间因发生交通事故，导致公司车辆受损的，必须在公司指定的维修供应商处进行修理。

3.2.11 驾驶员在服务期间，不得瞒报事故，不得私自在外对受损车辆进行修理，违者，一经核实，公司在向驾驶员追究各类损失后，解除其劳务用工关系。

3.3 车辆如发生车损的，驾驶员需核照如下标准承担费用

3.3.1 驾驶员在服务期间，车辆发生风窗玻璃单独破损的，且无他人承担责任的，经驾驶员管理部门及车管中心审核，驾驶员承担该风窗玻璃的费用，按照《带驾业务驾驶员交通违法、事故、车损理赔处罚规定》的标准执行。要求驾驶员行车中保持安全车速、车距、谨慎驾驶，避免和减少该类事故的发生。

3.3.2 驾驶员在服务期间，发生他人恶意损伤车辆，且无法追究他人责任的，驾驶员承担全部费用。造成车辆被盗的，追究经济赔偿并解除其劳务用工关系。

3.3.3 驾驶员在服务期间，因操作不当，造成车轮非正常损坏及报废的，驾驶员应承担该轮胎的净值费用。

3.3.4 驾驶员在服务期同，发生事故、车损无相关保险理赔证明的，由驾驶员全额承担车辆损失费用。

3.4 车辆事故替代车管理规定

3.4.1 驾驶员发生有责事故，事故车辆无法继续使用需公司安排替代车辆的，驾驶员需承担替代车辆替代期间的租金费用（替代车辆公司合同价日租金的90%），替代车费用收取从替代车发放之日起至事故车辆维修约定竣工日止。发生非责事故需要替代车辆的，驾驶员不承担替代车费用。未在公司指定维修地点进行事故车辆维修的，不得使用公司替代车辆。

(续)

3.4.2 替代车辆发放需事故当事驾驶员凭事故相关证明到公司车管部门办理相关手续,需领取事故替代车辆,但无法及时提供事故、理赔证明的,由事故当事驾驶员写出书面事故经过情况得到确认后到公司车管部门办理相关手续,事故结案后当事人必须及时提供事故结案材料。

3.4.3 事故车辆维修竣工后,事故当事驾驶员未在约定时间返还替代车辆的,替代车辆按公司合同价日租金的100%由事故当事驾驶员承担(含有责、非责事故当事驾驶员)。

3.5 驾驶员在服务期间,发生交通违章时的处理方法

3.5.1 驾驶员在服务期间,发生一般道路交通违章,按照公安交通管理部门的规定就地接受处理或自行到公安交通管理部门指定的地点接受处理,并按公司《带驾业务驾驶员交通违法、事故、车损赔偿处罚规定》标准进行处罚。

3.5.2 驾驶员在服务期间,所驾车辆因违法被电子监控设备记录的,自行到公安交通管理部门指定地点接受处理,或委托公司相关部门处理并支付处理费用,并按公司《带驾业务驾驶员交通违法、事故、车损赔偿处罚规定》标准处罚。

3.5.3 驾驶员不配合公安交通管理部门和公司相关部门进行交通违法处理的,公司在代为处理后扣除当事人相关费用并按公司《带驾业务驾驶员交通违法、事故、车损赔偿处罚规定》标准处罚。

3.5.4 驾驶员在服务期内,因发生有责交通事故被处需参加安全教育、学习及处暂扣驾驶证的,安全教育、学习及扣证期间,做事假处理,公司停止支付驾驶员工资,暂扣驾驶证超过一个月的,公司解除与其劳务用工合同。

3.5.5 驾驶员在服务期间,因事故、违章在一个记分周期内被扣满分值的,公司解除与其劳务用工合同。

3.6 带驾业务管理规定

3.6.1 驾驶员应服从公司业务安排,并听从公司业务人员调派,不接受安排、请派的,公司解除与其劳务用工关系。

3.6.2 驾驶员应按业务合同要求,做好对客户用车的服务工作,因驾驶员个人原因造成客户漏接、迟接、漏送、迟送,按公司《驾驶员运营服务奖励、处罚规定》的处罚标准处罚,造成业务流失的,公司解除与其劳务用工关系。

3.6.3 驾驶员在服务期间,应严格执行《驾驶员服务标准》,不得与客户发生争吵,造成客户有效投诉的,按公司《驾驶员运营服务奖励、处罚规定》的处罚标准处罚。

3.6.4 驾驶员严禁在车内吸烟、饮食及向车外吐痰、抛弃杂物。

3.6.5 驾驶员在服务期间必须保持手机通信畅通,确保客户及公司管理部门能与其进行联系,手机号码发生变动的,应在第一时间通知客户及公司管理部门,如发生客户、公司与其无法联系的情况,按公司《驾驶员运营服务奖励、处罚规定》的处罚标准处罚,情节严重的,公司解除与其劳务用工关系。

3.6.6 驾驶员在服务期间严禁向客人索要或暗示小费,如有客户反映或投诉,一经查实,公司解除与其劳务用工关系。

3.6.7 驾驶员在服务期间,需保管好客户放在车内的财物,如因个人原因,造成客人财物遗失的,由驾驶员承担相关赔偿,情节严重的,公司解除与其劳务用工关系。

3.6.8 驾驶员在服务期间,禁止向客户错报、多报有关行车费用、行驶公里数等,一经查实,公司解除与其劳务用工关系,赔偿客户损失,并承担相应的法律责任。

3.6.9 驾驶员在服务期间,需按标准认真填写各种业务记录,并按时上交管理部门,未及时上交的,按公司《驾驶员运营服务奖励、处罚规定》的处罚标准处罚。

3.6.10 私自使用客户租用车辆办理私事的,一经调查核实,公司在向驾驶员追究各类损失后,解除与其劳务用工关系。

3.6.11 在服务期间,因驾驶员原因造成客户终止合同的,一经调查核实,公司解除与其劳务用工关系。

3.7 劳动纪律管理规定

3.7.1 带驾驾驶员在服务期间,需严格遵守服务客户单位的作息安排。

3.7.2 带驾驾驶员在服务期间,如特殊情况需请假,应提前24h告知服务客户请求同意并向公司驾驶员管理部门请假,同意后按照请假规定办理请假手续,向驾驶员管理员或车队队长请求人员替代,在替代驾驶员到岗时必须认真做好车辆交接及业务交接后方可休假。

3.7.3 带驾驾驶员在服务期间,因病或突发原因无法向客户事先请假,应及时告知驾驶员管理部门或车队队长,以便公司及时做出安排,事后应凭相关凭证补办请假手续,自己聘请他人作替代驾驶员,在替代驾驶员到岗时必须认真做好车辆交接及业务交接后方可休假。

3.7.4 带驾驾驶员在服务期间,因车辆需执行保养、年检工作或故障维修,必须提前3个工作日告知客户,在客户确认并安排后,方可执行,凡不按规定的时间提前告知客户,人为造成车辆脱检、脱保的,按照公司处罚标准从严处理。

（续）

3.7.5 带驾驾驶员在服务期间，需严格遵守公司和服务客户单位的各项规章制度，遵守国家法律法规，严禁赌博、斗殴、嫖娼等违法行为，违者，公司解除与其劳务用工关系。

3.7.6 带驾驾驶员在服务期间，应积极维护公司形象，因服务驾驶员个人原因，严重影响公司声誉的，公司解除与其劳务用工关系。

3.7.7 带驾驾驶员在服务期间，必须按时参加公司组织的每月定期安全教育及其他培训活动，不得无故缺席，违者按照公司有关处罚标准处罚。

3.7.8 带驾驾驶员必须接受、配合公司对其的日常考核、管理工作，不配合或拒绝接受公司对其的日常考核、管理的，公司解除与其劳务用工关系。

3.8 车辆运行成本管理规定

3.8.1 长租带驾包油业务管理规定

3.8.1.1 执行长租带驾包油业务的驾驶员，必须在上车服务之前了解该业务的车辆百公里油耗标准、包月公里数和每月油卡发放金额。

3.8.1.2 驾驶员每月按照要求如实记录"带驾驾驶员月度工作记录"，并将加油消费打印单按日期顺序贴在"带驾驾驶员月度工作记录"背面右上角，不能覆盖"打印记录"。

3.8.1.3 驾驶员必须于次月的5号内将经本人和客户签字确认的"带驾驾驶员月度工作记录"交驾驶员管理部门，正面右上角注明该月百公里油耗数据，对超标2%以上的情况进行书面说明并按当月市场燃油价格承担超标费用。

3.8.1.4 驾驶员不按限定时间上交"带驾驾驶员月度工作记录"，影响当月加班工资计算核发的，推迟到下月计发，由此产生的个人调税等有关问题由本人承担并按照公司考核标准处罚，发生3次该类情况的，公司解除与其劳务用工关系。

3.8.1.5 驾驶员月度百公里油耗超标无合理解释的，超标部分的燃油费用按当月市场燃油价格由本人全额承担，弄虚作假、虚报的，一经查实，公司解除与其劳务用工关系。

3.8.2 长租带驾驾驶员在开始执行业务前，服务车辆配备的车辆清洁用具必须妥善保管，以保持车辆清洁，带驾驾驶员业务结束后，需将随车清洁用具返还。

表2-6 网约车驾驶员管理制度

网约车驾驶员管理制度
一、网约车驾驶员的职责 维护公司的形象、保守公司的机密、服从领导的安排、爱惜车辆的本质、良好的工作态度、平和的驾车心态、过硬的驾驶技术、准确的时间观念、"安全、舒适、热情"的行车服务。 二、"安全"管理条例 1）驾驶员必须遵守《中华人民共和国道路交通管理条例》及有关交通安全管理的规章规则。 2）驾驶员应爱惜车辆，平时要注意车辆的保养，确保车辆正常行驶，做好保养记录。 3）驾驶员对自己所开车辆的各种证件和驾驶员证件的有效性应经常检查，出车时一定保证证件齐全，证件无效时不准出车。公司应保存每部车辆和每位驾驶员所有证件的复印件。 4）驾驶员要注意休息，不准疲劳驾驶，不准酒后驾车，驾驶车辆时精力集中，不准危险驾车（如高速、紧跟、争道、赛车等）。 5）出车前，要例行检查车辆的水、油及各种指示灯是否正常；发现不正常时，要立即加补或调整。 6）驾驶时要系好安全带，上高速公路时驾驶员必须建议车内每个人都系好安全带。 7）车辆开动时，锁上车门锁，快到达目的地减速时，打开车门锁。 8）开车时，不准接和工作无关的电话（除非紧急情况）。 9）经过人多、车多、繁华街道、十字路口等要提高警惕，减速慢行或主动停车避让。 10）在等待乘车人期间，超过10min以上的等待不能着车（除非下雨、下雪、酷热时周边无躲避处），不着车时禁止开空调，在车内休息时，小开窗户，避免窒息。 11）在接送乘车人时，选择最安全、最合适（如靠边、就近等）的位置停车。 12）出车在外停放车辆时，一定要注意选好并记住停放地点和位置，尽量停放在乘车人就近、方便上车的地方（如机场的停车场），不能在不准停车的路段或危险地段停车；驾驶员离开车辆时，要锁好车门及行李舱，防止车辆及车上物品被盗。

(续)

13）停进停车场，熟练、整齐地停放，锁好车门及行李舱。
14）在客人来之前把车开到门口，起动车辆，打开4个车窗，夜间打开灯光。

三、"舒适"管理条例
1）驾驶员的工作重点是保证乘车人的舒适。起动及到达时要缓慢，行驶要平缓，不能急加油，让乘车人在坐车时感觉到安全、惬意。
2）起动、到达时，车外有送、接的人必须做到平缓，并打开窗户让乘车人能尽欢送、欢迎之意。
3）遇到下雨、下雪天，如停车点离乘车人去处有距离，要主动为乘车人打伞。
4）行驶稳定后，需向乘车人说明行走路线，认真听取乘车人意见；如有不同意见，需要用充分的理由说明（如时间优先、环路、高架优先、红绿灯设置等）；如果乘车人不同意，按乘车人的意见行驶。
5）车内常备矿泉水、纸巾、湿纸巾、口香糖等。
6）驾驶员应经常用湿纸巾擦洗座椅皮面及车内所有内饰；车子不很脏时，用布刷擦车；车子较脏时应及时洗车，随时保证车辆的整洁。
7）保持车内干净卫生，在可能的情况下，每次停车都把垃圾清理干净，车内所有物品归位；停进停车场后，必须把垃圾全部清理干净，车内所有物品归位。

四、"热情"管理条例
1）务必确保热情、微笑的服务，避免因任何理由造成乘车人不满意的投诉。
2）任何情况下，优先服务客人。
3）乘车人上下车时，驾驶员不准坐在车里，应主动、热情地为乘车人开关车门并示请"入""出"车及"防碰头"姿势，帮助乘车人装卸行李。
4）行驶过程中，对客人有问必答（除公司保密及有损公司形象的话题），态度热情。如客人有意和你聊天，在保证安全行驶的情况下，轻松交流，但是客人之间谈话时不准随便搭话。
5）在工作时，任何情况下，驾驶员不准生气，保持热情、微笑的服务，行驶过程中碰到他人违规、插队等不得有指责、骂街、冲动的表现，说话应文明、语气平和，动作柔和，对车库管理员要处理好关系，该交的停车费不去理论，按规定交纳。
6）打电话时，首先说："您好"，认真倾听对方的事由，要点要问清，语调应亲切，发音清晰，语速、音量适中。然后向对方复述一遍，得到确认后，说"再见"。
7）请前面乘车人系上安全带时，口气温和，面带微笑，说"×××您好，这个车不系安全带会报警，请您系上安全带"。

五、其他管理条例
1）熟悉经常出车的地点、行车路线及桥梁、停车场结构（如机场、车站、酒店、各大银行及周边设施），对经常行车的路段采用固定的线路，除非交通台报该路段堵车。
2）熟悉航班号、车次的各种编号规则，记住各咨询电话、预告台等。
3）开车前需调整座位，调整后视镜，解除驻车制动，打开空调，打开导航屏幕，夜间开灯，视客人情况打开或关闭音乐或收音机（在高峰期及紧急情况下，一般要收听交通台），动作要柔和熟练。
4）行车时坐姿端正，不占用后排太多的位置。
5）每天更换内服、袜子，保持衣着整洁，保持口腔无异味；吃饭、吃口香糖不出声。
6）车内不准吸烟，公司员工在车内吸烟时，应有礼貌地制止；客人在车内吸烟时，可让公司同事告知或驾驶员婉转告诉客人，但不能直接制止。
7）不准向包括同行、家人在内的任何人（除相应的有权人外）透露乘车人的任何信息（如姓名、电话、住处、去向和从乘车人处得知的任何情况、车上听到和看到的情况等）。一经发现，公司立即予以解除合同。

3. 驾驶员常见问题解答

为了方便驾驶员掌握日常平台使用，应对客户服务，将某网约车公司、汽车租赁公司驾驶员常见疑问总结如下，以供参考。

（1）网约车驾驶员常见问题

问题解读01：账户资格审核时三证校验未通过怎么办？

如果验证未通过，需在平台中单击首页左上角【人头像】-【注册进度】-【去修改】提交正确的资料，审核结果会在 72h 内以短信形式发送到您的手机上，您也可以在驾驶员端查看注册进度。

问题解读 02：如何进行人脸识别？

师傅您好，登录车主端平台，单击【出车】-【开始拍摄】，按页面提示操作【完成人脸识别】即可。

问题解读 03：车辆验证需要提交哪些材料？

尊敬的驾驶员师傅，车辆验证需要提交的资料包括驾驶证正本、驾驶证副本、行驶证正本正面、行驶证正本反面、人车合影。

提交完成后系统会在 3 个工作日内为您审核，审核通过后可以出车，如果未通过审核需要您重新上传图片，审核结果将会以短信形式发送给您，请您注意查收，感谢您的理解。

问题解读 04：如何查询 / 变更车辆信息？

查询车辆信息：您可以在平台左上角【人头像】-【当前车辆】查看您绑定的车辆信息，单击车辆可以看到您车辆的所在地、车主的姓名和车辆注册日期。

变更车辆信息：您修改已经绑定的车辆，可以在平台左上角【人头像】-【当前车辆】-【新增车辆】进行操作，操作完成后系统会在 7 个工作日内为您审核。

问题解读 05：如何查询注册审核进度？

尊敬的师傅，您可以单击驾驶员端左上角【人头像】-【注册进度】，可查询当前注册进度和审核结果（没有激活状态不可以接单）。

问题解读 06：身份证被注册 / 被占用怎么办？

尊敬的驾驶员师傅，注册时提示身份证被占用，可按以下流程处理：

如果是您本人之前注册，因为目前不支持重复注册，您在原账户操作变更手机号即可；如果不是您本人之前注册：提供本人身份证正反面和手持身份证的清晰照片反馈至人工客户，处理结果会在 3~5 个工作日内短信通知您，感谢您的理解。

问题解读 07：如何查询订单详情？

尊敬的驾驶员师傅，点击左上角【人头像】-【行程】可以查看到【全部订单】【未支付】【已取消】不同状态订单的详细信息，感谢您的理解。

问题解读 08：如何更改手机号？

尊敬的驾驶员师傅，您可以在驾驶员端平台单击左上角【人头像】-【服务中心】-单击【手机号变更】进行更换。需要注意的是：

1）一个驾驶员 ID 在 30 天内能更换 3 次手机号。
2）正在出车状态不能更换。
3）有预约单没有完成情况下的不能更换。
4）更换完成后，需要退出重新登录驾驶员端。

问题解读 09：注册提交后多久审核通过？

尊敬的驾驶员师傅，您提交申请后页面会显示【资质审核中】，填写注册资料后，将在 3~5 天审核上传资料，审核结果会以短信形式通知您，您可以单击【注册进度查询】查询审核进度。

问题解读 10：如何更改资料？

尊敬的驾驶员师傅，您的注册手机号、车辆及车牌号、城市、姓名等是可以通过平台进行变更的。

问题解读 11：驾驶员如何正确应对冲突？

当殴打没有严重威胁人身安全时，应果断躲避冷静对待，用法律来保护自己，如果没有控制住自己，还手打了对方，构成互殴，双方都要承担法律责任。

问题解读 12：为什么我的账号会被封禁？有哪些可能的原因？

1）三证（身份证、驾驶证、行驶证）材料不完全或信息不一致，会导致校验不通过，从而使账号被封禁。

2）因作弊、违规收费、虚假信息等恶性行为，不满足渠道审核规矩的账号，会对之进行封禁处理。

(2) 汽车租赁公司带驾驾驶员常见问题

问题解读 1：请问带驾驾驶员是否合法？

1）带驾驶员租赁车辆的范围。带驾驶员汽车租赁的车辆，限于12座及以下商务车和中高档小轿车。

2）长期租赁车辆。汽车租赁企业应承租单位的要求，专为承租单位业务服务，签订一年及以上汽车租赁合同，可提供带驾驶员汽车租赁服务，并报当地运管部门备案。

3）短期租赁车辆。对高端客户短期用于商务活动（包括接送）等需要的带驾驶员租赁车辆，借鉴香港特别行政区的做法，采取由企业提出申请，运管部门选择具有一定经营规模、经营规范的汽车租赁企业，发放租赁汽车许可证。

4）会议租赁车辆。政府部门举办或经政府部门批准举办的各类会议及活动的会务用车，需要带驾驶员租赁的，应在车辆上有明显的会议活动标志。

5）婚庆租赁车辆。为规范婚车租赁市场，带驾驶员租赁的婚车，可参照大连市的做法，由婚车经营者向当地运管部门申报，运管部门发给婚车经营标志牌，放在车辆的明显位置。

6）带驾驶员汽车租赁对驾驶员的要求。为保障带驾驶员租赁车辆和承租方人员的安全，对驾驶员要有严格的要求，应经培训考核后上岗。

问题解读 2：审查汽车租赁合同（配备驾驶员）需注意的事项有哪些？

1）了解当地现行有效的法律或政策相关规定，有不少地方明确规定汽车租赁不能提供驾驶服务，以免被认定为违法经营。

2）尽量与具备道路运输服务资质的企业或个人合作，避免合作方不具备道路运输服务资质而给己方带来的法律风险。

3）在书面合同中明确约定双方的权利义务，如对车辆的保管义务、车辆维修、年检的义务、车辆保险的险种和缴纳以及发生交通事故时的责任承担问题。

4）承租方在合同中注意明确与驾驶员的劳动或劳务关系，以免引发劳资纠纷。

无论以何种合同名称签订此类合同，最终都归结于合同中约定的权利义务法律关系指向以及是否合法合理，只有合乎法律规定的权益才能依法得到保障。

问题解读 3：如果出险应如何应对？

1）发生事故后（事故包含交通事故、自然灾害、突发事件），首先保持冷静。第一时间应保护好现场，放置安全警示牌，穿上反光背心。如有人员伤亡的，应先拨打120，救治伤员。

2）及时通知公司安全负责人，说明事故地点、情况、有无人员伤亡。

3）通知交警，说明事故原因、情况。
4）通知本车保险公司到现场勘验定损。
5）事故处理完毕后，回公司进行书面汇报，填表。

问题解读 4：汽车出租带驾驶员，应该按什么税目税率缴纳增值税？

按陆路运输服务交纳增值税。陆路运输服务是指通过陆路（地上或地下）运送货物或旅客的运输业务活动，包括铁路运输服务和其他陆路运输服务。

出租车公司向使用本公司自有出租车的出租车驾驶员收取的管理费用，按照陆路运输服务缴纳增值税。

问题解读 5：带驾驾驶员出车期间，产生的过路费、油费是客户承担还是由驾驶员垫付，公司承担？

需看业务协议具体如何签订。如公司承担，带驾驾驶员应保留票据，待回公司后向公司提出报销申请，上交票据，此部分费用计入公司费用。如由客户承担，则由客户支付该部分费用。

问题解读 6：作为带驾驾驶员，租车公司选人标准有哪些？

1）首先要看驾驶员的驾驶技能和驾驶习惯，即路试。这是考验驾驶员是否适合的硬指标，作为乘客，他们的乘坐感受是很重要的。

2）驾驶员对于路况的熟悉程度，很多租车公司的租车路线是固定的，在客户下订单后都会将客户的行车路线告知驾驶员。行车过程由于道路拥堵等其他因素，需要更改行车路线，此时如果是熟悉本地路况的驾驶员会避免很多麻烦，乘客则不需要花费时间在和租车公司沟通上。

3）礼貌礼仪、待人接物，租车服务标准由租车公司和客户决定，包括车内物品的摆放、清洁卫生、驾驶员着装等细节的问题都彰显了公司形象及驾驶员业务水平。

问题解读 7：带驾驾驶员为什么要上交押金？

依据各公司规定，某些公司会让带驾驾驶员上交一定的押金，属于违章保证金；有些公司则不需要上交押金，违章后由驾驶员自行缴纳违章罚款。

问题解读 8：需要在平台上抢单吗？

不用抢单，驾驶员端里面可以设置 10s 接单、20s 接单和自动接单。

问题解读 9：冬天雨雪天气如何应急？

1）侧滑、甩尾。由于制动过猛造成的侧滑或甩尾，应松开制动踏板，采用连续点踩制动踏板的方式制动。

2）转向过度。发生这种情况时，建议驾驶员先松开加速踏板，轻柔迅速地反打方向，必须回正过中线，必要时配合点踩制动踏板降低车速。

任务二　网约车救援及车辆替换服务（初级）

任务描述

承租人张先生发生交通事故，致电租赁公司请求救援，请你作为车务部业务员接听承租人来电，受理救援请求，确认承租人信息及事故情况，对车辆状况进行远程问诊，如故障无法排除，联系就近服务站派出救援人员，并根据承租人需求完成替换服务。

任务目标

1. 能够受理承租人、驾驶员救援请求，确认并记录相关信息。
2. 能够进行车辆远程问诊并快速给出解决方案。
3. 能够根据现场情况派遣救援。
4. 能够根据承租人、驾驶员需求及公司规定，完成车辆替换服务。

相关知识

一、救援服务内容

汽车租赁救援服务是指承租人在车辆使用过程中，发生事故、出现故障无法正常行驶又不能自行处置时，由企业人员或协作单位赶赴现场，对车辆实施排障、维修或替换，以保证租车服务能够延续。

汽车租赁公司可自行组织或与专业救援公司、专业修理厂签订协议，实施救援工作。出租方应设置24h救援服务电话，安排人员接听，及时实施救援服务。救援服务主要内容见表2-7。

表2-7 救援服务内容表

服务项目	服务描述
事故救援	租赁车辆出现事故，无法继续安全行驶时，提供拖车或现场小修服务
更换备胎	租赁车辆因轮胎损坏无法行驶时，提供更换备胎服务
送油服务	租赁车辆因无燃料而无法起动或行驶时，提供送油服务
开锁服务	租赁车辆钥匙遗失或钥匙锁入车内，提供开锁服务
蓄电池搭电	租赁车辆因蓄电池缺电或发电机故障而无法起动时，提供搭电服务
其他	根据具体情况，提供必要的救援服务

网约车中由于经营模式不同，对救援服务的规定各不相同。如曹操专车，是公司统一提供车辆运营，故当车辆出现损坏，在符合公司规定下予以替换。

二、救援服务预案

根据《汽车租赁经营服务规范》，汽车租赁经营者应完备救援服务预案：

1）按租赁车辆总数1%预留待租车辆，不足100辆的预留1辆，以备承租人替换使用。

2）按租赁车辆总数0.5%配备救援工作车，不足200辆的配备1辆，每辆救援工作车配备2名以上救援服务人员。

3）备有车辆易损配件、易耗油品、便携机具和通信、照明等应急用品，并有序就位，便于随时取用。

4）设置救援服务电话，保证24h有人值守。

对于汽车租赁经营者可以与专业救援单位或汽车维修企业订立委托救援服务合同（协

议）。委托救援应遵循本标准有关救援服务的要求。

> **企业案例**
>
> **神州租车救援服务规则**
>
> 神州租车提供"7×24h"的全国救援服务。如遇紧急情况，请您致电24h客户服务中心400-616-6666。
>
> 1. 由于车辆本身故障引起的救援，费用由神州租车承担。
> 1）我们将委托救援商为您提供现场紧急修理服务。
> 2）如车辆故障无法现场修复，请将车辆交与指定救援商。
> ① 若故障地点在神州租车网点覆盖城市范围内，我们将为您准备备用车，请到就近神州租车门店更换车辆；备用车为同级别或就近高级别车时，按原车型车辆租赁及服务费计费；备用车为就近低级别车时，按低级别车辆租赁及服务费计费。
> ② 若故障地点在神州租车网点覆盖城市范围外，我们将委托救援商向您提供救援，并由神州租车就近分公司为您办理结算手续。因无法提供备用车，我们将按1元/km的标准，向您赔偿自车辆停驶城市到原定还车城市的路费。
>
> 2. 对于非车辆本身故障导致车辆不能正常行驶的（包含且不限于人为操作失误、保险事故等），相关费用由客户承担：
> 1）您可以自行选择救援商或选择由我们提供的道路救援服务。
> 2）由于要调配停驶车辆，车辆在租车城市之外地区停驶的，您需支付异地还车费用。

三、救援服务流程

1. 申请救援

车辆发生故障或交通事故后，承租人打电话向出租方请求救援，并描述具体地点、联系方式、车辆状况等相关信息。

2. 确认信息

业务员收到救援信号后，详细记录承租人救援请求内容及实施救援所需信息，如故障、事故发生时间、地点；故障、事故主要情况；车辆状况、车损程度、是否需要替换；被救援人员联系方式。

3. 通知关联部门

及时通告并将有关信息传达给车辆管理、救援保障等相关部门。如果仅为故障，进行远程问诊，由驾车人进行故障初检和简单维修操作，如仍无法排除故障，及时通知车辆管理、救援保障等相关部门尽快安排救援。如果是事故，提醒承租人及时通知122处理，保险业务员应在24h内向保险公司报险。如果车辆故障因人为原因产生，业务人员估损后报相关部门，根据合同条款按收费管理程序向承租人收取费用。

4. 救援派遣

车辆管理、救援保障等相关部门尽快安排救援，准备救援车辆、随车修理工具、通信工具及拖车等车辆和工具,并根据客户要求派遣替代车辆。按照《汽车租赁经营服务规范》,汽车租赁经营者接到承租人救援电话请求后,事发地点在单程20km以内的,应在当2h内到达;超过此范围及行程的,应当向承租人预告到达时间或采取其他便捷的救助措施。

5. 检查定责

救援人员到达事故现场后,应仔细检查,与承租人共同确定事故原因、责任方及车辆损坏程度,并及时报警,双方应在救援单据上记录情况并确认签字。

如可进行现场维修的,抓紧进行现场维修;如无法立即进行现场维修的,应将车辆拖回修理,并根据客户要求决定是否提供替换车辆服务。按照《汽车租赁经营服务规范》,救援人员抵达后,故障车辆2h内无法恢复正常行驶的,汽车租赁经营者应向承租人提供相应功能和租价的临时替换车辆或双方协商采取其他补救措施。故障车辆需送修的,由汽车租赁经营者负责送修或委托承租人到指定地点送修。修车费用依车辆故障责任和租赁合同的约定承担。因承租人责任造成车辆送修停运,汽车租赁经营者依租赁合同向承租人收取停运损失费的,应向承租人明示修理项目和修理工时等原始清单。

6. 救援返回

如现场维修完毕,救援人员返回汽车租赁公司后提交救援相关单据;如无法进行现场维修,并将事故车辆拖回的,还需办理车辆交接手续,交由汽车租赁公司维修部门处理。车辆停运的,需向相关业务部门通报停驶车辆型号、车号等情况。

7. 其他事项

在救援费用方面,车辆本身发生故障引起的救援服务,费用一般应由出租方承担;由于承租人使用不当或交通事故引发的救援服务,费用一般由承租人承担,但也可双方协商。车辆发生故障后,出租方应为承租人提供替换车辆。承租人可就近到出租方门店处理,更换同级别车辆或选择其他级别车辆,租金一般按原车型计费或双方协商调整费用。

救援服务的主要流程如图2-1所示。

以上为承租双方救援服务流程。当带驾驾驶员出现交通事故时,首先保持冷静,第一时间应保护好现场,放置安全警示牌,穿上反光背心。如果人员伤亡的,应先拨打120救治伤员。之后通知公司安全负责人,说明事故地点、情况、有无人员伤亡。通知交警,说明事故原因、情况。通知本公司保险公司到现场勘验定损。事故处理完毕后,回公司进行书面汇报、

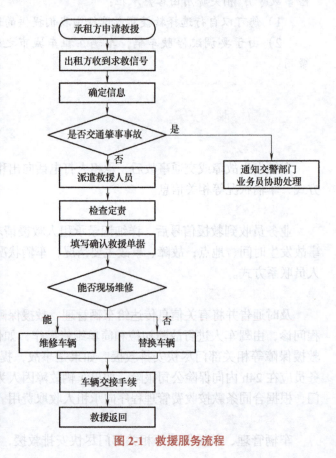

图2-1 救援服务流程

填表。按照公司规定领取替代车辆，缴纳相关费用。

> **话术案例**
>
> 客户来电请求救援
>
> "您好！欢迎致电×××汽车租赁公司，业务员×××为您服务。"
> "请问您的姓名、联系电话、车牌号及车型？"
> "为确保能及时联系到您，可否告诉我其他联系方式？"
> "您能告诉我们您现在的详细位置吗？周围有什么标志性建筑物？"
> "请您描述一下您的车辆现在的故障现象，以便我们判断故障以及准备工具、备件。"
> "是这样的，×××先生/女士，根据您描述的现象，故障可能是×××情况，您可以试着×××。"
> "请稍等，我请技师给您解答一下。"
> "×××先生/女士，我们马上派出救援车辆，救援车上贴有橙色标贴，大概×××min到那里。我们会每0.5h和您联系一次，直到到达救援地点。您也可以随时联系我。"
> "×××先生/女士，您现在的位置距离我们服务站的距离是×××km，我们需要15min准备车辆、工具、备件，大约×××h内能到达，请您稍候。"
> "您还有其他要求吗？"

四、车辆应急替换服务

合同期间因故障、交通事故、承租人要求等原因需要用其他租赁车辆替换在租车的过程为替换服务。

1）业务人员确定承租人的车辆替换要求是否符合合同条款，如需交纳费用，通知相关业务部门收费。

2）按发车程序交接替换车辆并将车辆变化通知相关业务部门。

> **企业案例**
>
> 一嗨租车备用车使用
>
> 一、车辆本身故障
> 由于车辆本身故障无法行驶：
> 1）在一嗨全国服务网点范围内，一嗨尽可能为客户提供与租赁车辆同档次的代用车辆。
> 2）若在一嗨全国服务网点范围外，一嗨将为客户办理退租手续，不再提供备用车。
> 二、其他原因导致车辆故障
> 若由于其他原因（包含但不限于人为操作失误、车辆事故等）致使车辆无法正常行驶，一嗨将不再提供备用车辆，客户需自行处理有关事宜。

> 三、其他备注
> 1）同一客户同一时间段内限租 1 辆车，即客户所租车辆未还不能租用一嗨其他车辆。
> 2）所有事故处理请先拨打 110 报警，再及时拨打一嗨救援电话：400-888-6608。

任务三　网约车驾驶员培训管理（初级）

任务描述

公司刚招募到一批网约车驾驶员，同时即将开展新一轮的驾驶员日常培训工作。作为培训主管，请你对新招募的网约车驾驶员进行考前培训，并针对即将进行日常培训的驾驶员制订培训工作计划，确定培训内容。

任务目标

1. 能根据相关法律法规，对网约车驾驶员进行考前培训。
2. 能对网约车驾驶员进行安全培训教育工作。
3. 能对潜在驾驶风险驾驶员进行强化技能培训和安全驾驶知识宣传普及工作。

相关知识

一、网约车驾驶员申报流程

1. 申请流程

全国各地"网络预约出租汽车驾驶员证"的申请流程各不相同，但整体流程大同小异，主要流程顺序总结如图 2-2 所示。

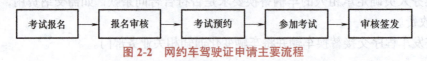

图 2-2　网约车驾驶证申请主要流程

（1）**考试报名**　申请人市、县、区政务服务中心填写"出租汽车驾驶员从业资格申请表"，并提交本人身份证复印件、驾驶证复印件、本人户口簿或居住证、2 张 2 寸白底彩色免冠近期照片。

（2）**报名审核**　经市运管部门、市公安部门审核后，符合条件的申请人，同意参加考试；不符合的申请人，反馈审核意见，退回申请。

（3）**考试预约**　审核通过的申请人可前往报名点或通过电话方式进行预约考试。在报名点预约的现场打印准考证；通过电话方式预约的，在考试当天到考试点领取准考证。

（4）**参加考试**　参考人员凭准考证前往考试点，参加统一的网上计算机考试。考试结束后，自动批改成绩，并当场认定考试结果。相应考试科目不合格，可补考一次；补考仍不合格的，重新申请考试。

（5）**审核签发**　全国公共科目和地方科目考试均合格的，由市运管机构核发"网络预约出租汽车驾驶员从业资格证",申请人到报名的政务服务中心运管窗口领取。

2. 考试大纲

为规范出租汽车驾驶员从业资格全国公共科目考试,提高出租汽车驾驶员综合素质,根据《交通运输部关于修改〈出租汽车驾驶员从业资格管理规定〉的决定》(交通运输部令2016年第63号)等有关规定,制订了"网络预约出租汽车驾驶员从业资格考试全国公共科目考试大纲"。

(1)适用范围　本大纲适用于在中华人民共和国境内,申请从事出租汽车客运服务的驾驶员。出租汽车驾驶员从业资格全国科目考试实行全国统一考试大纲。

(2)考试组织　交通运输部负责指导全国出租汽车驾驶员从业资格全国公共科目考试工作。各省、自治区交通运输主管部门负责指导本行政区域内的出租汽车驾驶员从业资格全国公共科目考试的工作。

直辖市、设区的市级出租汽车行政主管部门组织实施本行政区域内的出租汽车驾驶员从业资格全国公共科目考试的工作。

(3)考试方式及要求

1)考试方式实行全国统一题库,采用计算机系统随机抽题的方式考试。

2)考试时间为60min。

3)考试试题共85道题,题型分为判断题、单项选择题和多项选择题,其中判断题15题,每题1分;单项选择题55题,每题1分;多项选择题15题,每题2分。

4)考试总分100分,80分及以上为考试合格。

5)每场考试应当不少于2名考核员,考试成绩必须由2名考核员签字确认。考试成绩应在考试结束10日内公布。

(4)考试内容及要求　掌握出租汽车相关政策、法律法规,掌握出租汽车安全运营知识,理解出租汽车驾驶员职业道德,掌握出租汽车服务标准规范,熟悉出租汽车运营其他相关知识。

(5)考试内容及分值分配　见表2-8。

表2-8　考试内容及分值分配

考试项目	考试范围	分值	总分
政策、法律法规	《国务院办公厅关于深化改革推进出租汽车行业健康发展的指导意见》《出租汽车驾驶员从业资格管理规定》《网络预约出租汽车经营服务管理暂行办法》《巡游出租汽车经营服务管理规定》《出租汽车服务质量信誉考核办法》等国家出租汽车政策、法律法规	18	30
	《安全生产法》《道路交通安全法》《劳动合同法》《消费者权益保护法》《侵权责任法》《突发事件应对法》《信访条例》《全国人民代表大会常务委员会关于加强网络信息保护的决定》等法律法规的有关内容	12	
安全运营	安全运营生理与心理知识	2	28
	车辆安全检视	2	
	行车安全基本要求	4	
	复杂天气和特殊路段的安全行车要求	6	
	车辆突发情况处置	6	

(续)

考试项目	考试范围	分值	总分
安全运营	车辆维护与常见故障处理	4	28
	自我安全防范	2	
	常见危险品的基本知识	2	
职业道德	社会责任与职业道德	4	4
服务标准	服务流程	10	26
	车辆服务要求	4	
	驾驶员服务仪容	2	
	驾驶员服务用语和言行举止	4	
	特殊人群服务	2	
	服务禁忌	2	
	服务评价与投诉处理	2	
其他相关知识	运价与计程计价设备使用知识	2	12
	信息安全	2	
	节能与环保知识	2	
	交通事故处理程序	2	
	保险常识和交通事故理赔	2	
	应急保障、消防和乘客救护基本知识	2	

（6）评分标准

1）判断题，每错1题扣1分。

2）单项选择题，每错1题扣1分。

二、网约车相关规定及规范

1. 网约车驾驶员相关规定

（1）网约车驾驶员的职业特点

1）单人单车运营，服务要求高。

2）流动性大、劳动强度高。

3）环境复杂多变，安全风险大。

4）若不规范操作，对社会危害大。

5）代表行业的形象，反映个人素质。

6）工作环境较差，损害生理和心理健康。

（2）网约车驾驶员的社会责任　网约车驾驶员的社会责任是指其在运营中对社会和谐发展应负的责任，包括承担高于自身目标的社会义务、法律义务和经济义务等。网约车运营安全是社会安全的一个重要组成部分，驾驶员的安全意识是其社会责任的核心。

因此，选择网约车驾驶员职业，不应单单是为了选择一种谋生的手段，更重要的是从社会发展和进步的长远利益出发，树立"珍爱生命、安全第一"的从业理念，严格遵守安全运营的相关法律法规，做到安全驾驶、文明行车、守法经营、优质服务、节能环保，为个人和网约车平台公司创造更好的社会声誉和经济效益，真正体现出个人的社会价值。

1）保障人的生命、财产安全。

2）为乘客提供优质服务。网约车通过道路运输实现乘客的位移，而且向乘客提供服务。因此，在运营过程中，驾驶员岗位具有双重职责，除了安全驾驶汽车外，还要为乘客提供服务。

3）提高自身素质与道德修养。

4）节能减排、保护环境。

（3）网约车驾驶员的职业道德　我国社会对各行各业的职业道德的总体要求是：爱岗敬业、诚实守信、办事公道、服务群众、奉献社会。网约车驾驶员从事的是一种服务性工作，职业道德是驾驶员在特定职业活动中应遵守的行为规范和准则的总和，是社会责任感的具体体现。概括起来就是网约车驾驶员要有职业责任感和职业荣誉感，树立为人民服务、遵纪守法的观念。

网约车驾驶员的职业责任感就是既要圆满完成运营任务，又要确保行车安全，对自己、乘客、社会负责任；职业荣誉感就是要认识到驾驶员是社会分工不可缺少的组成部分，是社会公认的光荣职业，要珍惜这份荣誉，热爱本职工作，维护职业尊严，抵御社会上见利忘义的不良思想诱惑，保持人格的高尚性。

网约车驾驶员的职业道德具体表现在"遵章守法、依法经营、诚实守信、公平竞争、优质服务和规范操作" 6个方面。

（4）网约车驾驶员从业要求

1）取得相应准驾车型机动车驾驶证并具有3年以上的驾驶经验。

2）无交通肇事犯罪、危险驾驶犯罪记录，无吸毒记录，无饮酒后驾驶记录，最近连续3个记分周期内没有记满12分记录。

3）无暴力犯罪记录。

4）城市人民政府规定的其他条件。

5）持有"网络预约出租汽车驾驶员证"。

2. 网约车运营服务规范

（1）网约车运营服务标准　网约车运营服务是以专门的车辆为运载工具，为乘客提供安全、快捷、舒适、文明的运营服务，要求车辆和驾驶员必须具备相应的条件，以保证正常经营活动的开展。

1）车辆运营的条件。车辆技术条件应符合国家标准《机动车运行安全技术条件》（GB 7258—2017）的规定和出租汽车行业管理部门的相关要求；车辆维护、检测、诊断应符合国家标准《汽车维护、检测、诊断技术规范》（GB/T 18344—2016）的规定；车辆污染物排放值应符合国家标准《轻型汽车污染物排放限值及测量方法（中国第六阶段）》（GB 18352.6—2016）的规定；车辆内饰材料应符合《汽车内饰材料的燃烧特性》（GB 8410—2006）的规定。

车内设施配置及车辆性能指标应体现高品质服务、差异化经营的定位，宜提供互联网无线接入、手机充电器、纸巾、雨伞等供乘客使用。

2）对车容、车貌的要求。

① 车身外观整洁完好。

② 车前、后、内、外的照明灯齐全，功能完好。

③ 轮胎盖齐全完好。

④ 车门功能正常。车窗玻璃密闭良好，洁净明亮、无破损、无遮蔽物、升降功能有效，玻璃刮水器功能完好。

⑤ 车厢内整洁、卫生，无杂物、异味。

⑥ 仪表完好。仪表台、后风窗玻璃下方窗台不放置与运营无关的物品。

⑦ 遮阳板、化妆镜、顶篷齐全完好。

⑧ 座椅牢固无塌陷。前排座椅可前后移动，靠背倾度可调。安全带和锁扣齐全、有效。

⑨ 坐套、头枕套、脚垫齐全、整洁。

⑩ 行李舱整洁、照明有效，开启装置完好。行李舱内可供乘客放置行李物品的空间不少于行李舱容积的三分之二。

⑪ 按规定张贴和涂装广告，不遮挡服务标志。车厢内视频设备可按乘客意愿开关。

⑫ 车辆标志应符合服务所在地出租汽车行政主管部门的规定。

3）对专用设施的要求。

① 应安装应急报警装置和具有行驶记录功能的车载卫星定位装置，卫星定位装置宜符合《道路运输车辆卫星定位系统车载终端技术要求》（JT/T 794—2019）及其他有关规定。

② 不应在车内悬挂或放置影响行车安全的设施设备。

4）驾驶员的运营条件。

① 经过从业资格培训，取得从业资格证件。

② 遵守国家法律、法规和运营服务规范。

③ 熟知运营区域的交通地理、地方特色等知识。

④ 掌握基本的机动车维修知识。

⑤ 掌握基本的医疗急救知识。

⑥ 尊重乘客的宗教信仰和风俗习惯。

⑦ 应携带"网络预约出租汽车运输证"与"网络预约出租汽车驾驶员证"。

5）对服务仪容的要求。

① 精神饱满、举止文明、礼貌待客。

② 按规定着装，正确佩戴服务标志。

③ 运营前和运营过程中忌食带异味的食物。

6）对服务用语和言行举止的要求。

① 提倡使用普通话。可根据乘客需求，使用地方方言或外语。

② 服务用语应规范准确、文明礼貌。服务时语气平和、表达清楚、声量适度、语速适中。

③ 不得在乘客面前有不文明行为和语言。

④ 热情、耐心地回答乘客的问题。乘客间交谈时，忌随便插话。

⑤ 不得在车厢内吸烟，不得向外抛物、吐痰。

(2) 网约车运营服务流程　网约车基本服务流程分为运营准备、运营中、运营结束3部分。

1）运营准备。

① 检查车容车貌。

② 检查车辆技术状况，并备好随车设施、工具。

③ 检查机动车行驶证、车辆运营证及从业资格证件等随车证件。

④ 备齐发票、备足零钱。

⑤ 检查车辆燃油或燃气、电能的使用情况。

2）运营中。

① 应在允许停车的地点等候订单，不应巡游揽客、站点候客。

② 网约车平台公司采用派单机制的，驾驶员收到订单信息后，应通过终端确认接单；采用抢单机制的，驾驶员可根据自身情况应答接单。

注意：驾驶员使用终端查询或应答业务的，应在不影响行车安全的状态下进行。

③ 约车成功后，应主动与约车人或乘客确认上车时间、地点等信息，对于即时用车服务，还应告知自身位置及预计到达的时间。不应以不认识路或其他理由要求乘客取消订单。

注意：在行车过程中不得接打和使用手机。

④ 根据订单信息，按约定时间到达上车地点，在允许停车的路段候客，并主动与乘客联系，确认双方身份。未到约定上车地点的，不应提前确认"车辆已到达"。

⑤ 乘客上车时，车辆应与道路平行靠边停靠，并引导乘客由右侧上车，主动协助"老、幼、病、残、孕"乘客上下车。

⑥ 乘客携带行李时，应主动协助其将行李放入行李舱内，行李舱应由驾驶员开启和锁闭。

⑦ 乘客上车后，面向乘客主动问候，提醒并在必要时协助乘客系好安全带。

⑧ 乘客上车后，向网约车平台公司发送"乘客已上车"的确认信息，并提示乘客可使用客户端应用程序中的车辆位置信息实时分享功能。在开车前检查车门是否已关严。

⑨ 在运营过程中，可根据网络服务平台规划的路线或乘客意愿选择合理路线行驶，不得绕路，不得中途甩客。遇交通堵塞、道路临时封闭等需改变原行驶路线时，需征得乘客同意。如果乘客不同意绕行要求下车，应按实际里程收费，不得拒绝乘客的下车要求或多收费。

⑩ 降车窗玻璃以及使用音响、视频和空调等相关服务设备应征求乘客意愿。劝阻和制止乘客将身体伸出车外、乱扔废弃物、在车内吸烟等行为。

⑪ 因车辆或驾驶员的原因造成车辆停驶时，应暂停计费。未经乘客同意，不得招揽他人同乘。

⑫ 应乘客要求停车等候时，未到约定时间不得擅自离开。需驶出省、市、县境或夜间去偏僻地区时，宜按规定办理登记或相关手续。

3）运营结束的注意事项。

① 在允许停车路段按乘客目的地就近靠路边停车，终止计费。

② 车辆应与道路平行靠边停靠，并引导乘客由右侧下车。雨天停车时，车门应避开积水区域。

③ 到达目的地后，主动向乘客提供相应的本地出租汽车发票，由集团用户统一开具，约车人、乘客另有要求的除外。

④ 乘客下车时，提醒乘客可使用客户端等，通过匿名打分和意见反馈等方式对本次服务行为进行评价。

⑤ 乘客下车时，提醒乘客开车门时注意安全、携带好随身物品，向乘客道别。

4）运营特殊情况的处理。

① 车辆不能按时到达约定地点时，驾驶员应提前联系网约车平台公司，平台公司应致电约车人或乘客表示歉意并说明情况，并提供相应的解决方案。

② 乘客未按约定到达上车地点时，驾驶员应与乘客或网约车平台公司联系确认，等候时间可按照双方约定；超出约定等候时间乘客依然未到达，应与网约车平台公司联系，经同意后方可离去。

③ 乘客提出变更约定出发地点时，要确认地点信息，无法满足乘客要求时，向乘客做出合理解释，并告知网约车平台公司，确认取消该次约车订单。

④ 乘客语言不通、无法确认目的地时，应帮助查询。乘客因醉酒等原因神志不清、无法明确去向时，应尽可能帮助查询或向公安部门求助。乘客身体不适时，应协助乘客拨打急救电话，视情形采取相应的急救措施。

⑤ 运营中遇道路或气候不佳、驾驶员身体不适、交通事故、车辆故障等特殊情况不能完成订单的，驾驶员应及时向网约车平台公司说明原因，并向乘客说明。

⑥ 乘客对找零钞票提出更换要求时，应予以满足。乘客对服务不满意时，应虚心听取批评意见。被乘客误解时，应心平气和，耐心解释。

⑦ 发现乘客遗失财物，应主动联系约车人或乘客，设法及时归还；无法联系的，应及时联系网约车平台公司或有关部门处理。

⑧ 发现乘客遗留可疑物品或危险物品时，应立即报警。

三、网约车驾驶员培训管理内容

1. 驾驶员岗前培训

新加入网约车驾驶员的岗前培训是为了让驾驶员了解相关运营服务规范及公司相关管理规定，严格遵守职业道德及安全行车操作规程，树立安全意识。

专职网约车驾驶员的岗前培训是由网约车运营平台直接管理，通过手机客户端直接推送学习内容，学习通过后即可听单上岗。

驾驶员岗前培训由网约车服务企业直接管辖，通过系统培训后才可上岗，服务意识更强，安全意识更高，岗前培训一般包含理论知识培训及培训考核。

（1）**理论知识培训**　其培训内容一般包括公司的质量方针、质量目标；网约车驾驶员守则和岗位责任制；有关的服务规范、服务提供规范、质量控制规范。

（2）**培训考核**　驾驶员上岗前通过系统培训，为验证学习完成度，需进行岗前培训考核，考核通过后方可上岗。

2. 网约车驾驶员日常培训

（1）**日常教育流程**　专职网约车驾驶员日常教育由网约车运营平台定期根据日常教育流程进行 APP 学习内容推送，学习后可继续听单，带驾驾驶员日常教育由网约车运营企业负责，学习并通过后可继续进行服务工作。

开展网约车驾驶员日常教育应遵循以下流程进行：

1）制订培训计划。明确培训时间、地点、授课人、受培人员、培训内容。培训内容通常是根据发动机结构及日常驾驶经验，总结归纳日常驾驶需要掌握的技巧。通过系统的规划，对所有网约车驾驶员分批次进行驾驶技巧培训，培训内容需尽量涵盖所有驾驶技巧，每次培训摘取一部分内容，确保短期内培训不重复，总有新内容出现。同时驾驶技巧可根据优秀驾驶员总结案列，日常培训分享，以小放大。培训内容包含但不限于：基本驾驶技巧，夜间驾驶技巧，弯道驾驶技巧，城区道路、山路、高速公路、乡间道路、冰雪路面、沙土碎石路面、泥泞道路、涉水道路等的不同路况下的驾驶技巧，雨天、雾天、雪天等不同天气下的驾驶技巧。

2）调用培训资源。根据培训计划内容制作教案，收集并分类整理文字、音像、图片等相关资料，提前借用培训场地，根据实际情况、培训规模、参加人数确定培训地点，避免资源浪费，完成后报送上级主管领导审阅签字。

3）组织实施。到达培训时间后组织培训人员签到、管理人员签到、做好培训记录。

4）考核评估。根据培训内容进行试卷考核，对考核结果进行公布，对错误答题进行专人纠错。对培训的效果进行总结评估和奖惩。

5）建立网约车驾驶员日常教育档案。日常教育档案内容包括培训记录、考核及奖惩情况。未在规定期限内进行培训考核的驾驶员，将会被停止派单或停止分配驾驶任务。

6）培训反馈。所有驾驶员在接受日常培训后，填写培训反馈意见调查表，线上学习的对学习内容质量进行评估，线下学习的对培训讲师进行教学评估，为后续培训提供培训方向及培训经验。

(2) 安全驾驶技巧培训内容

1）基本技巧。

①基础。保持谨慎态度。作为一个合格的驾驶员，绝对不能去冒不该冒的风险。

保持转速应审时度势。在驾车过程中要根据发动机转速的声音及感觉，合理掌握时机及时换档。由于1档为起步档。一般车起动产生惯性后即可换入2档。换档时宜干净利落，不宜拖泥带水，离合器踏板踏下要快，离开要慢，避免换档后发动机转速变低。一旦遇此情况，应再次减档，甚至跳跃减档。减档时，先踩离合器踏板再收加速踏板，否则发动机会拖慢行驶速度。

坐姿到位确保稳定性。正确的做法是：右脚轻放制动踏板，大小腿间角度应为钝角120°左右或更大，紧踩时大小腿不能完全呈直线，力量充足舒展即可；靠背位置也不应过于垂直，尽量将前胸远离转向盘，但保证右手可轻松将变速杆移至5档位置；座椅的前后位置，以靠紧椅背后还可以把手腕放在转向盘的顶部为宜。当驾驶位置调校好后，双手手臂可轻松地微曲，握住转向盘的10时和12时位置。

了解路况视线应放远。驾驶员的视线一定要放远，以便随时注意道路上各条车道上每台车的行车动态，市区内应直视前方五六十米处；高速路面视线应在两百米以上；行进中，经常同时注视前方几辆车的运行情况。跟车缓慢移动时至少应通过前车尾看到路面，尤其在坑凹颠簸路段行进；必要时，用灯光喇叭提示远方车辆。

②夜间驾驶。汽车在夜间行驶途中，要适时察看仪表的工作情况。发动机和底盘有无

异响或异常气味。

夜间行车，严格控制车速是确保安全的根本措施。保持中速行驶，注意增加跟车距离，准备随时停车。为避免危险发生，应尽量增加跟车距离，以防止前后车相碰事故的发生。

在城市里行车，要注意从左侧横过马路的行人。特别是我国城市道路上的路灯几乎都在道路两侧，道路中心线附近光线很暗，此情况下更应注意。

③ 转弯技巧。街道或出入大门的转弯。驾驶员应特别注意路旁堆积的杂物，在50~100m 内减速，用转向灯或手势表示行进方向。夜间用前照灯近光，做到"一慢、二看、三通过"，密切注意汽车转弯内侧，谨防靠路边并行又不明汽车行进方向的行人、自行车、摩托车争道抢行；同时，还要注意前轮外侧和后轮内侧及汽车尾、货厢与障碍物碰撞、相擦。

2）不同道路情况的驾驶技巧。

① 城区道路。城市道路的特点是车流量大、密度大、红绿灯多、行人多，路况相对比较复杂。严格遵守交通规则的同时，城区驾驶首先要学会眼观六路，既要注意十字路口的车道分道线的指示牌，同时要注意路旁的警告、指示标志，观察路面分道线和路面情况，环顾前后左右行人、车辆的动态情况。

其次，要学会变道技巧。在距红绿灯 200m 时，观察上方的车道指示牌，然后打开方向灯，从反光镜或后视镜中观察后面来车的距离、动态，作为驾驶员，一定要非常熟悉自己车身的长度，等到边上车辆速度不是很快时，而且边上车辆的最前方没有超过自己车辆的最后方时，采取斜线变换车道，找准时机后，快速变道，不要对别的车辆造成太大影响。

② 山路。连续的弯路是山路的主要特点。在转弯时会产生离心作用，上坡时车速较慢，离心作用较弱，同时车身重心后移，令转向不足的程度减小，车头方向会比较好控制；下坡时，情况正好相反，由于车速快，离心作用强，车身重心前移，转向不足的程度增加。在这种情况下，汽车如果不能在入弯前有效减速，甩出车道的可能性会变大。转弯时，手臂肌肉保持适度紧张，转动转向盘时要慢，不能看到有弯道就猛地转动转向盘。

山路过弯时，路线的选择非常重要。一般选择外—内—外的过弯路线。过上坡弯路时，一般稍松加速踏板，或将变速器挂入低档，以保证转弯加速时的牵引力。汽车下坡时，要做到充分减速，一是频繁踩制动踏板，二是将档位置于2档或3档，最好是两种方式同时采用，充分利用发动机制动降低车速。

③ 高速公路。由于高速公路车速较快，平坦的路面极易造成驾驶疲劳，因此也成为事故的多发地带。在高速公路驾驶，应注意以下事项：

从匝道上进入主线车道时，当入口有加速车道时，应通过加速车道，将车速提高到一定的速度，合流时，应不妨碍在主线车道行驶的车辆。严格区分车道的职能，分车道行驶，一般情况下走主行车道，只有超车时，才使用超车道，保证车流畅通。驶出高速公路时，注意路口预告牌，将车从主车道分流出来进入减速车道减速，经匝道进入一般公路。

④ 乡间道路。乡间公路不仅路面状况复杂、隐患多，而且地处偏僻，如果机动车发生交通事故，处理起来也远较城区和高速公路上麻烦得多，这就要求驾驶人在行经乡间公路时较平时更多些谨慎和细心。

"一看、二慢、三通过"是驾驶人在行经乡间公路时必须遵循的不二法则。由于乡间公路弯急且多，而且时常出现小岔路，或者突然出现路面破损、路上有石块等情况，因此驾驶人一定不能抱有侥幸心理，必须眼观六路、耳听八方，在看清楚前方路况和障碍物的前提下才能做出减速或通行的决定。

⑤ 冰雪路面。冰雪路面的附着力很低，在没有装防滑链的情况下，起步时要缓加油，缓抬离合器，以此减小驱动轮上的驱动力，防止车轮空转。起步后，应先用低速行驶一段距离，待传动装置、行走机构各部位的润滑效能正常后再提高车速。在冰雪路面行车，要保持均匀的行驶速度。会车时，交会路线不要太靠路边。

冰雪路上切记不要空档滑行，在减速时应尽量避免利用制动器减速停车，要善于利用发动机的牵引阻力作用，灵活地运用档位制动。必须使用行车制动时，一定间歇地、缓慢地制动，不要一脚踏死。

⑥ 沙土碎石。有些公路采用沙土、碎石铺设，往往会很松软、颠簸，车辆驶过会扬起尘土，造成很大的灰尘雾，影响能见度，所以必须保持与前车距离。在碎石路面上，轮胎容易打滑或失去抓力。不要突然制动，这样容易发生侧滑并失去控制。沙土路经常会形成危险的沙袋，因此在沙土路上行驶，需要格外谨慎，缓慢行驶。

⑦ 泥泞道路。雨季泥泞路面或有大量积水，行车要缓加速，如果是停车再次起动车辆，加油过快还会导致因轮胎空转而使整个车体左右摇摆，此时应该立即松开加速踏板，双手紧握转向盘修改方向，车辆前移，慢慢加油提速，确保直线稳定行驶。如果不慎前车轮陷入泥坑，需要用小铲子铲开泥坑的边缘，或使用铁丝网铺设出一个小小的坡路，然后缓缓加油通过，此时如果急加油，导致的结果只能是泥坑越来越深。

泥泞湿滑路面停车时，应该提前轻踩制动踏板几次，缓缓停下。为了保证停车后不会因为地面的潮湿和干燥状态的不同而导致车体移位和滑动，驻车时应该在拉起驻车制动的同时挂上一档。

⑧ 涉水。涉水驾驶一般情况下要注意以下几点：

a. 通过积水较深路面、桥洞时，首先要确定积水深度，水深不可超过轮胎高度的三分之一。

b. 涉水前必须先关闭空调系统。避免有水通过空调进气口进入车内。

c. 低档行驶（手动：1档或2档；自动：L档或2档）。速度过快，水容易飞溅到发动机盖和进气道内。

d. 保持低档匀速通过，不可急加速或中途停车，尽量避免中途换档或急转弯。如中途车轮空转，要马上停车，不可勉强通过，更不能在半联动状态猛踩加速踏板。

e. 驶过积水路面后，实施几次制动操作试探制动效果，保证车辆的制动性能随时处在最佳状态。

涉水前，须下车仔细查看水的深度、流速和水底性质以及进、出水域的宽窄和道路情况，由此来判断是否能安全地通过。汽车涉水时，一定要记住加速踏板要保持在适当的力度，千万不能松开加速踏板，车速要靠踩抬离合器踏板来控制，档位选择在1~2档，切不可在水中松开加速踏板换档。过水后，要在宽敞的路面紧踩几脚制动踏板，排出里面的水，就可以继续安全行驶了。

在涉水时，如果发动机熄火，一定不要再试图起动车辆，否则水会直接被吸入气缸，造成顶缸事故，而是应组织人力或其他车辆将车推、拖出来。多车涉水时，绝不可同时下水，应待前车到达彼岸后，后面的车才可下水，以防前车因故障停车，迫使后车也停在水中，导致进退两难。

3）不同天气下的驾驶技巧。

① 雨天。遇到下雨天气，直接影响行驶安全的主要因素是视线受阻和路面情况的多变，交通事故率比平常高出大约5倍。因此，驾驶员在雨天行车时一定要提高警惕。

由于雨天路面情况的特殊性，行车时应适当降低车速，准备停车时最好提前100~200m开始减速，给后方的车辆留出足够的反应时间，也为自己留够制动距离，以免发生追尾。不要频繁超车，尤其在超越大型车辆时，大车溅起的水花会让小车驾驶员看不清车外的情况，容易发生意外。在能见度低时要适时开启雾灯、示宽灯等警示灯光，尤其在暴雨天阴的情况下。

雨天行车使用制动时要采取"点踩制动踏板"的形式，连续轻踩制动踏板，使制动力输出平稳均匀，避免车轮抱死。因制动发生侧滑时，应立即取消制动，并把变速器换入低档，利用发动机制动力达到减速的目的。车辆打滑时，如果是前轮侧滑，应将转向盘朝侧滑的相反方向纠正；如果是后轮侧滑，要将转向盘朝侧滑的相同方向纠正。

② 雾天。
a. 保持较低的车速。
b. 切忌使用远光灯。
c. 不要盲目超车。
d. 突发事件开双闪。
e. 收费站请慢行。
f. 经过服务区多加小心。
g. 提前查询天气情况。
h. 出车前的检查。

（3）其他培训管理　为了加强安全管理，强化责任意识，确保安全生产法规的贯彻落实，根据《道路交通安全法》《道路运输条例》等法律法规及公司《安全工作管理规定》等相关规定，通过网约车运营平台定期推送职业素质及技能培训，以提高网约车驾驶员的业务能力，增强网约车驾驶员爱岗敬业的服务意识，满足服务乘客的工作要求。其推送内容一般包括：

1）行业动态、法律法规知识。
2）商品车生产厂家操作规范。
3）安全行车常识、事故案例分析。
4）车辆故障判断、检修保养、技术知识。

3. 潜在驾驶风险驾驶员培训

针对潜在驾驶风险驾驶员培训，要对其风险驾驶行为进行分析，确定其风险驾驶行为后分析影响驾驶员风险行为的因素，明确原因后针对具体原因进行培训教育。

（1）常见的风险驾驶行为

1）攻击性驾驶行为。调查研究显示，驾驶员在驾驶环节中常受到外界因素的干扰，认为他人车辆有意超过自己，进而展开攻击性风险驾驶。常见的行为有快速驾驶、习惯鸣笛、超车、随意变道等。攻击性驾驶行为往往造成较严重的交通事故，甚至造成人员伤亡。

2）冒险性驾驶行为。其中最危险的驾驶行为便是酒后驾车，即便国家三令五申禁止喝酒开车，仍存在冒险人员酒后驾车，并酿成大错的事情。

(2) 影响驾驶员风险行为的相关因素

1) 驾驶经验与技能。
2) 驾驶员性格和驾驶态度。
3) 能力暂时性缺失。
4) 社会心理因素。

(3) 潜在驾驶风险驾驶员培训重点　通过驾驶员风险驾驶行为分析，确定针对潜在驾驶风险驾驶员的培训重点为驾驶技能强化培训和安全驾驶技巧。

1) 驾驶技能强化培训。其培训内容一般包括道路行驶法律法规精读、事故实例剖析及驾驶经验分享、强化技能规范。

2) 安全驾驶技巧。安全驾驶是网约车服务的关键，这需要从驾驶员的心理树立安全驾驶意识，安全不仅仅是对自己的保证，也是对服务对象和第三方的保证，反复在培训中强调安全驾驶，增强潜在驾驶风险驾驶员的安全意识。

防御性驾驶技术

防御性驾驶的核心是"预防措施"。

防御性驾驶简而言之就是驾驶员能够准确地"预见"危险，并能及时地采取必要的、合理的、有效的措施防止事故发生。主要包括预估风险、放眼远方、顾全大局、留有余地、引人注意 5 大要领。

1. 预估风险。开车的时候，需要培养预估风险的能力。
2. 放眼远方。这里推荐大家采用 15s 原则和"乘 4 法则"，一是要搜索到至少 15s 范围以外的交通状况；二是视线范围 = 速度数值（km/h）×4，如 100km/h，视线范围就要看到 400m 以外的地方，这对于高速行驶尤其适用。
3. 顾全大局。顾全大局指的是驾驶员在开车的过程中，要注意四面八方的情况，6~8s 进行一次前方→左边车窗和左侧后视镜→仪表盘→后视镜→右边车窗和右侧后视镜→前方之间进行视线的快速循环，并且要做到眼睛在方向上停留的时间不要超过 2s。
4. 留有余地。这一条指的就是，驾驶员要将自己的车与周围的车辆保持距离，防止周围车辆突然出现失控、紧急变道、紧急制动等情况。一般与前车保持至少 4s 的安全距离，避免与两边的车辆并排行驶，并左右保持一定的距离。
5. 引人注意。这是指在开车的时候，要让其他人留意到自己，并且理解自己的意图，比如天气不好的时候，对方视野盲区的时候，窄路会车的时候，可以通过灯光、喇叭、甚至手势让其他交通参与者察觉自己，并理解自己的意图。

任务四　网约车驾驶员队伍建设管理（中级、高级）

任务描述

车务部经理组建驾驶员队伍，通过驾驶员行为、运营数据、反馈等报表分析，进行精细化运营,从而设计及优化驾驶员薪酬体系、各项管理制度。请你作为车务部经理,完成驾驶员队伍建设管理相关工作。

 任务目标

1. 能够合理安排人员组织架构,完成租赁任务。
2. 能够评价及分析驾驶员服务质量并挖掘和提升驾驶员队伍业绩。
3. 能够进行车队日常数据报表制作并分析数据、处理问题。
4. 能通过运营数据分析,制订各项车队管理制度。

相关知识

一、驾驶员队伍组织架构

1. 驾驶员分类

带驾租车属于道路运输行业包车客运的一种业务,带驾汽车租赁以机场接送服务、礼仪用车服务及短期的包车服务为主。在经营服务方面,与旅客运输中的包车业务相同,出租人为承租人提供规定时间内的交通服务并负责车辆使用过程中发生的费用。此业务对应的驾驶员为带驾驾驶员。

另一种驾驶员为网约车网络预约出租汽车驾驶员,比较传统电话招车与路边招车来说,利用移动互联网特点,将线上与线下相融合,从打车初始阶段到下车使用线上支付车费,形成一个乘客与驾驶员紧密相连的O2O闭环,最大限度优化乘客打车体验,改变传统出租驾驶员等客方式。

2. 驾驶员岗位职责

带驾驾驶员岗位职责:
1)负责车辆的日常维护、安全、保养、维修和年检。
2)每天清理车辆,保持车身整洁,车况良好。
3)根据门店安排出车,并记录出车时间、返回时间、路线、公里数、用油量等数据。
4)熟悉并掌握交通法规、道路管理规定以及随时发布的通知及有关要求。
5)定期参加安全设备和安全制度检查工作,随时注意道路管理规定的变化。
6)服从驾驶员管理办公室的调配和工作安排,及时有效地执行订单。
7)发现车辆故障及时汇报。
8)协助车务主管处理各项车辆手续及其他一些车务工作。

网约车驾驶员(未带车加盟)岗位职责:
1)根据平台派单内容,安全准时将乘客送达目的地。
2)对待平台订单,不挑单不拒单。
3)对待客户热情耐心,服务周到体贴。
4)定期对车辆进行清洁保养及运维检查。
5)协助处理车辆保险、索赔、年检办理。
6)服从所属单位的工作安排及管理。

3. 驾驶员队伍架构组建

汽车租赁公司常利用驾驶员班组分级管理制度进行驾驶员队伍管理。整个车队以车管部经理为首，在车队队长带领下以组长带头，组织各组骨干组成了一个更细致、紧密的工作团队，各班组长实行"小班化"管理。

二、驾驶员服务质量管理

1. 网约车预约出租汽车驾驶员服务质量考核标准

交通运输部修订后的《出租汽车服务质量信誉考核办法》将网约车纳入出租汽车服务质量信誉考核体系。《出租汽车服务质量信誉考核办法》第三章明确了"出租汽车驾驶员服务质量信誉考核等级划分"。出租汽车驾驶员服务质量信誉考核等级将分 AAA 级、AA 级、A 级和 B 级。

根据规定，出租汽车驾驶员服务质量信誉考核实行基准分值 20 分计分制，另外加分分值为 10 分。考核周期为每年 1 月 1 日至 12 月 31 日。取得从业资格证件但在考核周期内未注册在岗的，不参加服务质量信誉考核。违反服务质量信誉考核指标的，一次扣分分值分别为：1 分、3 分、5 分、10 分、20 分五种。扣至 0 分为止。而关于出租汽车驾驶员服务质量信誉考核加分，累计不得超过 10 分。出租汽车驾驶员服务质量信誉考核等级，将按下列标准进行评定：

1）考核周期内综合得分为 20 分及以上的，考核等级为 AAA 级。
2）考核周期内综合得分为 11~19 分的，考核等级为 AA 级。
3）考核周期内综合得分为 4~10 分的，考核等级为 A 级。
4）考核周期内综合得分为 0~3 分的，考核等级为 B 级。

此外，出租汽车驾驶员在考核周期内注册在岗少于 6 个月的，其服务质量信誉考核等级最高为 AA 级。如出租汽车驾驶员有见义勇为、救死扶伤、拾金不昧等先进事迹的，出租汽车行政主管部门应给予相应加分奖励。网络预约出租汽车驾驶员服务质量信誉考核评分标准见表 2-9。

表 2-9　网络预约出租汽车驾驶员服务质量信誉考核评分标准

分值	评分标准
网约车驾驶员有所列情形之一的，扣 20 分	在网约车经营活动中，发生交通事故致人死亡且负同等、主要或全部责任的
	驾驶未取得网约车运输证车辆或以私人小客车合乘名义擅自从事网约车经营活动的
	转借、出租从业资格证的
	将网约车交给无从业资格证件的人员驾驶，并从事网约车经营活动的
	殴打、威胁、恐吓、骚扰乘客的
	故意泄露乘客信息或以其他方式侵犯乘客隐私的
	对举报、投诉其服务质量或对其服务质量做出不满意评价的乘客实施报复行为的
	拾到乘客遗留物品拒不上交的
	拒绝接受依法检查或采取故意堵塞交通等方式阻碍行政执法的

（续）

分值	评分标准
网约车驾驶员有所列情形之一的，扣20分	违反法律法规，参与影响社会公共秩序、损害社会公共秩序、损害社会公共利益等停运事件的
	本次考核过程中或上次考核等级签注后，发现有弄虚作假或隐瞒诚信考核相关情况，且情节严重的
网约车驾驶员有所列情形之一的，扣10分	在网约车经营活动中，发生交通事故致人受伤且负同等、主要或全部责任的
	擅自涂改、伪造、变造从业资格证件上相关记录的
	将网约车交给取得从业资格证、但未经注册的人员驾驶，并从事网约车经营活动的
	无正当理由未按承诺到达约定地点提供服务的或无正当理由要求乘客取消订单的
	营运途中无正当理由擅自中断服务的
	不积极配合处理乘客举报、投诉或其他纠纷的
网约车驾驶员有所列情形之一的，扣5分	不按规定参加继续教育的
	未到约定上车地点时提前确认车辆已到达的
	未经乘客同意，故意绕道的
	未经乘客同意，强行搭乘其他乘客的
	未按规定随车携带有效消防器材的
	卫星定位装置、应急报警装置等车载设备不能正常使用而继续运营的
	不按照规定使用计程计价设备、违规收费的
	实际提供服务车辆、驾驶员与线上提供服务车辆、驾驶员不一致的
	违反规定巡游揽客或在巡游车专用通道、站点等区域候客、揽客的
网约车驾驶员有所列情形之一的，扣3分	车辆外观标志与当地规定不符，从事网约车经营活动的
	车容车貌不整洁的
	仪容仪表不整，不按规定使用文明用语的
	营运过程中行为举止不符合有关要求的
	向车外抛物、吐痰或在车内抽烟的
	使用服务忌语的
网约车驾驶员有所列情形之一的，扣1分	未按规定携带从业资格证件、网约车运输证，从事网约车经营活动的
	不按乘客意愿使用音响和空调等设施设备的
网约车驾驶员有所列情形之一的，加5分或10分	有见义勇为、救死扶伤等先进事迹的
网约车驾驶员有所列情形之一的，加3分	有重大拾金不昧行为的
	受主流媒体报道表扬的
	有协助查处违法行为的
网约车驾驶员有所列情形之一的，加1分	积极参加抢险救灾、义务服务等社会公益活动的

2. 驾驶员服务质量评定体系

上述为交通运输部对于网约车预约出租汽车驾驶员的整体规定，但在具体平台企业中，各自也有对驾驶员的服务质量进行评定的标准。

以某出行平台为例，在驾驶员评价标准中设立服务分，主要与驾驶员的星级、五星好评和投诉的多少有关。如果乘客不做评价，三天内没有评价且无投诉订单评价，系统默认为乘客好评，加 0.05 分 / 单；如果乘客自己主动给五星级评价，加 0.15 分；如果乘客主动给了五星好评，又在底下的标签栏"车内整洁""活地图认路准""驾驶平稳""服务态度好棒"任意选了一项以上，驾驶员可以得分 0.25 分，单次评价最高上限为 0.25 分。若驾驶员向乘客索要好评的，一旦乘客投诉平台查实，扣服务分 6 分"。

由于业务形式不同，带驾驶员服务质量评价指标见表 2-10。

表 2-10　服务质量评价指标体系

一级指标	二级指标	三级指标	描述
服务质量	有形性	1. 服务设施具有吸引力	车容车貌保持整洁光亮，车况良好
		2. 企业形象	专有设施、标志、标记完好无损
		3. 员工形象	驾驶员具有良好的精神面貌，微笑服务，亲切和蔼，端庄稳重，落落大方
			驾驶员面容整洁，发式大方，男驾驶员不留长发、小胡子；女驾驶员不浓妆艳抹，不留长指甲，不使用香味很浓的化妆品；着装工整，干净整洁
		4. 服务环境的舒适程度	车内整洁，无异味，根据季节温度适宜
		5. 服务有关材料	按规定携带、放置营运证件，做到亮证服务，服务资格必须面对乘客摆放，以利于乘客监督
	可靠性	6. 对客户承诺的履行情况	按照客户预约时间和地点准时接送客户完成带驾业务
		7. 表现出解决客户问题的热忱	驾驶员待人友善热情，能够尽力帮助乘客解决问题
		8. 企业的可靠性	提供所承诺服务的及时性
			会在承诺时间内为客户提供服务
		9. 保持完整的工作记录	驾驶员按照业务情况记录出车时间、返回时间、路线、公里数、用油量等数据
	响应性	10. 告知客户提供服务的准确时间	在营运前与客户联系，并告知提供服务的准确时间
		11. 客户得到所需服务的迅速性	满足乘客询问地址、了解情况等要求
		12. 乐于帮助客户的态度	乘客有突发病情或继续救助的病人和孕妇等突发性的伤病员，应将伤、病者尽快就近送往医院救治
		13. 驾驶员提供服务的及时性	营运期间遇到单行道路、禁行道路、道路施工等情况需要绕道行驶时，应主动向乘客讲明情况，协商最佳行车路线，如果意见不统一，按照乘客要求路线行走

(续)

一级指标	二级指标	三级指标	描述
服务质量	安全性	14. 驾驶员值得信赖程度	掌握所驾驶的车辆工作原理及其技术性能,以适应车辆新技术的发展变化
		15. 乘客接受服务时感到安全	严格遵守交通法规,执行驾驶员安全操作规范,严禁酒后驾车和疲劳驾车,保证安全行车
		16. 永远对客户保持礼貌	言谈举止文明得体,不说脏话,严格使用规范用语,按要求使用普通话服务
	移情性	17. 提供服务的个性化程度	满足乘客对中途停车办事、车上音响、空调等服务设施提出的启用或关闭等要求
		18. 优先考虑乘客利益的程度	乘客上车时应主动问候乘客,提醒乘客勿遗失物品,若有遗失物品应设法归还失主
		19. 给予乘客个别关怀的程度	对老、弱、病、残、孕以及继续抢救的人员,优先供车,并根据乘客要求,做好服务
		20. 提供的服务时间符合所有客户需求的程度	按照规定线路行驶;按规定终点停靠;按规定时间运行

三、车队数据管理

1. 车队运营目标

企业确定最高的组织目标,再由各部门自上而下地将目标分解为工作任务,并落实到个人。为企业实现目标化管理,主管人员需进行年、季、月目标的层层分解,实现任务细分到每一个人身上,使每个员工都能清楚地知道自己的目标和任务。主管人员可根据责任人任务的达成情况进行评价,且评价内容可自动带入绩效考核系统,为主管打绩效分数提供参考。对车队管理运营包含驾驶员业务、培训工作、车队预算、运营成本、车辆利用率、车辆档案管理和服务评价指标等。

2. 日常数据报表

(1) 驾驶员工作日报表　见表 2-11。

表 2-11　驾驶员工作日报表

日期:

车牌号	出车地点	事由	往返计划时间/h	出车时间/h	返回时间/h	实际出车时间/h	差异时间/h	原因分析

(2) 带驾驾驶员服务反馈表　见表 2-12。

表 2-12　带驾驾驶员服务反馈表

为您服务的驾驶员：　　　　　　　　　服务时间：　　　　　　　　　行车路线：

序号	评价项目			评价等级					备注	评分
1	驾驶员接听您电话时的态度	A	满意	B	一般	C	不满意			
2	驾驶员是否准时到达预约的地点	A	准时或提前到达	B	迟到5min以内	C	迟到5min以上			
3	驾驶员的驾驶技术	A	技术非常好，乘车很舒适，遵守交通规则	B	技术一般，有待提高	C	技术较差，经常急停猛转，乘车时没有安全感			
4	驾驶员对路线的熟悉能力	A	熟悉路线，较快到达目的地，满意度高	B	偶尔不清楚指令，影响了工作效率	C	业务不熟或不认真，经常出错			
5	驾驶员驾驶的安全性如何	A	无违章、事故	B	出现1~2次交通违规现象	C	出现2次以上交通违规现象			
6	驾驶员对工作的敬业精神	A	加班且无抱怨	B	加班，有点微词	C	不肯加班，推脱			
7	您觉得驾驶员的着装是否得体	A	得体，符合公司的规定	B	得体，但不符合公司的规定（如休闲服饰）	C	不得体，不符合公司规定			
8	驾驶员在车上是否有抽烟的情况	A	没有	B	开车时不抽烟，休息时抽烟	C	开车时抽烟			
9	车辆内、外部的卫生环境是否及时清洁	A	主动清洁到位	B	清洁到位，但主动性较差	C	车辆内、外部卫生情况太差，驾驶员不做处理			
10	驾驶员是否驾驶时打电话（用耳机不算）	A	没有	B	偶尔	C	经常			
11	驾驶员驾驶时是否与乘客闲聊	A	没有，集中精力开车	B	偶尔	C	经常主动驾车时闲聊，话语较多			
12	您对这位驾驶员还有什么意见或建议									

感谢您配合反馈以上问题，这对我们的工作改进非常重要！谢谢！

（3）车辆管理月报表　见表2-13。

（4）车辆维修、保养申请表　见表2-14。

（5）车辆维修、保养检查登记表　见表2-15。

（6）车辆加油使用登记表　见表2-16。

（7）驾驶员违章查询记录表　见表2-17。

（8）培训会议签到表　见表2-18。

（9）在职员工受训意见调查表　见表2-19。

表 2-13　车辆管理月报表

填报日期：

序号	牌照号码	车型	里程		本月公里数	平均油耗	本月燃油费	过路费	停车费	清洗费	保养费	维修费	费用合计	违章记录	车况	备注
			本月起数	本月止数												
1																
2																
3																
合计																

说明：

填报：　　　　　　　　　　　　　　　　　　　　　　复核：

表 2-14　车辆维修、保养申请表

车型车号		申请日期	
维修事由及项目：			
估计维修费用		申请人	
车管部经理审核		行政部审核	
备注			

表 2-15　车辆维修、保养检查登记表

车号	进厂日期	维修项目	送修人	出厂日期	出厂复检及维修原因	维修厂名	维修费

表 2-16　车辆加油使用登记表

日期	车牌号	加油数量/L	加油单价	费用总额	加油种类	加油地点及加油站	经办人签字	备注

表 2-17　驾驶员违章查询记录表

违法车辆	当事人	违法时间	违法地点	违法详情	扣分	罚金	滞纳金	违法状态	处理时间

表 2-18　培训会议签到表

会议内容：				年　月　日
序号	车牌号	姓名	电话号码	备注

表 2-19　在职员工受训意见调查表

培训课程：	主办部门：
课程内容如何	□ 优　□ 好　□ 尚可　□ 劣
教学方法如何	□ 优　□ 好　□ 尚可　□ 劣
讲习时间是否适当	□ 优　□ 好　□ 尚可　□ 劣　□ 适合　□ 不足
培训设备安排感到如何	□ 优　□ 好　□ 尚可　□ 劣
将来如有类似的班次，您是否还愿意参加	□ 是　□ 否　□ 不确定
参加此次讲习有哪些受益	□ 1. 获得适用的新知识 □ 2. 可以用在工作上的一些有效的研究技巧及技术 □ 3. 将帮助我改变我的工作态度 □ 4. 帮助我印证了某些观念 □ 5. 给我一个很好的机会，客观地观察我自己以及我的工作
其他建议事项	

注：1. 本表请受训学员详实填写，并请于结训时交予主办部门。
　　2. 请在选答项目方框栏内打钩。
　　3. 请您给予率直的反应及批评，这样可以帮助我们将来对培训计划有所改进。

3. 驾驶员运营数据管理

1) 行车数据报表：查看车队车辆怠速情况，分析油耗高的原因。

2) 里程报表：查看车辆里程、业务情况与实际里程的对比，帮助车队进行任务的合理分配。

3) 车辆运行统计：检查设备在线情况，保证车辆一直处于监控之中。

4) 事故分析报表：有效还原事故发生时的行车数据，找到事故原因及事故责任方。

5) 驾驶员驾驶行为分析：针对性开展驾驶员管理与培训，提升运营效率。

6) 车队事故率：潜在驾驶员分析，安全培训及日常监督预警。

7) 培训反馈意见汇总：培训内容及方向改进，满足驾驶员需求。

8) 总损耗维护、总油费、总违章罚款、总车辆损耗：车队运营成本统计。

4. 数据分析及问题处理

（1）燃油数据分析处理　燃油数据是车队中较重要的数据基础。燃油成本占比较大，成本就一直居高不下，通过燃油数据可以有效地、客观地反映燃油损耗问题，燃油数据的对比可以为燃油管理提供客观的管理依据。可使用加油卡、定点加油、专人加油制度等，通过时间对比确定加油数据真实性；GPS 里程数可作为码表里程的参考依据；燃油曲线可有效直观地了解到燃油使用情况，可以快速了解有异常的燃油耗损车辆。

单车燃油数据的月对比可了解本车燃油使用情况，同类型车辆的月对比、年对比可了解同类车辆燃油使用情况，不同品牌的燃油对比，还可为车辆采购提供参考。

（2）**车辆定位数据分析处理**　带驾业务员外出时，可随时追踪车辆位置，如果出现长时间停留情况，公司可及时联系，以便了解停留原因，从而以最快速度做出调整；也可了解各区域网点车辆情况，以便及时调度。

（3）**车辆维修数据分析处理**　维修费用也是车辆费用的关键成本之一。车辆的维修成本受影响的因素很多，车型、品牌、年限、路况等。分析不同车型、不同年限、不同品牌等的车辆在不同路况、各种负重、使用时间长短等情况上的维修数据对比，就可以在企业车辆采购上给予足够的选择参考，也可以在企业报废车辆时提供数据参考。

随着车辆电子化程度越来越高，传感器大量被应用于新一代车辆上，使实时了解发动机各部件的运行情况成为可能。通过传感器可了解轮胎胎压、机油和燃油使用情况、变速器和发动机运行是否正常等各种信息，通过故障反馈信息可快速定位和解决这些故障，减少维修时间，可提醒需要保养和维修的部件，及时保养和维修，通过预警提醒减少事故的发生。

详细的维修数据，可减少对专业人才的过分依赖；标准化的数据分析和使用流程，可为车辆的采购、报废提供依据。若通过数据发现车辆的关键部位无法达到使用要求，或车辆维修投入和产出率不高，就应该更换新车。综合来看，仅仅统计总维修费用高，容易忽略车辆本身问题而误判成车辆维修费过高，也可能关键部位已经严重受损，但统计后发现维修费是较低的，而未报废却影响产出率，这些都将造成管理层决策失误。

（4）**潜在风险驾驶员分析**　安全意识在驾驶行为中可作为重要的安全措施。根据车队内事故率与事故原因，综合分析驾驶风险行为及潜在风险驾驶员，选取典型事故，对其致因深度分析。针对潜在风险驾驶员，就如何有效避免驾驶风险，提高驾驶技能、驾驶安全意识以及对外检环境的判断能力，可让驾驶员更好地了解事故原因以及事故规避的方式方法。

分析案例

由表2-20可知，车4、5出车总里程较低，且怠速时间过长，总体油耗偏高。同时，可以查看车辆的行驶里程数据与油耗的对应关系，防止公车私用，减少虚报路桥费、油费的发生。

表2-20　里程-油耗对应关系

项目	里程/km	油耗/L	百公里油耗/L	怠速时长/分	油耗/元
车1	169.82	41.50	24.44	108.50	249.00
车2	151.81	39.00	25.69	58.00	234.00
车3	118.75	28.00	25.58	48.50	368.00
车4	76.80	22.50	29.30	96.50	135.00
车5	71.10	19.50	27.43	109.50	117.00

由表2-21可以看出，怠速、紧急制动等不良驾驶行为是造成高油耗的重要原因，通

过查看不良驾驶行为对油耗的影响，纠正不良驾驶行为，从而降低油耗。

表 2-21　不良驾驶行为记录

项目	驾驶得分／分	不良驾驶／次	事故次数／次	理赔金额／元	百公里不良驾驶／次
车 1	84.8	6	0	0	3.70
车 2	79.4	7	0	0	4.03
车 3	72.0	8	0	0	3.89
车 4	63.4	9	0	0	4.27

　　同一车队跑相同线路的驾驶员，油耗会有所不同，如图 2-3 所示。监控每辆车的油耗数据，得出一个相对公平的油耗标准，作为驾驶员的考核标准，以车 3 作为基准，每月超过该标准的驾驶员需要重点关注，而低于该标准的驾驶员，可以进行适当奖励，培养驾驶员的节油意识。

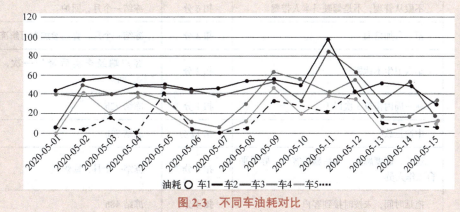

图 2-3　不同车油耗对比

四、驾驶员绩效管理

　　薪酬体系设计是公司人力资源管理中最核心的内容，关系到公司的经营管理以及长远发展。薪酬设计是对个人劳动价值的具体体现，合理的薪酬设计能充分调动员工的工作热情，激发其才能的发挥，使其获得满足感、荣誉感，进而更好地促进公司的发展壮大。

1. 网约车驾驶员绩效管理

　　网约车驾驶员绩效管理设计可采用重要事件法与等级评估法两种方式。在重要事件法中主要针对工作的整体绩效产生的消极影响的事件对驾驶员实施独立惩罚措施，同时也作为驾驶员月度绩效等级考核中减分项的考量要素，见表 2-22。

　　在等级评估法中，从财务、客户、与平台合作沟通和学习成长 4 方面对驾驶员的实际工作表现进行评估，最终的成绩便为该驾驶员最新的登记考核结果，见表 2-23。

2. 带驾驾驶员绩效管理

　　汽车租赁公司一般采用基本工资＋浮动工资的工资结构，两者作为保底岗位工资各占相应比例，除此之外还有奖金、工龄工资、全勤奖等，如工资＝基本工资（60%）＋浮动工资（40%）＋奖金＋工龄工资＋全勤奖。以下以某汽车租赁公司岗位级别薪资制度为例进行说明。

表 2-22　网约车驾驶员绩效管理——重要事件法

类别	违规项目	扣分	处罚办法
安全类	酒驾	扣 12 分	冻结一周，相关交通法规的考试及平台留底查看
	危险驾驶，交通事故	扣 6 分	冻结一周，相关交通法规的考试及平台留底查看
	驾驶技术不合格	扣 3 分	冻结一周，相关交通法规的考试及平台留底查看
	未关闭门窗或电气设备，违章乱停车	扣 2 分	个人承担所有法律责任
标准类	违法行为	扣 12 分	个人承担所有法律责任
	账号外接，推销私人产品，损害公司利益	扣 12 分	冻结一个月，回炉
	不服从管理，不是驾驶员本人带驾	扣 6 分	冻结一个月，回炉
	拒不参加培训	扣 3 分	冻结一个月，直到参加方可解冻
	车内卫生不达标	扣 2 分	客户端经查实后警告一次，累计 5 次，回炉
	在一周内拒单 3 次以上	扣 1 分	冻结 72h
服务类	中途拒载	扣 12 分	冻结 72h
	违约、态度恶劣、事后骚扰客户，辱骂平台工作人员	扣 6 分	冻结一个月，回炉
	拖延时间，未按时接到客户	扣 4 分	冻结 48h
	接错客户	扣 3 分	客户端经查实后警告 1 次，累计 5 次，回炉
	开车玩手机	扣 2 分	冻结 48h
	道路不熟悉	扣 1 分	客户端经查实后警告 1 次，累计 5 次，回炉
纠纷类	语言、肢体冲突	扣 12 分	冻结一个月，回炉
	绕路、多收费、错误收费以及索要小费	扣 6 分	冻结 72h
	刷单	扣 6 分	冻结 72h
	虚假接单骗取奖励	扣 4 分	冻结一周，平台留底查看
	产生客户有效投诉	扣 3 分	冻结 72h，平台留底查看
回炉类	2 次出现在回炉名单中	扣 3 分	严重警告
	3 次以上出现在回炉名单中	扣 3 分	根据日常工作情况考虑是否接触其在平台的工作关系

表 2-23　网约车驾驶员绩效——等级评估法

姓名		目前等级		考核人		
		评价区间	20　年　月　日——　月　日			
考核维度及项目类型		优秀（10分）好（8~9分）良好（6~7分） 较差（4~5分）极差（1~3分）			各项目权重	考核人评价得分
一、财务	1. 营业额	计划	实际完成	完成率	指标解释	100%：（10）；90%以上：（8~9）；80%以上：（6~7）；70%以上：（4~5）；70%以下：（1~3）	5%	
二、客户	2. 老客户维护	根据用户习惯及需求定期访问老客户是否需要网约车服务，深化客户关系	月度内服务同一用户10次以上（10）		5%	
			月度内服务同一用户7次以上（8~9）			
			月度内服务同一用户5次以上（6~7）			
			月度内服务同一用户3次以上（4~5）			
			月度内服务同一用户1次以上（1~3）			
	3. 客户满意		对客户服务完善，客户满意度高，没有埋怨及投诉现象（10）		10%	
			客户满意度一般，月度中出现1例投诉现象（8~9）			
			客户满意度不高，月度中出现2~3例投诉现象（6~7）			
			客户满意度差，月度中出现4~6例投诉现象（4~5）			
			客户满意度很差，月度中出现6例以上投诉现象（1~3）			
三、与平台的合作及沟通	4. 工作效率	完成工作的迅速性、时效性，有无拖拉和浪费时间的现象	完成工作迅速，无拖延和浪费时间的现象（10）		10%	
			完成工作迅速，但是超出最初预计到达时间10%（8~9）			
			完成工作效率一般，超出最初预计到达时间20%以上（6~7）			
			完成工作效率低下，超出最初预计到达时间30%以上（4~5）			
			完成工作故意拖拉，超出最初预计到达时间40%以上（1~3）			
	5. 工作质量	所完成的工作是否全面符合目标要求，让客户获得满足感的程度	所完成的工作全面符合并超出目标要求，让客户获得最大满足感（10）		10%	
			所完成的工作全面符合目标要求，让客户获得较大满足感（8~9）			
			所完成的工作达到目标基本要求，让客户获得满足感程度为一般（6~7）			
			所完成的工作达到目标的最低要求，让客户获得满足感程度为差（4~5）			
			所完成的工作达到目标的最低要求，让客户获得满足感程度为极差（1~3）			

（续）

三、与平台的合作及沟通	6. 合作性及沟通性	与平台配合顺畅和谐，完成平台的任务率高达100%，与同行业工作者可以很好地交流合作（10）	5%
		与平台的交流配合较为顺畅，完成平台的任务率高达90%，能够做好自己的本职任务工作（8~9）	
		完成平台的任务率高达80%，能较好地完成本职任务工作（6~7）	
		与平台无法良好的沟通合作，完成平台任务率为60%以下（4~5）	
		从不听从平台的相关指示规定，完成平台的任务率为30%以下，存在与同行业者恶意竞单的现象（1~3）	
	7. 纪律性	严格要求自己遵守平台各项规章制度，遵守国家相关法律法规，纪律性强，无随时违纪违规现象（10）	10%
		尚未违反平台各项规章制度，遵守国家相关法律法规（8~9）	
		违反平台各项规章制度，违反国家相关法律法规，能及时改正，并获得平台的认可（6~7）	
		违反平台各项规章制度，违反国家相关法律法规，无纪律性，随意违纪违规（4~5）	
		严重违反平台各项规章制度，违反国家相关法律法规，无纪律性，随意违纪违规，并遭到有关部门的司法处理（1~3）	
	8. 执行性	对平台内的相关指示、计划坚决执行（7~10）	5%
		怠慢执行平台内的相关指示、计划（4~6）	
		从不执行平台内的相关指示、计划（1~3）	
四、学习成长	9. 综合素质	主动学习相关技能，积极参加培训，提高文化素养和综合素质（7~10）	5%
		被动学习相关技能，按平台规定参加培训，有较高的文化素养和综合素质（4~6）	
		对本职业所需的专业知识和技能掌握不熟练，未能按时完成平台输出的学习培训任务（1~3）	
	10. 专业技能	对本职业所需的专业知识和技能掌握熟练，能够自我学习（7~10）	5%
		对本职业所需的专业知识和技能掌握较为熟练，能按时完成平台给出的学习培训任务（4~6）	
		对本职业所需的专业知识和技能掌握不熟练，未能按时完成平台给出的学习培训任务（1~3）	
	11. 职业素质	职业意识强，有职业道德，有良好的言谈举止（7~10）	10%
		职业意识较强，有职业道德，言谈举止不佳，有待提高（4~6）	
		职业意识弱，职业道德感缺失，言谈举止粗俗（1~3）	

(续)

四、学习成长	12. 工作态度	乐观、积极的工作心态，对工作充满热情，有进取精神、勤奋、责任感强（7~10）	5%
		对待工作态度一般，虽然没有很高的进取心，但是对本职工作负责（4~6）	
		对待工作消极，毫无热情，没有责任感（1~3）	
	13. 网络培训课程完成度	分为完成度 100%、90% 以上、80% 以上、70% 以上以及 70% 以下。相对应于考核分依次为优秀（10）、好（8~9）、良好（6~7）、较差（4~5）、差（1~3）	10%
评价得分		第 1 项分 + 第 2 项分 + 第 3 项分 + 第 4 项分 = 分	
奖惩加/减分		事由： 分值： （加/减） 分 总计本月的分： 分	
评价等级		优秀（90 分以上）；良好（70~89.99）；一般（40~69.99 分）；差（40 分以下）	
评价者综合建议		评价者签名/日期：	

(1) **工龄工资** 见表 2-24。

表 2-24 工龄工资

岗位	工龄工资/元	说明
经理级	150.00	入职满 12 个月后
	300.00	入职满 24 个月后
	400.00	入职满 36 个月后
主管级	120.00	入职满 12 个月后
	200.00	入职满 24 个月后
	300.00	入职满 36 个月后
普通员工	50.00	入职满 12 个月后
	80.00	入职满 24 个月后
	120.00	入职满 36 个月后

(2) **全勤奖** 当月考勤无迟到、早退、请假、休假、旷工等情况视为全勤，奖励 50.00 元/月。

(3) **岗位级别** 见表 2-25。

(4) **浮动工资的考核及发放方法** 主要从工作业绩、能力、态度、知识等几个方面进行考核，考核方式为上级考核下级，每月一次，直接上级必须就考核结果与被考核人制订可行的改善计划，指导被考核人提高绩效。最后双方需要在绩效考核表上签名确认。若考核人与被考核人就考核结果无法达成一致意见时，被考核人可就考核结果向考核人的直接上级进行申诉，由考核人的直接上级做出最终考核。如发现考核人有主观臆断考核，则对考核人做出处罚。按照汽车租赁公司有关管理制度的规定，当被考核人对汽车租赁公司有突出的贡献或做出严重损害汽车租赁公司利益、形象的行为时,直接考核人有权加分或减分。

表 2-25　岗位级别工资说明

岗位级别	工资级别	说明
试用期	按试用期标准	入职 3 个月内
初级	中级 ×（80%~90%）	转正，3 个月内
中级	见岗位工资标准表（略）	转正，3 个月后
高级	中级 ×（105%~110%）	入职 12 个月后，经总经理批准

驾驶员利用技术人员考核表，由直接上级进行考核。考核结果在浮动工资中应用。考核分数满分为 100 分，考核所得分数作为浮动工资发放标准。

项目三　网约车资产管理

任务一　网约车资产信息管理（初级、高级）

📋 任务描述

公司由于业务需要新采购一批中级豪华型轿车，请你作为运营专员完成车务手续管理，完善及更新平台资产信息，并协助主管制订事故处理、保险理赔、车队安全管理的制度流程。

🎯 任务目标

1. 能够完成新车验收、车辆建档、牌证登记与变更、证件管理等车务手续工作。
2. 能够完善更新平台中车辆牌证、技术、租赁、运行及其他动态管理数据信息。
3. 能够统筹车辆的收发工作，建立合理、完善、可控、科学的收发车流程制度。
4. 能够统筹公司车辆维保工作，开拓渠道，制订相关流程制度，控制维修成本。
5. 能够主导资产安全、保险理赔等工作，制订事故处理及保险理赔的操作流程。
6. 能够制订车队安全管理制度，组织驾驶员安全培训工作，减少事故率和违章率。

📑 相关知识

一、车辆信息管理

1. 车辆营运标准

（1）**行业标准**　我国交通运输部发布的《网络预约出租汽车运营服务规范》针对车辆做出细致的标准要求。车辆技术条件，车辆维护、检测、诊断，车辆污染物排放限制，车辆内饰材料，车容车貌应符合 GB/T 22485—2013 的相关要求。车内设施配置及车辆性能指标应体现高品质服务、差异化经营的定位，宜提供互联网无线接入、手机充电器、雨伞、纸巾等供乘客使用。应安装应急报警装置和具有行驶记录功能的车辆卫星定位装置。不应在车内悬挂或放置影响行车安全的设施装备。车辆标志应符合所在地出租汽车行政主管部门的规定。

（2）**地方标准**　截至 2020 年，全国已有近 300 个城市发布地方网约车准入标准。本节以东莞市发布的标准为例说明车辆营运标准。

注册登记为个人所有的车辆，申请网约车应当符合下列条件：

1）本市登记注册的 7 座及以下乘用车。

2）车辆行驶证载明的初次注册日期至申请时未满 2 年。

3）使用燃油车辆的，排量不少于 1750mL、轴距不少于 2650mm；新能源汽车轴距不少于 2600mm；国家、省对车型有新规定的，从其规定。

4）车辆通过公安机关的安全技术检验。

5）安装符合相关技术标准，具有行驶记录功能的车辆卫星定位装置、应急报警装置。

6）不得违反规定喷涂与我市巡游出租汽车相似颜色以及安装顶灯、空载灯等巡游出租汽车服务专用设施设备。

7）车辆不存在未处理违法违规行为。

8）法律、法规、规章规定的其他条件。

（3）企业标准

1）车辆安全符合规定：各地区域和城市要求车辆安装具有行驶记录功能的卫星定位装置、应急报警装置、影音记录、车载硬件装置或张贴车辆标识的，从其规定。

2）车辆保险符合规定：车辆具有投保有效期内的机动车交通事故强制责任保险的，根据各地法律规定或根据各区域和城市要求，车辆需要购买座位险、第三者责任险、网络预约出租车营运险，从其规定。

3）车辆技术符合规定：车辆为非油改气车辆，如当地法律法规另有规定的，从其规定；车辆按照国家规定进行年检；车辆行驶里程未超过 60 万 km 或车龄未超过 8 年。

2. 车辆档案管理

（1）基本要求　网约车运营企业应建立运营车辆管理档案，并依托管理软件，完备车辆管理数据信息。从购置到退役销售全过程的技术状况等应计入车辆档案。技术档案应及时、认真、准确的填写，妥善保管，车辆办理过户手续时，车辆技术档案应完整移交。

（2）排序规则　车辆档案以车号为第一检索参数，按照时间、车型、部位等顺序建立和存放。

（3）档案类型　车辆档案主要包括两大类，即车辆基础档案和车辆技术档案。

1）建立车辆基础档案，主要用于记录车辆档案内容借出、收回等变动情况。

基础档案包括（但不限于）：购车发票（复印件，原件财务保存）、机动车行驶证（复印件，原件交承租人）、机动车登记证书、车辆购置税凭证、保险单据和凭证、维护手册、机动车合格证、备用钥匙、备用防盗开关等。

2）建立车辆技术档案，主要用于记录车辆维修情况及费用、车辆变更等技术情况。

技术档案包括（但不限于）：车辆基本情况，包括机动车行驶证、道路运输证复印件及车辆照片、车辆投保证明；主要部件更换情况；修理和维护记录（含出厂合格证）；技术等级评定记录；车辆变更记录；行驶里程记录；交通事故记录；其他按规定要求归档的资料。

3. 车务手续管理

（1）新车验收　新车接收后、投入租赁经营前应完成以下工作：

1）检查随车资料：随车资料包括购车发票或其他车辆来历证明、车辆合格证、三包服务卡保修单、车辆使用说明书、其他文件或附件等。有些车辆发动机有单独的使用说明书，有些车辆的某些选装设备有专门的要求或规定。

2）核对铭牌：核对铭牌上的排气量、出厂年月、车架号、发动机号等内容，合格证上的号码必须要与车上的发动机号、车架号一致。

3）核对车辆附件及随车工具：核对随车附件和工具等是否与合同、说明书、装箱单等标注相符。

（2）**上牌登记**　从购买新车到领取车辆号牌、机动车行驶证，到具备在道路上行驶的所有合法手续，需要在若干部门办理若干道手续。我国不同城市办理车辆登记手续的要求各有差异，下面是北京、上海的车辆上牌登记办理程序。

1）北京市。

① 上牌前办理的事项。到工商所办理工商验证，工商所在发票和合格证上盖验证章；到车辆购置税征集部门交纳车辆购置税，获得购置附加交纳凭证；验车，携带所需证件并驾驶车辆到车辆检测场验车，填写验车表，验车合格后车辆检验场在验车表上盖章并发"检"字；办理交强险手续。

② 车辆登记领取号牌。携带所需证件及上一步获得的文件并驾驶车辆到车管所办理车辆登记和领取号牌手续，依照下列步骤办理：领取、填写车辆注册登记表并盖章；随机选择车号，领号牌；安装号牌，照相；领取机动车行驶证和车辆登记证书。

③ 上牌后办理事项。携带机动车行驶证、代码证书缴纳车船使用税。

办理上牌需要下列文件：车辆所有人的营业执照副本复印件、法人代码证书原件和复印件、公章、车主身份证；经办人的北京市身份证原件和复印件；车辆的发票、合格证、技术参数表。

2）上海市。

① 上牌前办理的事项。首先竞拍车辆号牌，交纳费用后拿领照单、IC 卡；然后交纳购置税；缴纳费用后领取收据、上牌用的车辆购置税证明副联，上牌后持机动车行驶证去取购置附加缴纳凭证的通知单。

② 上牌程序。首先按照要求填写有关表格并将所有文件交车管部门审核、登记；然后使用计算机给车辆选号并交费后领取车辆号牌；安装车辆号牌后给车照相并办理机动车行驶证。

办理上牌需要下列文件：户口本、车主身份证、代理人身份证原件和复印件、竞拍号牌的 IC 卡；新车发票第四联、车辆购置税证明副联、机动车参数表原件、出厂合格证原件；机动车注册登记申请表、办理程序表；保单原件和复印件。

（3）**转籍销售**　车辆退出运营时一般进入二手车市场，由于多数企业不具备二手车经营资格，所以退出营运车辆多由二手车经纪公司进行价格评估并代为销售。车务人员依照有关程序，协助二手车销售市场办理与车辆购买方的各类车辆交易手续。

（4）**车辆年检**　按照车辆年检规定和程序，完成车辆年检工作，办理车辆证件的年检。

（5）**牌照管理**　负责车辆牌照的变更、补办工作；负责车辆证件的保管、出借收回等工作。汽车租赁正常业务随着交付给承租人的汽车证件为机动车行驶证，其他证件一般不交予承租人。

4. 资产信息完善及更新

车辆管理数据信息应包括车辆牌证管理、车辆技术管理、车辆租赁管理、车辆运行管理及其他动态管理的数据信息。

资产信息完善及更新主要涉及基础数据信息收集、资产信息汇总编制和信息报告完善更新 3 个环节。

二、资产管理流程制订

1. 网约车收发车流程制订

（1）责任部门　　收发车流程制订由公司车管部经理协助企业管理层制订，由车管部的车辆收发员负责具体实施并汇报，其部门成员的岗位职责见表 3-1。

表 3-1　岗位职责

部门/岗位	职责/责任
车管部	1. 租赁车辆的整备、维护，易损件更换 2. 租赁车辆收发时的查验 3. 租赁车辆车况跟踪，安排救援及替换车辆 4. 事故车辆维修、送修，配合定损、索赔等 5. 租赁车辆档案建立、健全与管理
车辆收发员	1. 协助车管部经理对带驾车辆和驾驶员进行管理 2. 与车辆管理岗共同实施带驾车辆的收发 3. 完成车辆交接单，并管理带驾车辆交接单，将车辆交接单交业务支持科等相关部门 4. 对驾驶员造成的车辆损失进行维修估价，将需维修的车辆交车辆维修岗实施维修 5. 负责带驾车辆牌照、证件的补办 6. 负责车辆投诉的调查、处理并反馈 7. 负责对带驾事故车辆、车损数据进行统计 8. 定期向车管部经理汇报工作计划和工作情况 9. 完成上级领导交办的其他工作

（2）收发流程

1）接收发车单：采用信息管理系统实现发车单的接收与审核。申请人通过手机软件填写发车申请单，包括申请车辆的基本信息、预计的发车时间与收车时间、系统调取里程数与油量等，填写完成后提交发车申请单，由车管部的车辆收发员审核。

2）派发车辆：车辆收发员审核无误后，通知申请人发车获批，并在系统中将发车信息发送至车辆调度系统，由车辆调度人员实施派发车辆。派发车辆前，应通过核对单预先核对车辆的基本信息，重点检查系统信息是否与实车状况一致、派发信息是否完整清晰等。

3）发车前检查：车辆调度人员应与申请人共同完成发车前检查，主要有车辆清洁检查、车辆性能检查、车辆异常处理。

4）发车记录单签字：申请人经检查无误后，在发车记录单进行签字，交由车辆调度员保管。签字后，申请人即可使用车辆，但需要注意的是，在进行网约车运营服务时，要严格遵守车辆驾驶安全规范与车辆运营服务规范。若由于申请人原因导致车辆事故停运，应及时向车管部汇报；若由于申请人违法服务规范导致严重客诉，业务部、车管部将按照公司条例暂停申请人正在使用的营运车辆。

5）收车：申请人应按发车单填写的收车时间按时将车辆送至车管部，由车辆调度人员与申请人共同完成收车工作。收车检查工作与发车前检查工作基本一致，主要检查车辆的清洁程度与基本性能，并在车辆日志表中登记收车时车辆的油量与里程，尤其是申请人的加油记录及票据。收车完成后，车辆调度员应及时更新系统信息，必要时可主动向车辆收发员推送工作通知。

2. 车辆维保流程制度制订

（1）合同注意事项

1）车辆送修手续。送修车辆时，应持派工单，清楚地记录送修车辆的品牌型号、牌照号码、累计行驶里程、维修项目，经企业经办人签字后交由维修服务供应商。

2）竣工交接手续。维修服务供应商填写结算清单，清楚地记录车辆维修的具体部位、消耗材料、计价工时、质保期限等，交由汽车租赁企业经办人审核签字。其中，维修更换的旧件应交由汽车租赁企业。

3）维修费用核定。维修服务供应商应遵守行业规定的计价工时进行费用收取，包括工时费与材料费。若与合同约定有关费用优惠计算规则，则按照合同条款内容核定。

4）费用结算开票。按照合同约定的支付时间，维修服务供应商提供所修车辆的派工确认单、竣工出厂合格证明、费用结算清单，经办人复核无误后，为其开具增值税发票。

（2）业务渠道开拓　车辆维保业务渠道的开拓应从合作类型、利益分成、拓展数量3方面重点考虑。

1）合作类型根据合作模式不同划分类别。在业务拓展初期，应尽可能地吸纳多种类型的合作伙伴，例如以技术与资金入股的共担式合作、以提供技术服务为主的代理式合作等，力求快速拓展大量客户，营造市场影响力。合作类型一般分为代理商和合作商两种。代理商是指承担租赁公司委托授权的运营车辆维保服务，享受租赁公司一定的业务量承诺，按约定价格结算费用；合作商是指提供技术和资源进行合作的公司，享受租赁公司承诺的红利，费用结算价格灵活，手续简化高效。

2）利益分成根据业务贡献确定不同比例。利益分成遵循按贡献和义务的多少为依据，不同的代理商根据区域贡献确定结算价格和奖励费用，合作商根据入股比例分享红利及特别合作约定条款确定结算价格。

3）拓展数量根据运营区域市场规模确定。在开拓初期，应多拓展代理商，可以有效增加业务机会和降低成本，在代理商有效经营范围，尽量避免拓展其他代理商，以维护代理商的利益和积极性。

3. 事故处理操作流程制订

汽车租赁公司要制订事故处理细则，以便发生事故时可以有规可循。本部分内容以案例形式呈现汽车租赁公司事故处理操作流程制订。

事故处理流程制订案例

×××汽车租赁有限公司事故处理细则

1. 如果车辆被扣，该怎么处理？

签收扣车单前，先了解车辆被扣原因及执行部门，要求对方出示相关工作证件，然后按以下步骤处理。

1）询问处理事故场所，向执行部门询问车辆扣放所在位置、执行人联系方式。

2）报门店。第一时间告知门店，寻求门店协助解决事故。

3）门店结算。客户到门店做还车结算并刷事故预授权，交回扣车单。

4）垫付费用。垫付车辆被扣时的罚款与拖车费用。

5）承担责任。车辆不符合运营要求被扣，客户不承担责任及费用；车辆出现事故、客户驾驶车辆违反法律法规被扣，除作为当事人有义务协助门店取车外，客户还应承担车辆误工费、罚款、被扣停车费以及扣留期间产生的其他费用。

(续)

2. 如果车内财物丢失，该如何处理？

如果是车锁被撬或盗抢未遂导致车内财物丢失或车辆受损，应做以下处理。

1）报警。保护现场并拨打 110 报案。

2）报门店。电话告知门店事故状态，联系车辆停放场所所在的物业管理部门，要求对方配合解决事故。

3）车辆维修。定责后到指定维修厂进行车辆维修。

4）还车结算。到门店做还车结算并刷事故预授权。

3. 如果车辆被盗，该如何处理？

1）报保险。保护现场并拨打车辆所投保的保险公司报险。

2）报警。拨打 110 报案，同时联系车辆停放场所所在的物业管理部门。

3）配合立案。警察、保险公司到达后，配合做好口供、笔录，并积极协助提供线索。

4）报门店。告知门店并简单描述事故状态。

5）还车结算。到门店还车结算并刷事故预授权。

6）费用承担。

4. 如果两车相撞，该如何处理？

两车相撞后将车熄火，并将警示牌放到车辆周围。迅速记下对方车辆的车牌号码，以免对方驾车逃逸。根据不同的碰撞类型，参照对应处理方式。

1）报保险。向车辆投保的保险公司报险（保险公司电话参见《随车手册》内保险卡），并提醒事故对方报对方保险公司。

2）报交警。拨打 122 或 110 并协助事故责任认定，告知门店事故状态。

3）报急救电话。事故中有人受伤，保护好第一现场，不随意移动现场遗落物，拨打 120 救助伤者。

4）定损、定责。交警到达现场认定事故责任，保险公司到达现场定损。现场可确定双方责任并能够定损时，租车人需领取事故责任认定书和车辆定损单。现场无法确定双方责任、无法定损时交警暂扣留车辆，待事故责任确定后，租车人前往交警指定地点领取事故责任认定书及事故车辆。

5）车辆维修。联系出车门店按指引进行（不得擅自维修车辆）。

6）还车结算。还车结算并刷取事故预授权。

7）费用垫付。事故责任为全责、主责时，客户需垫付车辆救援费用、租用车辆维修费用、三者车辆维修费、救援费，同时需垫付因物损、人伤时产生的公共设施修复费用及伤者医疗费。事故责任为次责、无责时，客户协调并要求事故对方垫付租用车辆的救援费用、车辆维修费用，有物损、人伤时所产生的公共设施修复费用及伤者医疗费。

8）费用返还。×××汽车租赁有限公司收到保险赔付后将理赔额度范围内的费用返还给客户。

9）费用承担。

5. 快速理赔需要注意哪些问题？

如事故中双方碰撞无人伤、无物损，事故责任明确且双方认同，同时事故车损较小的（全部车损在 2000 元以下的），双方可选择快速理赔，流程如下：

1）报保险。报双方投保的保险公司，双方填写《机动车交通事故快速处理协议书》并签名，完成后可离开事故现场。

2）报门店。告知门店并简单描述事故状态。

3）车辆定损。48h 内携带协议书并开车到保险公司指定快速处理点做车辆定损。

4）车辆维修。联系出车门店按指引进行（不擅自维修车辆）。

5）还车结算。还车结算并刷取事故预授权。

6）费用垫付。客户事故责任为全责、主责时，客户需垫付车辆救援费用、租用车辆维修费用、三者车辆维修费、救援费 4 项费用。客户事故责任为次责、无责时，客户需要求事故对方垫付租用车辆的救援费用、车辆维修费用两项费用。

7）费用返还。×××汽车租赁有限公司在收到保险赔付后将理赔额度范围内的费用返还给客户。

8）费用承担。

6. 什么是自认全责？怎么处理这种情况？

自认全责的事故，客户垫付车辆维修费用、救援费用，垫付人伤、物损导致的公共设施修复费用、医疗费用。自认全责的会员，安全驾驶指数减少 20 分，再次租车时可能支付双倍的综合服务费。

7. 如果选择了协商解决，要注意什么问题？

对于事故双方协商解决的事故，保险公司不予赔付，因协调解决导致客户需承担费用见《事故处理类型及费用承担标准》。同时，选择协商解决事故的客户安全驾驶指数减少 20 分，再次租车时支付双倍的综合服务费。

（续）

8. 单方交通事故该怎么处理？
1）报保险。保护现场，立即将车辆熄火，向承保公司报险（保险公司电话参见《随车手册》内保险卡），按接线员指引进行下一步操作。
2）报交警。拨打 122 或 110 并协助事故责任认定。
3）报门店。告知门店事故情况，按门店指引进行下一步操作。
4）还车结算。还车结算并刷取事故预授权。
5）费用垫付。客户需垫付车辆救援费用、公共设施修复费用、车辆维修费用 3 项费用。
6）费用返还。×××汽车租赁有限公司在收到保险赔付后，将理赔额度范围内的费用返还给客户。
7）费用承担。
9. 用车期间需要车辆救援怎么办？
车辆租用期间不能正常安全行驶时，应及时联系车辆投保的保险公司或向交警申请救援服务，并在第一时间告知门店寻求帮助。同时客户需垫付车辆救援及维修费用。

4. 保险理赔操作流程制订

汽车租赁公司要为所有车辆制订完善的保险计划，确保客户租车无虑，行车无忧。本部分内容以案例形式呈现汽车租赁公司保险理赔操作流程制订。

（1）保险流程制订案例一
1）基本保险。基本保险覆盖如下内容（具体赔偿范围及赔付金额以保险公司条款为准），见表 3-2。

表 3-2　基本保险覆盖内容

保险项目	保额	保险保障范围	承租方责任	保险公司及×××租车责任	备注
车辆损失险	车辆实际价值	由于发生自然灾害（地震除外）、意外事故、其他保险事故导致的车辆本身的损失	1500 元	1500 元以上的部分	保险公司免赔／拒赔的部分由客户承担
		由于发生自然灾害（地震除外）、意外事故、其他保险事故导致的车辆报废	20%	80%	
第三者责任险	20 万元	保险车辆发生意外事故，导致第三者承受的损失	0	100%	
车上人员责任险（驾驶员）	5 万元	保险车辆发生保险事故，导致驾驶员人身伤亡	0	100%	
全车盗抢险	车辆实际价值	全车被盗窃、被抢劫或被抢夺而造成的损失	20%	80%	免责部分条款如下：①行驶证、购置税证丢失，各扣除当时车辆折旧价的 0.5% 免赔责任②车钥匙丢失扣除当时车辆折旧价的 5% 免赔责任
玻璃单独破碎险	新车原价	玻璃单独爆裂造成的损失	0	100%	—
自燃损失险	新车原价	保险车辆由于自身原因起火燃烧造成保险车辆的损失	0	100%	—

2）不计免赔服务。购买不计免赔服务后，可免除上表"车辆损失险"应由客户承担的 1500 元费用及轮胎损失费用。

3）基本保险、不计免赔服务仅免除保险范围内的有关损失，不免除客户以下费用：

① 保险理赔范围外的或因客户未履行有效报案流程、理赔手续而导致保险公司拒赔的。

② 因客户违法违规导致车辆被扣而产生的停运损失费。

（2）保险流程制订案例二

1）基本保险，覆盖如下内容（具体赔偿范围及赔付金额以保险公司条款为准），见表 3-3。

表 3-3 基本保险覆盖内容

保险项目	保额	承租方责任	保险公司及×××租车责任	备注
车辆损失险	新车原价	1500 元	1500 元以上的部分	由于发生自然灾害（地震除外）、意外事故、其他保险事故导致的车辆本身的损失
		20%	80%	由于发生自然灾害（地震除外）、意外事故、其他保险事故导致的车辆报废
第三者责任险	20 万元	0	100%	保险车辆发生意外事故，导致第三者蒙受的损失
车上人员责任险（驾驶员）	5 万元	0	100%	保险车辆发生保险事故，导致驾驶员人身伤亡
全车盗抢险	新车原价	20%	80%	全车被盗窃、被抢劫或被抢夺而造成的损失。免责部分条款有： ① 行驶证、购置税证丢失，各扣除当时车辆折旧价的 0.5% 免赔责任 ② 车钥匙丢失扣除当时车辆折旧价的 5% 免赔责任
玻璃单独破碎险	新车原价	0	100%	玻璃单独爆裂造成的损失
自燃损失险	新车原价	0	100%	保险车辆由于自身原因起火燃烧造成保险车辆的损失
保险公司认定不予赔偿的事故损失或超出保险额度以外的部分	—	100%	0	超过保险公司赔偿范围的部分由客户承担

2）保险责任内的事故损失，客户需：

① 垫付维修、赔偿第三方损失等保险公司应付费用，该费用将在保险公司完成理赔后返还客户。

② 支付车辆停运损失。

③ 支付车辆加速折旧损失。

④ 支付上表列明的保险责任内承租方需承担的损失。
⑤ 支付上表列明的保险责任额度外的所有责任和损失。
3）对于保险责任外的事故损失，客户需：
① 承担车辆维修费用、车辆停运损失以及车辆加速折旧损失。
② 承担事故造成的其他所有损失。
③ 租期内发生车辆盗抢与报废的，客户需支付车辆租赁费用直到公安部门立案或车辆管理部门出具报废证明之日。

（3）理赔流程制订案例

×××汽车租赁有限公司理赔说明

1. 保险责任内的事故损失

1）如果还车时理赔资料齐全，客户不需垫付本车维修等保险公司应付费用，仅需：
① 垫付第三方损失等保险公司应付费用，该费用将在保险公司完成理赔后返还客户。
② 列明的保险责任内承租方需承担的损失。
③ 列明的保险责任额度外的所有责任和损失。
2）如果还车时理赔资料不齐全，客户需根据预估车辆损失程度刷取不低于1500元的材料缺失保证金（预授权）。

2. 保险责任外的事故损失

对于保险责任外的事故损失，客户需承担车辆维修费用；承担事故造成的其他所有损失。

3. 租期内发生车辆盗抢或车辆报废

如在租期内发生车辆盗抢与报废，客户需支付车辆租赁费用直到公安部门立案或车辆管理部门出具报废证明之日。

5. 车队安全管理制度制订

公司运营部门要为所有车辆制订完善的车辆运行安全管理制度，确保客户租车无虑，行车无忧。

任务二　网约车保险管理（初级、中级）

任务描述

某网约车在承租期间发生一般交通事故，驾驶员第一时间通知网约车租赁企业并寻求协助。作为网约车租赁企业工作人员，请你引导驾驶员处理事故，并及时跟进保险理赔。

任务目标

1. 能够正确办理车辆的保险业务，选择合理的保险方案。
2. 能够进行车辆上线前检查养护，并上报平台登记备案。
3. 能够及时监控车辆的保险期限，防止车辆脱保与漏保。
4. 能够明确车辆的事故处理细则，引导承租人处理事故。
5. 能够协助第三方处理交通事故，资料提供与损失定损。
6. 能整理车辆保险维护后的各项单据，协助保险公司完成理赔。
7. 能够与承租人协商损失费用垫付方案，完成垫付费用的处理。

 相关知识

一、车辆保险管理

1. 汽车保险定义

汽车租赁保险是以保险租赁汽车的损失或以保险租赁汽车的出租方、承租方或驾驶员因驾驶租赁车辆发生交通事故所承担的责任为保险标的的保险。为提高租赁车辆使用的安全性，并为承租方及出租方分担车辆使用过程可能发生的风险，租赁车辆应按国家规定和承租人需求购买保险，当发生事故或意外时，能在一定程度上对承租方和出租方起保障作用。

2. 租赁车辆投保

网约车租赁车辆除应按国家法律规定投保机动车交通事故强制责任险外，也通过投保第三者责任险、车辆损失险、车辆盗抢险或通过互保、自保等方式为车辆承租人分担意外风险。其中，机动车交通事故责任强制险、车辆盗抢险、车辆损失险和第三者责任险为4个主要基本险种。此外，车辆租赁保险还包括其他种类的商业车险，特别是在长期汽车租赁业务中，承租方根据用车需要，要求出租方投保特别险，如车上人员责任险、车身划痕险、玻璃单独破碎险、自燃损失险等。

租赁车辆保险与私人车辆保险相比，存在以下差异：

1）保险费率不同。租赁车辆保费一般高于私人车辆保费。

2）存在连带赔偿风险。当租赁车辆发生交通事故时，一般按照法律规定承担赔偿责任。但是，在实际案例中，汽车租赁经营者可能承担了一部分超出保险赔付额度的赔偿。

3）涉及权益主体多，租赁车辆的保险合同涉及保险公司、出租方、承租方3方的权益。

租赁车辆上线前需进行7项基本检查及养护，包括灯光检查、轮胎检查、机油检查、制动片检查、蓄电池检查、车身油液检查和电子设备检查。车辆在定点维保服务机构或合作商完成车辆养护后，应收集车辆养护完成的照片，上报平台登记备案。

此外，车辆维保的相关单据手续应清晰准确地在车辆档案中记录，并上传至租赁企业的信息管理平台。车务人员将通过平台数据追踪企业所有车辆的保险期限，针对已外租的网约车，车务人员有义务及时提醒网约车驾驶员对车辆进行保险续保，防止运营中的网约车脱保、漏保，导致企业利益损失。

3. 保险业务洽谈

（1）选择购买渠道

1）通过专业代理机构投保：专业代理机构是指主营业务为代卖保险公司的保险产品的保险代理公司。

> 专业代理投保的优点：由于目前各保险中介竞争比较激烈，为争抢客户，他们给予的保险折扣比较大，相对而言价格也会比较低廉。同时，保险中介可以上门服务或代客户办理各种投保、理赔所需的各种手续，对于客户而言会比较便捷；专业代理投保的缺点：投保成本相对较高。保险代理人为促成车主购买保险，对车主进行口头承诺很多，

但之后在出险理赔时却无法兑现。一些非法保险中介个人会私自拖欠和挪用客户的保费，使保费无法及时、顺畅、安全地到达保险公司，使客户在后期就难以正常享受保险公司的理赔。

2）通过兼业代理投保：兼业代理是指受保险人委托，在从事自身业务的同时，指定专人为保险人代办保险业务的单位，如4S店投保。

4S店投保的优点：通过4S店购买车辆商业保险，日后如果出现意外需要保险公司出险、赔偿时，不仅可通过拨打保险公司的出险电话，还可通过4S店的保险顾问进行报险，享受"一对一"的直线服务。同时维修质量、配件质量，客户都能得到保障；4S店投保的缺点：由于兼业代理机构代卖保险属于副业，所以专业性相对不够。需要客户有讨价还价的本领且费口舌，保费也不一定便宜，同时选择不当也会有风险。

3）通过经纪人投保：经纪人是指基于投保人的利益，为投保人和保险人订立保险合同提供中介服务并依法收取佣金的保险经纪公司。

经纪人投保的优点：保险代理公司的代理人受雇于保险公司，为其所受雇的保险公司推销保险产品，而保险经纪人和保险经纪公司受雇于投保人，不仅可以横向比较各公司条款优劣，还可根据投保人情况，为其量身定做。经纪人投保的缺点：保险经纪人是为客户采购保险产品的，最终还要保险公司进行承保。保险经纪人或经纪公司业务的增加会使保险公司保费收入大幅增加，国内保险行业规范仍有欠缺，无法避免会有一些不法商家与保险公司串通起来欺骗消费者。

4）柜台投保：柜台投保是指亲自到保险公司的对外营业窗口投保。

柜台投保优点：车主亲自到保险公司投保，有保险公司的业务人员对每个保险险种、保险条款进行详细的介绍和讲解，并根据投保人的实际情况提出保险建议供参考，能选择到更适合自己的保险产品，使自己的利益得到更充分的保障。投保人直接到保险公司投保，由于降低了营业成本，商业车险费率折扣上会高一些。最重要的一点就是可以避免被一些非法中介误导和欺骗；柜台投保缺点：客户必须事事自己动手操办，尤其是出险后索赔时，对于很多不了解理赔程序的客户来说，在办理手续时会觉得既费时又麻烦。

5）电话投保：电话投保是指通过拨打保险公司的服务电话即可投保。

电话投保的优点：随着近年来电话车险模式的成熟和火热，直接通过电话到保险公司投保已经成为一种新兴的投保方式。首先，电话营销因为免去了保险中介代理的参与，能拿到低于其他任何渠道的折扣。其次，直接面对保险公司，避免被不良中介误导和欺骗。由专人接听电话，解答各种问题并协助办理投保手续，且保单可送上门，周到、省事；电话投保的缺点：不太容易和保险公司谈判。在车辆出险后没有中介人帮投保人进行对车辆的定损、维修和理赔，整个过程需要消费者自己解决，对于不了解理赔流程的消费者来说会是一件非常头疼的事情。因为不是直接沟通，所以有误导的可能。

6）网上投保：网上投保是指客户在保险公司设立的专用网站（电子商务平台）上发送投保申请，保险公司在收到申请后电话联系客户进行确认的一种投保方式。

> 网上投保的优点：方便快捷，一般只需要几分钟就可完成投保，属于电话投保的进一步发展，没有中间环节费用，投保方式更优惠，保单可送上门；网上投保的缺点：需要懂一些电脑网络知识，同时对保险较熟悉，对险种需求有明确要求才可直接下单，如不是很明确，还需要电话联系。

（2）洽谈方法

1）风险分析法：此方法旨在通过举例或提示，运用一个可能发生的改变作为手段，让准客户感受到购买保险的必要性和急迫性。

2）激将法：俗话说"请将不如激将"。运用适当的激励，可以引起准客户购买的决心。但是激将法要看清楚对象，言辞要讲究，既要防止过当，又要避免不及。

3）推定承诺法：即假定准客户已经同意购买，主动帮助准客户完成购买的动作。但这种动作通常会让准客户做一些次要重点的选择，而不是要求他马上签字或拿出现金。

4）以退为进法：此类方法非常适合那些不断争辩且又迟迟不签保单的准客户。当面对准客户使尽浑身解数还不能奏效时，可以转而求教，谦卑的话语往往能够缓和气氛，也可能带来意外的保单。

5）利益驱动法：以准客户利益为说明点，打破当前准客户心理的平衡，让准客户产生购买的意识和行为。这种利益可以是金钱上的节约或回报，也可以是购买保险产品后所获得的无形的利益。对于前者如节约保费、资产保全，对于后者如购买产品后如何有助于达成个人、家庭或事业的目标等。

6）行动法：通过采取具体推动客户购买的行为，引导准客户购买的过程。

（3）确定车险方案 见表3-4～表3-8。

表3-4 最低保障方案

险种组合	交强险＋第三者责任险
保障范围	基本能够满足一般事故对第三者的损失负赔偿责任
优点	用来上牌照或验车，第三者的保障基本能满足
缺点	若出事故，对方损失能得到保险公司少量赔偿且赔偿限额有限，本车损失自负

表3-5 基本保障方案

险种组合	交强险＋车辆损失险＋第三者责任险
保障范围	只投保基本险，能为本车与他人损失的赔偿责任提供基本的保障
优点	费用适中，必要性最高
缺点	不是最佳组合，最好加入不计免赔特约险

表 3-6　经济保障方案

险种组合	交强险＋车辆损失险＋第三者责任险＋不计免赔特约险＋全车盗抢险
保障范围	投保 4 个最必要、最有价值的险种
优点	投保最有价值的险种，保险性价比最高，人们最关心的丢车和 100% 赔付等大风险都有保障，保费不高但包含了比较实用的不计免赔特约险
缺点	部分附加险种还未投保，保障还不够完善，主险中还存在较多的免赔情况

表 3-7　最佳保障方案

险种组合	交强险＋车辆损失险＋第三者责任险＋车上责任险＋玻璃单独破碎险＋不计免赔特约险＋全车盗抢险
保障范围	在经济投保方案的基础上，加入了车上人员责任险和玻璃单独破碎险，使乘客及车辆易损部分得到安全保障
优点	投保价值大的险种，不花冤枉钱，物有所值
缺点	费用高

表 3-8　完全保障方案

险种组合	交强险＋车辆损失险＋第三者责任险＋车上责任险＋玻璃单独破碎险＋不计免赔特约险＋新增加设备损失险＋自燃损失险＋全车盗抢险
保障范围	保全险，居安思危才有备无患。能保的险种全部投保，从容上路，不必担心交通所带来的种种风险
优点	几乎与汽车有关的全部事故损失都能得到赔偿。投保人不必为少保某一个险种而得不到赔偿，也不必承担投保决策失误的损失
缺点	保全险保费高，某些险种出险的概率非常小

4. 保险业务流程

投保人或被保险人向保险人表达缔结保险合同的意愿，即为投保。投保与承保是保险双方签订保险合同的过程，是保险业务得以进行的基础。由于机动车保险合同的特殊性，各保险公司都将保险合同简化为保险单的形式，并根据不同保险项目设置了较多种类的保险单供投保人选择。

机动车保险承保是保险人与投保人签订保险合同的过程，包括投保、核保、签发单证、续保与批改等手续。保险期满后，根据投保人意愿可重新办理续保。在保险合同生效期间，如果保险标的的所有权改变或投保人因某种原因要求更改或取消保险合同，都需要进行批改作业。

二、车辆事故管理

1. 车辆交通事故定义

交通事故是指车辆在道路上因过错或意外造成人身伤亡或财产损失的事件。交通事故不仅是由不特定的人员违反道路交通安全法规造成的；也可以是由于地震、台风、山洪、雷击等不可抗拒的自然灾害造成。

2. 车辆交通事故分类

车辆交通事故的分类依据如图 3-1 所示。

图 3-1　交通事故分类依据

3. 行车事故车辆规定

（1）车辆查勘数据

1）事故车 VIN：记录发生交通事故车辆的 VIN，即前车 VIN 与后车 VIN，如图 3-2 所示。

2）检查行驶系统：如图 3-3 所示，记录轮胎型号、所有车轮气压、轮胎花纹深度；转向轮是否使用翻新轮胎；固定轮毂的螺栓齐全、无松脱；钢板弹簧没有断裂、缺片。

图 3-2　事故车 VIN

图 3-3　检查行驶系统

3）检查转向系统：如图 3-4 所示，转向机件无松旷、漏油、犯卡、脱落；转向接杆无跳动、弯曲、拼焊现象；球头无松动过紧，转向盘自由行程未超过国家标准规定；转向液储液罐内液面及油质正常；轮胎无损坏情况。

4）检查制动系统：如图 3-5 所示。制动液储液罐内液面及油质正常；制动踏板自由行程过小；制动管路连接部位无破损、漏气或漏油现象。

图 3-4　检查转向系统

图 3-5　检查制动系统

5）照明和信号装置：如图 3-6 所示。事故车灯具损坏情况：前后方车辆的灯罩均损坏，后方车辆右前方车灯损坏，前方车辆左后方车灯损坏；且后车前保险杠撞坏；事故车灯具工作有效性检验：左转向灯损坏。

6）安全防护装置：如图 3-7 所示。检查：汽车前排座位是否装置安全带，是否有损坏，能否正常收缩；有无挂车，车厢是否设防护栏；汽车侧面及后下部防护装置是否符合要求。

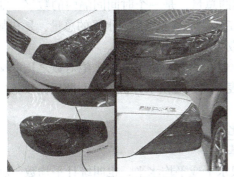

图 3-6　照明和信号装置

图 3-7　安全防护装置

（2）车辆查勘报告　委托单位对现场查勘报告有固定格式要求的，按固定格式填写；没有固定格式的，按下述要求缮制。固定格式的查勘报告对下述内容没有明确的，要在报告中补充明确，如图 3-8 所示。

1）应写明标的车的情况，包括车牌号码、车型、车架号码、使用性质、是否审验合格、承保情况（交强险、商业险）等。

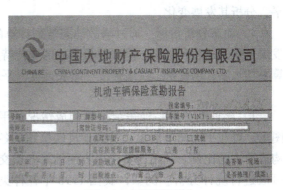

图 3-8　车辆查勘报告

2）应写明标的车出险驾驶员的情况，包括驾驶证号码、准驾车型、是否审验合格、联系电话、与被保险人的关系。

3）应写明出险的时间、地点、原因和经过。

4）应写明查勘的人员、时间、地点和经过。

5）事故中有第三者车辆受损的，应写明第三者车辆的相关情况，包括车牌号码、车型、车架号码和承保情况（交强险、商业险）等。

6）应按险别分别记录损失项目和预计损失金额，损失的项目要齐全，预计损失金额尽量趋于准确，特殊情况做说明。对受损部位进行描述，对损坏零配件明细进行详细记录。对事故中伤亡人员，主要记录姓名、性别、年龄、所在医院、伤情等；对事故中受损财产，要记录名称、类型、数量和重量等。

7）应写明事故是否属实，事故损失是否属于保险责任范围，标的车在事故中所负的责任。

8）绘制现场草图。现场草图应能基本反映事故现场的道路、方位、车辆位置、肇事各方行驶路线和外界因素等情况。

9）缮制《现场查勘报告》时，要求内容翔实、字迹清晰，并需查勘人员和相关当事人签字。

4. 交通事故数据分析

（1）分析指标

1）总量指标：指反映交通事故现象在一定时间、地点、条件下的总体规模和水平，其表现形式为绝对数，也称绝对指标。根据指标反映的状况不同，可分为时期指标和时点指标。时期指标是反映总体在一段时期内活动过程的总量，是一个时间间隔内的数字。如某年、某月的交通事故次数。时点指标是反映总体在某一时点上规模或水平的总量，是在某一时刻的数字。如某年底某地的人口数、机动车辆数和驾驶员数等。

2）相对指标：两个有联系的指标的比值，也叫相对数，通常是两个绝对数之比。交通事故相对指标是用两个交通事故绝对数的比值来表示的，更便于分析和说明两项比较指标之间的数量关系。相对指标的计算公式为

$$相对指标（\%）=\frac{比数}{基数}\times 100\%$$

3）平均指标：反映统计某一数量指标的一般水平或平均水平，也叫统计平均数。利用平均指标可对比同类现象在不同地区、不同单位的一般水平，也可分析在不同时期的一般水平，分析其发展变化。

4）动态分析指标：通过事故动态数列计算的分析指标。交通事故动态数列可反映事故发展变化的过程和趋势，但要分析事故的变化特点的规律性，还需计算动态分析指标，即计算平均水平、增长量、发展速度、增长速度、平均发展速度和平均增长速度等。

（2）分析方法

1）比重图：是一种表示事物构成情况的平面图形。可在平面图上形象、直观地反映事物的各种构成所占的比例。利用比重图可方便地对各类交通事故进行统计分析。例如，我国 1998 年各种类型驾驶员的事故死亡构成，如图 3-9 所示。

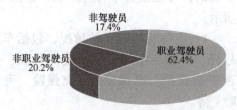

图 3-9　1998 年我国各种类型驾驶员的事故死亡构成

2）趋势图：趋势图是按一定的时间间隔统计数据，利用曲线的连续变化来反映事物动态变化的图形。趋势图借助于连续曲线的升降变化来反映事物的动态变化过程，可帮助掌握交通事故发生规律，预测其未来的变化趋势，以便采取预防措施，降低事故损失。

趋势图通常用直角坐标系表示，横坐标表示时间间隔，纵坐标表示事物数量尺度，根据事物动态数列资料，在直角坐标系上确定各图示点，然后将各点连接起来，即为趋势图。例如，1980~1999 年我国道路交通事故次数、死亡人数、受伤人数、直接经济损失统计数据，用趋势图表示如图 3-10 所示。

3）直方图：是交通安全分析中较为常用的统计图表。它是由建立在直角坐标系上的一系列高度不等的柱状图形组成，因而也被称为柱状图，如图 3-11 所示。直角坐标系的横坐标表示需要分析的各种因素，柱状图形的高度则代表了对应于横坐标的某一指标的数值。采用直方图进行交通事故统计分析，可以直观、形象地表示出各种因素对交通事故的影响程度。

4）圆图法：把要分析的项目，按比例画在一个圆内。即整个圆 360° 为 100%，180° 为 50%，90° 为 25%，1° 为 1/360，这样在一个圆内便可直观地看出各个因素所占比例，如图 3-12

所示。

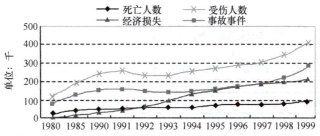

图 3-10 1980~1999 年我国道路交通事故发生情况趋势图

图 3-11 我国 1986~1998 年道路交通事故万车死亡率直方图

图 3-12 原因次数统计圆图法

5）排列图：全称为主次因素排列图，也称为巴雷特图，可用于确定影响交通安全的关键因素，以便明确主攻方向和工作重点所在。

排列图由两个纵坐标、一个横坐标、几个直方图和一条曲线组成。左边纵坐标表示频数，右边纵坐标表示累积频率（0~100%）。横坐标表示事故原因或事故分类，一般按影响因素的主次从左向右排列。直方图的高低表示某个因素影响的大小，曲线表示各因素影响大小的累计百分数。按主次因素的排列，可分为三类：累积频率在 0~80% 的因素，称 A 类因素，显然是主要因素；累积频率在 80%~90% 的因素称 B 类次主要因素；累积频率在 90%~100% 的因素称 C 类次要因素。

这种排列图可根据分析目的的不同而改变横坐标中的因素。例如，分析机动车驾驶员事故原因时可把横坐标设为酒后开车、超速行驶、无证驾驶、违章超车、违章会车等项目；分析道路交通事故现象时可把横坐标设为汽车与自行车相撞、汽车与行人相撞、汽车与拖拉机相撞、汽车自身事故等项目，但分析时所采用的因素不宜过多，要列出主要因素，去掉从属因素，以便突出主要矛盾，如图 3-13 所示。

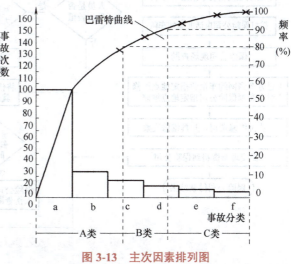

图 3-13 主次因素排列图

5. 交通事故处理流程

1）无人伤交通事故处理流程如图 3-14 所示。

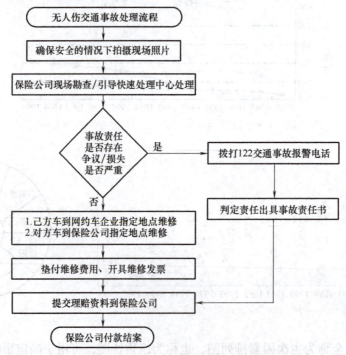

图 3-14　无人伤交通事故处理流程

2）有人伤交通事故处理流程如图 3-15 所示。

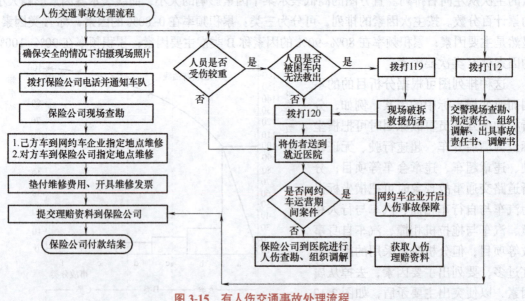

图 3-15　有人伤交通事故处理流程

三、车辆保险理赔管理

1. 理赔业务资料

(1) 出险通知书　见表 3-9。

表 3-9　出险通知书范例

被保险人对出险情况、主要原因及施救情况、损失情况应如实填写。任何虚假申报均可能导致保险人依据法律及保险条款行使拒赔权或诉诸法律

险种名称		受损标的名称	
被保险人		受损标的所在地	
保险单/保险号码		批单号码	
保险期限		出现时间	年　月　日　时　分
保险金额/赔偿限额		出险地点	
承保公司		报案时间	

出现情况、主要原因及施救经过：

损失估计：

被保险人：(签章)　　　　　　　　　　　地址：
联系电话：　　　　　　　　　　　　　　邮政编码：

(2) 事故责任认定书　见表 3-10。

表 3-10　道路交通事故责任认定书范例

第××××号

时间20××年5月17日12时30分，地点××市××路××路口，××市××有限公司驾驶员王××驾驶"桑塔纳"小客车，在××路由西向东通过××路口时，恰有××市××出租汽车公司驾驶员李××驾驶"切诺基"吉普车以八十多千米时速由南向北通过路口。李××临近路口发现前方横穿的小客车后虽踩了紧急制动，但由于车速快，停车不及，吉普车前部撞在小客车右部，造成小客车内乘车人赵××当场死亡、两车均损坏的重大交通事故。

发生交通事故原因是：王××驾车通过路口时，未让干路车先行，属违反《道路交通管理条例》第四十三条"车辆通过没有交通信号或交通标志控制的交叉路口，必须遵守下列规定依次让行：(一)支路车让干路车先行……"的规定。李××驾车通过路口时，未减速慢行，属违反《道路交通管理条例》第三十五条机动车遇道路宽阔、空闲、视线良好，在保证交通安全的原则下，最高时速规定城市街道为七十公里的规定。

根据《道路交通事故处理办法》第十九条的规定，王××负事故主要责任，李××负事故次要责任，赵××不负责任。

(公章)

承办人：宋×× 郭×× 20××年5月27日

此认定书，已于20××年5月28日向当事各方宣布，当事人不服的，可在接到认定书后十五日内向××市交警支队申请重新认定。

(一式二份，一份交当事人，一份存档)

（3）现场查勘报告　见表3-11。

表3-11　现场查勘报告范例

被保险人：		保单号码：		赔案编号：	
保险车辆	号牌号码：	是否与底单相符：		车架号码：	是否与底单相符：
	厂牌型号：	车辆类型：	是否与底单相符：		检验合格至：
	初次登记年月：	使用性质： 是否与底单相符：			漆色及种类：
	行驶证车主：	是否与底单相符：		行驶里程：	燃料种类：
	方向形式：	变速器类型：	驱动形式：	损失程度：□无损失　□部分损失 □全部损失	
	是否改装：	是否具有合法的保险利益：		是否违反装载规定：	
驾驶员	姓名：	证号：	领证时间：		审验合格至：
	准驾车型：	是否是被保险人允许的驾驶员： □是　□否		是否是约定的驾驶员： □是　□否　□合同未约定 □不详	
	是否酒后：□是　□否　□未确定		其他情况：		
查勘时间	1）		2）		3）
查勘地点	1）		2）		3）
出险时间：			保险期限：		出险地点：
出险原因：□碰撞　□倾覆　□火灾　□自燃　□外界物体倒塌、坠落　□自然灾害　□其他（　）					
事故原因：□疏忽、措施不当　□机械事故　□违法装载　□其他（　）					
事故涉及险种：□车辆损失险　□第三者责任险　□附加险（　）					
专用车、特种车是否有有效操作证：□有　□无					
营业性客车有无有效的资格证书：□有　□无					
事故车辆的损失痕迹与事故现场的痕迹是否吻合：□是　□否					
事故为：□单方事故　□双方事故　□多方事故 保险车辆车上人员伤亡情况：□无　□有伤人　□有亡人 第三者人员伤亡情况：□无　□有伤人　□有亡人 第三者财产损失情况：□无　□有车辆损失　□号牌号码　□车辆型号　□非车辆损失					
事故经过：					
施救情况：					
备注说明：					
被保险人签字：					查勘员签字：

（4）损失情况确认书　见表 3-12。

表 3-12　损失情况确认书

承保公司： 立案编号：		报案号：
被保险人：		出险时间：
保险单号：	出险地点：	
事故责任：		
保单归属车辆：	标的车	
厂牌型号：	号牌号码：	定损时间：
制造年份：	发动机号：	定损地点：
发动机型号：	变速器形式：	
车架号码（VIN）：		报价公司：
送修时间：	修复竣工时间：	
损失部位及程度概述：		
共计：　　　　　　换件项目共计　　项，修理项目　　项 换件项目合计金额：　（人民币）（￥：　元） 修理费合计金额：　（人民币）（￥：　元） 残值作价金额：　（人民币）（￥：　元） 总计金额：　（人民币）（￥：　元）		
保险合同当事人各方经协商，同意按本确认书及所附"修理项目清单"及"零部件更换项目清单"载明的修理及更换项目为确定本次事故损失范围的依据，并达成以下协议： 1. 本确认书所列修理费总计金额均已包含各项税费，其为保险公司认定的损失最高赔付金额，超过此金额部分，保险公司不予赔付。 2. 修理项目、修理工时费及修理材料费以所附"修理项目清单"为准。 3. 更换项目及换件工时费以所附"零部件更换项目清单"为准。 4. 更换项目需要报价的，本确认书只确认更换项目的数量，金额及换件工时费以所附"零部件更换项目清单"中的保险公司报价为准。		
保险公司（签章）： 　　年　　月　　日	修理厂（签章）： 　　年　　月　　日	被保险人（签章）： 　　年　　月　　日

（5）收据　如图 3-16 所示。

2. 车险理赔流程

① 报案受理。

② 现场查勘。

③ 定损核损。

④ 赔案理赔。

中国人民财产保险股份有限公司

保险赔款收据

被保险人：　　　　　　　　　　　赔案编号：

```
兹收到中国人民财产保险股份有限公司        第
号保险单（      险）于    年   月   日因      出险一
案之赔款计人民币（大写）
（¥        ），你公司对该出险案一切赔偿责任，业已终了，立此存据。
扣除预付赔款等                            本次实付赔款

            被保险人（签章）      代领人（签章）
            证件号码              证件号码
            填发日期       年    月    日
```

① 存根白　② 客户红

经（副）理　　　会计　　　复核　　　制单

图 3-16　保险赔款收据

⑤ 核赔。
⑥ 赔款支付。
⑦ 结案归档。

3. 理赔垫付方案

被保险人在使用被保险机动车过程中发生交通事故，致使受害人（不包括被保险机动车辆本车车上人员、被保险人）遭受人身伤亡或财产损失，依法应由被保险人承担的损害赔偿责任，保险人按照强制保险合同的约定对每次事故在分项赔偿限额内负责赔偿。

任务三　运营车辆维保管理（初级、中级）

任务描述

承租车辆返还公司后，需要对车辆进行整备，请按规定及要求在下次租车前完成车辆整备工作，就租车期间产生的车辆问题一并更新至车辆技术档案，并就车辆常见统一性故障问题制作技术通告。

任务目标

1. 能够建立及维护车辆技术档案。
2. 能够对已满租赁周期的车辆完成整备工作。
3. 能够检测与维修车辆常见故障，定期按照规定完成车辆维护。
4. 能够组织维修团队运营车辆维修技术培训。
5. 能够发布通用性运营车辆技术通告。
6. 能够制订技术服务支持站点管理制度，建立良好的合作关系。

相关知识

一、车辆维保制度管理

自网约车业务兴起后,市场分为 B2C 重资产和 C2C 轻资产两种运营模式。C2C 轻资产平台下的车辆由加盟驾驶员自行对车辆进行维保。而采取 B2C 重资产运营模式的网约车平台,其所有车辆都由平台统一采购和管理,维保费用由公司承担,驾驶员需配合公司定点维保。如曹操专车的"星月服务",如图 3-17 所示。

汽车租赁公司的车辆属于企业固定资产,故对车辆的养护有专门的管理制度,见表 3-13。

二、运营车辆维护保养

1. 车辆维保的目的

1)使车辆经常处于良好的技术状况,随时可以出车。

2)在合理使用的条件下,不致因中途损坏而停车以及因机件事故影响行车安全。

3)在运行过程中,降低燃料、机油以及配件和轮胎的消耗。

图 3-17 曹操专车"星月服务"

表 3-13 车辆养护管理制度

制度名称	车辆养护管理制度	制度编号	
执行部门		发布日期	

1. 目的
为了加强对车辆养护的管理,提高车辆的使用年限,特制订本制度。
2. 适用范围
本制度适用于公司所有的车辆养护管理。
3. 管理规定
3.1 每日例行养护
3.1.1 检查外观从左前门起,看看全车漆面有无新的划伤;玻璃状态、后视镜、前后车灯的状况等。
3.1.2 目视四个轮胎的胎压情况。如某一轮胎胎压低,应及时补充并查明原因。
3.1.3 目视车下的地面上是否有油、水迹。一旦发现有,应查明原因,修复后再行驶。
3.1.4 进入驾驶舱,起动发动机着车后,观察仪表盘上指示灯的工作情况,有无警告灯闪烁或常亮。
3.1.5 检查刮水片是否正常。
3.1.6 检查转向信号灯工作是否正常。
3.1.7 在起动过程中和着车后,检查发动机是否有异常声音。
3.1.8 检查空调是否制冷、有无异常声音。
3.1.9 检查车内、外卫生,是否干净,有无异味。
3.1.10 行进检查,行车前,应先踩几下制动踏板,感觉制动踏板高度是否正常。

（续）

> 3.1.11 检验员做好详细的检查记录，向值班领导汇报汽车技术状况，根据情况提出报修项目。
> 3.1.12 及时排除异常情况。
> 3.2 每周例行养护
> 3.2.1 检查机油油面的高度。检查的条件：发动机冷却液温度需要达到 80℃以上，使发动机不运转，车辆处于水平位置，等待 3~5min 后，拔出油尺，用干净的针织布或棉丝将其擦拭干净后，再将油尺插到底，然后拔出油尺检查其油面的位置。
> 3.2.2 检查其他各种液面的高度，发现问题，应及时解决。
> 3.2.3 检查备胎的气压情况，标准气压值见油箱盖处。一般情况下，轿车的轮胎气压 2.3~2.5bar，备胎为 2.5~2.9bar（1bar=10^5Pa）。
> 3.2.4 检查全车外部的灯光情况，特别是后部制动灯，如有灯泡不亮，应及时更换。
> 3.2.5 以上养护必须每周检查一次。
> 3.2.6 检查员做好详细的检查记录，向值班领导汇报汽车技术状况，根据情况提出报修项目。
> 3.2.7 以上养护必须每周检查一次。
> 3.3 每月例行养护
> 经过一个月的行驶，在每周的检查基础上，需要增加以下几方面的检查。
> 3.3.1 传动带的检查，看有无裂纹、松紧，如出现裂纹应及时更换。
> 3.3.2 发动机的密封性，主要检查发动机表面有无渗漏现象。
> 3.3.3 目视散热器与冷凝器间是否有脏物堵塞。特别在夏季，如果其间隙中有脏物，将会影响到空调的制冷效果，需要用压缩空气进行清理。
> 3.3.4 检查刮水器片的清洁程度和喷嘴的方向位置。在操作清理前风窗玻璃时，发现刮水片刮不干净时，需尽快更换刮水片。
> 3.3.5 检查所有轮胎的气压，包括备胎。
> 3.3.6 检查轮胎的花纹深度及磨损情况。轮胎花纹的磨损极限深度为 1.6mm，轮胎胎面应磨损均匀，如出现偏磨或者磨损异常，需到维修站进行检查和调整，若磨损严重，需要更换轮胎。
> 3.3.7 检查蓄电池桩头表面是否有腐蚀物，如有白色或绿色污染物，用热水冲洗即可，避免用硬物或拆下桩头进行清洁。
> 3.3.8 检查员做好详细的检查记录，向值班领导汇报汽车技术状况，根据情况提出报修项目。
> 3.3.9 及时排除、修正异常情况。
> 3.4 强制养护
> 3.4.1 养护空气滤清器。每行驶 3000km 要进行空气滤清器的养护，拆开空气滤清器罩的盖子，取出滤芯查看，如脏得不严重，用一根小棍轻轻敲敲滤芯，掸去污垢即可，如脏得很严重，要换新的滤芯。
> 3.4.2 更换机油。每行驶 5000km 要更换机油。
> 3.4.3 四轮定位。当车辆行驶时出现转向发沉、发抖、跑偏、不正、不归位、漂浮、颠簸、摇摆或轮胎单边磨损、波状磨损、块状磨损、偏磨等不正常的现象时，就必须进行四轮定位。
> 3.4.4 摩擦片更换。车辆行驶 2~3 年，要更换新的摩擦片。
> 3.4.5 更换燃油泵。车辆行驶 2~3 年，要清洗或更换燃油泵。
> 3.4.6 正时带更换。车辆行驶 7 万 ~10 万 km，要更换正时带。
> 3.4.7 其他。车辆行驶 4 年后，车内的各种橡胶管老化、硬化、漏机油、漏水的问题就会出现，要及时更换这些橡胶管。5 年左右，车辆的散热器被化学物腐蚀，如果散热器漏水，要及时更换。

4）各部总成的技术状况尽量保持均衡，以延长汽车大修间隔里程。

5）减少车辆噪声和排放污染物对环境的污染。

2. 车辆维护的分类

① 日常维护。

② 一级维护。

③ 二级维护。

3. 车辆技术档案管理

公司车辆技术档案的格式应按交通主管部门要求的格式建立。车辆技术档案的主要内容包括车辆基本情况和主要性能、运行使用情况、主要部件更换情况、检测和维修记录以及事故处理记录等。

（1）车辆技术档案　见表 3-14~ 表 3-23。

表 3-14　车辆技术档案封页

车辆技术方案

编号：＿＿＿＿＿＿

车牌号码：＿＿＿＿＿＿＿＿

车辆类型：＿＿＿＿＿＿＿＿

车辆型号：＿＿＿＿＿＿＿＿

建档日期：＿＿＿＿＿＿＿＿

表 3-15　车辆基本情况登记表

车辆号牌信息	车牌号码	颜色	注册（变更）日期	
车牌号码				粘贴初次或变更《道路运输证》时，车辆正面偏右侧45°角的3寸彩色照片
牌号变更1				
牌号变更2				
牌号变更3				
业户信息	初次登记（日期）	名称变更1（日期）	名称变更2（日期）	名称变更3（日期）
车主名称				
经营许可证号				
经营类型				
业户信息	初次登记（日期）	名称变更1（日期）	名称变更2（日期）	名称变更3（日期）
经营组织方式				
资质等级				
经营范围				
道路运输证号				
经营线路				
运力来源				
二级维护周期				

表 3-16　车辆技术参数表

车辆类型		厂牌型号		出厂日期/产地		☐国产　☐进口
VIN（或车架号）		底盘厂牌型号		客车类型等级		
车辆外廓尺寸	长：　宽：　高：	总质量		座/铺位排列		☐2+2　☐2+1 ☐1+1+1　☐1+1
核定载质量/乘员数		核定牵引总质量	kg	车轴数/驱动轴数		/
发动机厂牌型号		发动机号码		燃料种类		
发动机功率	kW	发动机排量	L	排放标准		☐国V　☐国Ⅵ
驱动形式		轮胎数/规格		前照灯制式		
变速器形式	☐自动　☐手动 ☐手自动一体化	缓速器	☐电磁式 ☐液力式	转向器		☐动力转向 ☐非动力转向
行车制动形式	☐气　☐液　☐气—液　☐前轮：气囊/片板簧　☐后轮：盘式　鼓式　防抱死装置　蹄片间隙自调　单/双回路					
悬架形式	前轮：☐独立　☐非独立　☐气囊　☐片板簧　后轮：☐独立　☐非独立　☐气囊　☐片板簧					
其他配置	☐底盘自动润滑　☐GPS　☐行车记录仪					

说明：请填写或选择车辆技术各参数中有关内容，符合的请在选择项前以"√"表示。

表 3-17　车辆维修登记表

维修日期	维修类别	小修/二级维护　主要附加作业内容/大修/总成修理内容	维修单位	登记人签名

说明：1. 车辆维修类别栏应填小修、一级维护、二级维护、大修或总成修理。
　　　2. 主要部件是指客车车身、货车驾驶舱和货厢、发动机、离合器、变速器、传动轴、前后桥、转向器、车架等部件。

表 3-18　车辆主要总成部件更换登记表

更换日期	更换主要部件的名称、型号（规格）及厂名	维修单位	登记人签名

表 3-19　车辆等级评定登记表

检测评定日期	行驶里程记录	其他检测/二级维护竣工质量检测	车辆技术等级	客车类型及等级	检测评定单位	登记人签名

表 3-20　车辆变更登记表

变更日期	变更原因	变更事项	登记人签名

说明：本表适用于除车主名称、道路运输证号和车牌号码以外的变更事项的登记。

表 3-21　车辆使用记录

时间	行驶里程/km	间隔里程/km	燃油消耗/L	燃油与定额比（L/百公里）			使用单位	驾驶员姓名
				定额	余	亏		

表 3-22　车辆交通事故登记表

事故发生日期	事故发生地点	事故性质	事故责任	事故种类及车辆损坏情况	企业直接经济损失/元	登记人

注：1. 事故性质是指特大事故、重大事故、一般事故或轻微事故。
　　2. 事故责任是指全部责任、主要责任、同等责任、次要责任或无责任。

表 3-23　车辆驾驶员登记表

序号	1	2	3	4	5	6
姓名						
身份证号						
驾驶证准驾类型						
驾驶证号						
从业资格证号						
从业证类别						
入职时间						
离职时间						
安全行驶里程						
违章记录						
事故记录						
其他投诉						

注：每变更一次填写一次，并将身份证、驾驶证、从业资格证复印件附后。

(2) 车辆技术状况等级的划分

1) 一级，完好车。新车行驶到第一次定额大修间隔里程的 2/3 和第二次定额大修间隔里程的 2/3 以前，各主要总成的基础件和主要零部件坚固可靠，技术性能良好；发动机运转稳定，无异响，动力性能良好，燃料和机油消耗不超过定额指标，废气排放、噪声符合国家标准；各项装备齐全、完好，在运行中无任何保留条件。

2) 二级，基本车。车辆主要技术性能和状况或行驶里程低于完好车的要求，但能随时参加营运。

3) 三级，需修车。送大修前最后一次二级维护后的车辆和正在大修或待更新尚在行驶的车辆。

4) 四级，停驶车。预计在短期内不能修复或无修复价值的车辆。

4. 车辆整备

(1) 车辆整备标准 车辆整备的基本内容是：全面检查车辆技术状况，进行必要的调试、紧定、润滑、清洁；补充发动机燃油、机油、冷却液和其他油液；清点和备齐随车附件、工具、行车牌证，使车辆恢复完好的待运状态。

车辆整备后应符合以下要求：

1) 技术状况良好，发动机、底盘运转稳定、正常、无异响。制动、转向、离合、变速各系统操纵灵敏，工作可靠。发动机机油、冷却液和蓄电池电解液加注量符合规定，通气阀畅通。车架、车身、悬架、轮毂和各传动杆完好无损，紧固部位紧定可靠，油脂润滑部位润滑充分。各部管路畅通，密封良好，无漏水、漏油、漏气现象。电路连接正确可靠，灯光、仪表、扬声器、信号装置及其他电气设备齐全完好。轮胎完好，气压正常。

2) 外观内饰完好整洁。车辆外观无明显损伤、缺陷和污物；车辆原配设施齐全完好，附加设施装配完好；车辆整洁，无异味、无污渍，进行过消毒处理；行李舱内物件有序就位，无杂物、无易燃易爆等危险品；发动机舱清洁，无明显油腻和污物。

3) 随车物件配备齐全。随车工具、备胎、灭火器、故障警示牌、防盗装置等附属物件齐备、完好；行车牌证、检验标志、服务监督卡齐全；车辆最少燃油量不低于 10L。

(2) 汽车租赁公司待租车辆标准 见表 3-24。

表 3-24 待租车辆标准

序号	类别	说明
1	一格	待租车辆必须保持有一格以上的油量
2	二准	准时、准确地把车送到客户手上
3	三齐	1) 证件齐。待租车所有证件要齐全有效（行驶证、购置证和营运证等） 2) 备件齐。待租车所有备件要齐全、完好（备胎、轮胎套筒、千斤顶和防盗锁等） 3) 照明灯光齐：前照灯、转向灯、制动灯、防雾灯和应急灯等
4	四无	1) 无故障。待租车机械性能、操作系统没有故障存在 2) 无残缺。待租车外表、车内、车门没有损坏、脱落等现象 3) 无划痕。待租车外观没有明显划印痕迹 4) 无异味。待租车车厢内没有其他难闻的气味

（续）

序号	类别	说明
5	五清	1）车身清洁：待租车外观清洁明亮（前后风窗玻璃、左右倒车镜、左右车门、轮胎、轮毂干净） 2）车厢内部清洁：待租车座椅、靠背、脚垫、扶手、安全带、行李舱清洁干净 3）发动机清洁：待租车发动机外表必须清洁干净 4）仪表盘清洁明亮：待租车仪表盘必须清洁、明亮、没有灰尘 5）随车工具及备胎清洁：待租的随车工具、备胎清洁、干净、没有油污

三、车辆维保团队建设与管理

1. 汽车维修质量检验制度

（1）进厂检验　维修车辆进厂后，检验员应记录驾驶员对车况的反映和报修项目，查阅车辆技术档案，了解车辆技术状况，检查车辆整车装备情况，然后按照《汽车维护、检测、诊断技术规范》（GB/T 18344—2016）的要求择项进行维修前的检测，确定附加作业项目，并把检验、检测的结果填写在检验签证单上，未经检验签证的车辆，作业人员应拒绝作业。

（2）过程检验　在维修作业的全过程中，都要进行过程检验。过程检验实行维修工自检、班组内部互检及厂检验员专检相结合的办法。

（3）竣工检验　竣工检验由检验员专职进行。必须严格按《汽车二级维护竣工出厂技术条件》逐项进行检验签证，必要时进行路试。竣工检验的结果应逐一填写在检验签证单上，未经竣工检验合格的车辆不得送检测站检测，不得出厂。

（4）检验标准

《汽车维护、检测、诊断技术规范》（GB/T 18344—2016）。

2. 汽车维修档案管理制度

1）汽车维修档案由业务部门负责收集、整理、保管。汽车大修、总成大修、汽车二级维护的维修档案一车一档，一档一袋，档案内容包括维修合同、检验签证单、竣工证存根、工时清单、材料清单等；汽车一级维护、小修的资料在维修登记本中保存。

2）维修档案应保持整齐、完整。一车一档装于档案袋中，不得混杂乱装。档案袋应有标识，以便检索。

3）档案放置应便于检索、查阅，同时防止污染、受潮、遗失。

4）车辆维修竣工后，检验员应在车辆技术档案中记载总成和重要零部件更换情况及重要维修数据。

5）单证入档后除工作人员外，一般人员不得随意查阅、更改、抽换。如确需更正，应经有关领导批准同意。

6）车辆维修档案保存期为2年。

3. 汽修人员技术培训管理

（1）上岗培训　由行业主管部门和学校联合主办，通过对本行业相关法律法规、职业道德、安全知识的教育，取得上岗资格证。

（2）**技术等级培训**　由行业主管部门联合劳动部门共同举办，包括汽车修理各工种的初级、中级、高级工培训，考核合格由劳动部门发技术等级证书。

（3）**技术专题培训**　针对某项新技术的培训或根据日常发现的疑难问题进行专题讲解。

（4）**特殊岗位培训**　企业内汽车维修技术、保养技师、服务顾问、整备技师等岗位的培训。

（5）**业务技术性培训**　针对某时期内的技术需要或缺失，自行组织培训。

除了以培训形式提升维修团队技术外，如遇到通用性技术问题，可发布技术通告，保证技术团队能够快速解决营运车辆的问题。

4. 汽车维保站点合作管理

网约车中，曹操专车隶属于吉利集团旗下，故其汽车维保站点为各地吉利4S店；而规模较大的汽车租赁公司如神州租车，由于其业务发展及整体需求，神州租车有自营的修理厂。而对于没有自营修理厂的汽车租赁公司可与维修站点合作，所签订的合作合同一般包含服务期限与内容、手续交接、费用核定、结算方式、双方责任权益等内容。汽车租赁公司与指定维修站点保持良好的合作关系可便于车辆管理、降低维修成本。

企业案例

汽车租赁服务中心车辆定点维修保养合作合同（节选）

第一章　基本情况

第一条　汽车租赁服务中心地址：×××。

第二条　车辆基本信息：现有车辆××辆。

第二章　服务期限和服务内容

第三条　合同期限从××年×月×日起至××年×月×日止。

第四条　服务内容

乙方提供车辆大修、中修、小修、各级维护、车辆年检和其他有关汽车维修的服务项目及交通事故车辆维修，全天24h应急服务。

第五条　送修手续

5.1 送修车辆时，甲方经办人填写"车辆委派保养维修单"（以下简称"派工单"）。派工单上应填写清楚送修车辆的品牌型号、车辆牌照号、累计行驶里程、维修项目，经甲方经办人签字后交乙方，乙方凭此单确认接修。

5.2 对甲方车辆乙方应以修复为主，确实不能修复或修复不经济的零部件，在征得甲方同意后方可更换。

第六条　竣工车辆交接手续

6.1 乙方维修车辆结束后，需填写"车辆维修结算单"（以下简称"结算清单"），认真填写车辆维修的具体部位和消耗的材料、部件、计价情况、工时费及质量保证期，交甲方经办人审核签字。此单多联复写备查。

6.2 甲方应仔细检查竣工车辆，如维修结果符合送修要求、维修费计算合理，甲方经办人应在"结算清单"上签字认可;如果修理结果不符合要求、维修费用计算不合理以及发现使用不符合要求的配件材料,甲方应要求乙方及时处理,若不能处理的以书面形式向乙方提出存在的问题,如乙方不能给予令人信服的答复,甲方可报请法定检验机构进行检验,费用由乙方承担。

6.3 修车更换下来的旧件应退还甲方。

6.4 乙方在向甲方交接竣工车辆时,应将"结算清单"联和维修竣工出厂合格证明一同交甲方。

第三章 费用核定及结算方式

第七条 维修费用核定

7.1 乙方应按照不超过《×××省汽车维修行业工时定额和收费标准》中规定的工时定额和收费标准优惠计算维修费。

7.2 维修费用应包括工时费、材料费和税金。

7.3 工时费包括小修、大修项目收取的标准工时费。

7.4 材料费即材料价格,在乙方开具的正式维修发票中须单独列出。

第八条 结算方式

8.1 本合同以固定单价方式结算,结算价=材料费+工时费。

8.2 每季度末支付本季度费用,支付前乙方应提供"车辆委派保养维修单""维修结算单",经甲方查验无误后,需开具有效的增值税普通发票,甲方收到发票后,15个工作日内支付本季度费用。

任务四　网约车资产采购与管理(中级、高级)

任务描述

近期公司根据发展计划需要采购一批车辆,同时部分车辆已到达运营年限,作为资产管理部负责人,请你完成公司计划的采购工作,并对在库车辆进行统计,更新并上报车辆状态,调配及调整区域车辆数量及车辆收费标准,协助财务部完成车辆变现处置。

任务目标

1. 能根据公司采购计划及采购预算,进行运营车辆采购、车辆配件及其他附件的询价采购工作。

2. 能根据公司在库车辆管理相关规定,进行在库车辆管理工作。

3. 能根据区域车辆使用情况,制订车辆调配计划,进行车辆网络调度工作。

4. 能根据公司经营目标,进行区域资产规划及控制工作。

5. 能根据公司经营数据的分析,进行资产调配及变现处置工作。

相关知识

一、车辆采购管理

1. 车辆采购原则及采购人员要求

（1）采购原则　要求采购的车辆、配件及其他附件适用经营需求，保质、保量，并实行质量三包——包修、包换、包退。除此之外，采购还应遵循以下原则：

1）积极合理的组织货源，坚持数量、质量、规格、型号、价格全面考虑的采购原则。

2）采购必须贯彻按质论价的政策，优质优价、不抬价、不压价，合理确定价格；坚持按需进货、以销定进；坚持"钱出去、货进来，钱货两清"的原则。

3）采购必须加强质量的监督和检查，防止假冒伪劣商品进入企业，流入市场。在收购工作中，不能只重数量而忽视质量，只强调工厂"三包"，而忽视产品质量的检查，对不符合质量标准的商品应拒绝收购。

4）采购必须有产品合格证及商标。实行生产认证制的产品，采购时必须附有生产许可证、产品技术标准和使用说明。

5）采购必须有完整的内、外包装。除车辆外，外包装必须有厂名、厂址、产品名称、规格型号、数量、出厂日期等标志。

6）要求供货单位按合同规定按时发货，以防应季不到或过季到货，造成缺货或积压。

（2）采购人员的岗位职责

1）负责编制采购计划。

2）负责按车型、品种的需求量积极组织订购优质、价格适宜的车辆、配件及其他附件，保证需求。

3）负责改善库存结构，积极处理库存超储积压车辆、配件及其他附件。

4）负责日常急需车辆、配件及其他附件的催调合同或组织临时进货，满足市场需求，并根据市场变化及库存结构情况，对订货合同进行调整。

5）认真搞好资金定额管理，在保证工作需要的前提下，最大限度地压缩资金占用，加速资金周转。

6）认真执行费用开支规定，在保证工作需要的前提下，努力节省进货费用。进货时，一方面要考虑适销对路，另一方面也要考虑运输路线、运费价格等。

7）经常主动地深入维修厂和仓库，了解车辆、配件及其他附件质量情况，走访并了解市场需求。

8）认真执行工商、税务、物价、计量等方面的法令、法规，遵守企业规章制度。

（3）采购人员的基本素质

1）要有一定的政策、法律知识水平和政治觉悟。

2）要具备必要的专业知识。

3）要善于进行市场调查和分类整理有关资料。

4）要有对市场进行正确预测的能力。

5）能编好进货计划。

6）能根据市场情况，及时修订订货合同。
7）要有一定的社交能力和择优能力。
8）要善于动脑筋，有吃苦耐劳的精神。

2. 车辆采购洽谈及采购

（1）**采购计划制订**　采购计划要符合网约车市场行情特点，反映后续工作操作要领和管理方法，以实现质量、进度、费用三大控制目标，依据公司整体发展战略及市场规划制订，决定在何时何地采购何种型号及数量的车辆。

（2）**采购需求收集**　各个区域网点根据自己网点本身的车辆流动速度、市场状况等因素，预估车辆采购需求并提报，经统计分析后，依照各区域网点购车需求及企业整体业务发展规划制订季度车辆采购申请。

（3）**采购申请报批**　车辆采购申请内容包括需求区域网点、需求车辆类型、需求车辆品牌、需求车辆配置、需求数量、测算依据及单车车辆盈利预测。其中，单车车辆盈利预测需综合考虑采购成本、保险成本、车辆折旧、维保成本及资金利息。

（4）**采购方式确定**　车辆采购一般分为招标、询价、比选、磋商、单一来源采购和竞买6种方式。

（5）**洽谈及合同签订**　采购洽谈也可称为采购谈判，它是指在合同签署前，对合同的结构、各方的权利和义务以及其他条款加以澄清，以便双方达成共识。最终的文件措辞应反映双方达成的全部一致意见。采购洽谈由采购团队中拥有合同签署职权的成员主导并且以签署买方和卖方均可执行的合同文件或其他正式协议结束。

二、在库车辆管理

在库车辆管理的核心目的是优化库存结构，保持合理的库存量；极大的配合车辆租用进度，保持合理的周转速度；尽可能降低资金压力，减少由此产生的财务成本。建立健全的库存管理制度，涉及车辆计划、车辆存放、车辆管理、看板管理等。

1. 在库车辆盘点管理

区域网点接收车辆后，应停放至签约停车场，停车场应分区编号管理，并绘制库位图；在图中标明车辆停放位置及车牌号，库位图随车辆移动而随时变更。在库车辆由公司指定专人负责钥匙保管，并对钥匙进行编号，根据钥匙编号查找车辆或根据车辆信息（车牌号或VIN）查找钥匙时长不得超过5min。确保用户能尽快使用车辆，提高运营效率。车辆需移动时，挪动车辆应不得超过两台，保持停车场车道畅通。车辆移动后更新"库存车辆移动管理台账"（表3-25），随时掌握车辆最新动态。

表3-25　库存车辆移动管理台账

序号	车牌号/VIN	取车时间	初始里程	取车人	用车事由	车辆行程	交回时间	结束里程	交回人签字

库位调整案例

1. 初始车辆库位见表3-26。

表3-26　初始车辆库位

京ABC123	京DA3578		（空位）	（空位）	
京AAC034	京CA9841		（空位）	京DA3518	
京MC0555	京ADA1288		过道		出口
京QT6734	京ADA0729	过道	（空位）	京ADA0128	
京MT1186	京LS5371		（空位）	（空位）	
京CM7788	京DB8111		（空位）	（空位）	停车场库位管理
京CC1210			（空位）	（空位）	
京ADD0091	（空位）		（空位）	（空位）	
（空位）	（空位）		（空位）	（空位）	

2. 车辆京MT1186出库后库位更新见表3-27。

表3-27　出库后车辆库位

京ABC123	京DA3578		（空位）	（空位）	
京AAC034	京CA9841		（空位）	京DA3518	
京MC0555	京ADA1288		过道		出口
京QT6734	京ADA0729	过道	（空位）	京ADA0128	
京LS5371	（空位）		（空位）	（空位）	
京CM7788	京DB8111		（空位）	（空位）	停车场库位管理
京CC1210	（空位）		（空位）	（空位）	
京ADD0091	（空位）		（空位）	（空位）	
（空位）	（空位）		（空位）	（空位）	

参照多数网约车运营企业规章制度，车辆需要定期进行区域网点盘点登记，按月汇总报送运营与财务部门。盘点人员包含区域网点相关人员及总公司授权的评估师，评估师主要负责对车辆实际状况进行评估审核，如车辆在经过事故后，车辆折损价值相对较高，需要重新评估折损后的车辆价值，不可用常规方式判断。具体事项如下：

（1）盘点目的　定期管理在库车辆营运状态，为财务及上级主管部门提供运营数据，规划运营策略。

（2）盘点方法　由企业相关人员与评估师共同进行盘点，若车辆已租出，评估人员通过抽查出租合同和"库存车辆移动管理台账"了解车状、抽查复印少数出租合同。盘点人员需携带相机，需要对盘点车辆进行拍照，现场人员需要操作（如开前机舱盖、起动车辆听声音等）时均由门店的人员操作，评估人员禁止操作汽车。现场人员只需盘点车辆状况、收集车辆状况调查表，评估作价由总公司统一进行。盘点表需要企业相关人员和评估人员共同签字。

（3）抽盘范围　由于网约车在一线城市的使用率远高于其他城市，故抽盘范围主要集中为一线城市，但原则上对每个城市的各区域网点均要盘点。

（4）盘点路线选择　城市配合盘点人与评估师应商议路线，确定路线的原则是距离最短、交通最优化、门店人员相对来说比较有空的优先。

（5）盘点总结汇报　盘点人员在盘点结束后总结盘点过程中的具体信息，包含盘点工作重点、盘点工作具体内容、盘点问题总结、盘点后资产管理工作改善措施或管理工作重点，在盘点后第一时间上报。

2. 在库车辆库龄管理

（1）在库车辆登记与变更　所有在库车辆入库后均需要登记车辆信息，明确车辆有效运营期限，记录车辆状态及使用情况。常用在库车辆登记数据见表 3-28。车辆登记后将所有车辆信息统一保存在电脑中，便于随时查找及修改。在库车辆信息发生变更后要及时修改对应信息，保持数据有效性。

表 3-28　在库车辆登记表

号牌号码	车辆类型	所有人	车辆识别代号
车辆品牌	车辆型号	注册登记日期	年检到期时间

（2）在库车辆流转运营　在库车辆停放时间过长，无法为企业带来相应利润，参照库龄管理表（表 3-29），针对 1 个月以上还没有租出记录并且无预订订单的车辆，应积极采取应对措施，分析具体原因，及时调整收费标准或上报优惠活动。相同品牌型号的车辆要保持先进先出的原则，防止呆滞车辆出现。

表 3-29　库龄管理表

品牌	车型	车牌号/VIN	入库日期	库龄预警/天	是否有订单

注：库龄预警以颜色区分，1~15 天为绿色，15~30 天为黄色，30 天以上为红色。

（3）报废车处理　根据国家《机动车强制报废标准规定》，到达报废年限的营运车辆需要进行报废处理。而按照燃油车的报废标准，作为营运性质的车来说，报废年限是 8 年，同理作为新能源营运车辆也是一样。根据新能源汽车的结构看，新能源汽车的"报废"和动力蓄电池有着直接关系。2018 年 2 月 26 日，工信部等部门联合印发《新能源汽车动力蓄电池回收利用管理暂行办法》，新能源汽车受限于动力蓄电池的使用寿命，汽车动力蓄电池的使用年限为 5~8 年，一旦超过这个时间，会出现动力蓄电池电量下降的状态。目前汽车企业针对新能源车辆动力蓄电池质保均为 8 年及以上，新能源车辆 8 年内最少发生一次动力蓄电池更换的概率较高,整体报废政策依旧参考非营运车辆。按照整车的报废来说,新能源汽车参考燃油车是在 60 万 km 左右报废。

1)报废流程。

① 申请报废更新的车辆所有人领填"机动车变更、过户、改装、停驶、报废审批申请表"一份,加盖车主印章,营运车辆车主为企业的,需要增填《授权委托书》,授权个人代理报废。

② 登记受理岗申请,对已达报废年限的车辆开具"汽车报废通知书"。对未达到报废年限的机动车,经机动车查验岗认定,符合汽车报废标准,核发"汽车报废通知单"。

③ 车主或代理人持通知书自行选择一家符合规定的回收企业将车辆送交解体。

④ 回收企业经查验通知书后将车辆解体并照相。解体时要求发动机与车辆分离,发动机的缸体应打破,车架(底盘)要割断。

⑤ 车主或代理人持变更表、×××省更新汽车技术鉴定表和报废汽车回收证明及车辆解体照片,经机动车查验岗核对并签字,回收牌证,按规定上报审批,办理报废登记。

2)延缓报废。如果机动车使用年限到了而车况仍然不错,可以让其继续"发挥余热"。经安全性能和尾气排放检测合格的车辆,根据国家规定的使用年限,可适当延长报废期限。

3)在库车辆档案更新与上报。在库车辆档案发生变更后,及时更新车辆信息,修改、注销在线管理平台车辆数据。及时有效地变更处理有助于运营效率的显著提升。

3. 在库车辆品质管理

车辆品质管理的重点是检查、维护、清洁及安全预防。

(1)车辆检查 车辆入库、出库、移库前,首先对车辆进行 PDI 检查,确保运营车辆品质。重点检查车辆存放期间可能引发的车身刮蹭、油漆划伤、轮胎轮辋标识划伤、内饰划伤、生锈、脏污及随车附件资料是否齐全,并填写"PDI 检查记录表",见表 3-30。对检查中发现的问题,明确责任人,及时记录处理。

表 3-30 车辆 PDI 检查记录表

车牌号码	VIN	发动机/电机号	检查人	检查日期

序号	检查项目	车辆状态
1	发动机号、底盘号、车辆标牌是否清晰,是否与合格证号码相符	
2	发动机号、底盘号、车辆标牌是否符合交通管理部门规定	
3	核对随车文件是否齐全	
4	目视检查发动机舱内的部件有无渗漏及损伤	
5	检查发动机机油油位,必要时添加机油,注意机油规格	
6	检查冷却液液位(液位应达 MAX 标记)	
7	检查制动液液位(液位应达 MAX 标记)	
8	检查蓄电池状态、电压、电极卡夹是否坚固	
9	检查前桥、主传动轴、转向系统及万向节防尘套有无漏油或损伤	

（续）

序号	检查项目	车辆状态
10	检查制动液储液罐及软管有无渗漏或损伤	
11	检查车底板有无损伤	
12	检查轮胎及轮辋状态，将轮胎充气压力（包括备胎）调到规定值	
13	检查车轮螺栓及自锁螺母拧紧力矩	
14	检查底盘各可见螺栓拧紧力矩	
15	检查风窗及车窗玻璃是否清洁完好	
16	检查内饰各部件及行李舱是否清洁完好	
17	检查座椅调整及后座椅折叠功能和安全带功能	
18	检查所有电器、开关、指示器、操纵件及车钥匙的功能	
19	检查刮水器及清洗功能，必要时加注清洗液（零件号：×××）	
20	检查车内照明灯、警报/指示灯、喇叭及前照灯调整功能	
21	检查电动车窗升降器、中央门锁及后视镜调整功能	
22	检查收音机功能	
23	检查空调功能	
24	查询各电控单元故障存储	
25	检查钥匙、随车文件、工具及三角警示牌是否齐全	
26	检查车轮罩、点烟器、顶篷天线及脚垫	
27	读取OBD数据	
28	试车：检查发动机、变速器、制动系统、转向系统、悬架等功能	
29	（新能源汽车）动力蓄电池系统外观检查	
30	（新能源汽车）动力蓄电池系统综合性能检查	

（2）**车辆维护** 在库车辆日常维护包含辅助蓄电池日常维护、动力蓄电池维护和其他维护。

1）辅助蓄电池日常维护：车辆入库后，由专人检查辅助蓄电池，若电压低于12V必须充电至12.5V以上，充电后，确保辅助蓄电池负极处于断开状态。断开后每个月检查一次电压，若电压低于12V需立即充电至12.5V以上。

2）动力蓄电池的维护：车辆在库停放，应保证车辆动力蓄电池的SOC（剩余电量）大于50%，当SOC小于50%时，应尽快进行补充电（慢充）。存放超过6个月，应将车辆做一次充放电循环，将车辆充满电（SOC100%），再正常行驶，当SOC为50%~80%后方可继续停放。

3）其他维护。

① 对于停放车辆需要定期检查胎压，确保胎压符合标准值。

② 停放超过3个月时，应每月转动一下轮胎，调换轮胎触地点，防止轮胎变形。

③ 夏季停放超过1个月的，应拆下刮水片另行存放，车辆交付使用时再装回。

④ 及时清理地面杂草，保障杂草高度不超过 5cm。
⑤ 车辆储存场地应地势较高且排水通畅，以防止积水而导致泡车。
⑥ 所有车辆钥匙需由专人管理，不可将车钥匙放置于车内（车内温度高容易导致钥匙损坏）。

（3）车辆清洁　车辆在库停放及日常使用过程中，由于日晒雨淋、风吹沙击以及高温、严寒、强光、酸雨等恶劣环境影响，使车身漆面和零部件表面受到侵蚀，沾染污垢，严重地影响汽车装饰效果和使用寿命。外观和内饰的洁净可给用户带来更好的体验，提升平台整体使用满意度。为提高汽车使用寿命，保持汽车清洁靓丽、车容整洁和良好的车况，必须及时对汽车进行清洁养护。

车辆清洁养护由专人负责，车辆入库前清洗外观及内饰，为下一次使用奠定良好的基础。车辆在库未被使用时，应一周清洗一次外观，保持外观洁净，延长漆面使用寿命。车辆租赁出库交车前，再次进行外观清洁，内饰消毒处理，以良好的车辆状态交付用户。

（4）车辆安全预防　气候环境是在库车辆停放风险最大的影响因素，关注当地气象预报，如遇台风、冰雹等恶劣气候，应提前对库存车辆采取保护措施，以免造成车损。车辆尽量选择室内停车场或带顶棚的停车场停放，防止因气候环境影响车辆安全。当无法选择，只能在露天停车场停放车辆时，应做好应急处置。

三、车辆网络调度

车辆网络调度是指制订区域网点车辆投放类型及数量，使车辆在满足一定的约束条件下，有序地通过一系列运输方式，设定诸如路程最短、费用最小、耗时最少等目标到达目的地。

1. 网点车辆调配原则

（1）利润优先原则　客户对网点的选择取决于该网点是否有客户需求以及附近是否有类似功能的网点，若某一网点客户需求量小，且附近有其他租赁网点分流，很可能不会被选择。若要尽可能放大利润，此时车辆需要调配至其他区域网点，促使利润最大化。任意一个时间段，车辆只能处于租赁、调度或等待状态，调度需要决策的在运营期间如何安排车辆，每个时刻车辆应该处于何种状态，使得企业运营利润最大。

企业面对客户的租赁请求，会基于利润优先的原则决定是否要满足客户需求，并对车辆进行安排和调度。假设企业对于网点车辆具有完全控制权，在网点有可用车辆的情况下，企业仍然有可能拒绝客户的出行请求。例如，当某一网点有可用车辆时，此时有客户请求租赁车辆，但是企业拒绝该客户，并将车辆调度到其他网点以满足其他行程需求。因为将车辆调度到其他网点，可能带来更多收益。利润优先原则下企业车辆安排和调度的决策过程如图 3-18 所示。

（2）客户优先原则　客户优先原则与利润优先原则不同的地方是，客户优先原则要求"有车必服务"，即任何时候需要优先考虑客户需求，然后再对车辆进行安排和调度。客户优先原则下企业的决策过程如图 3-19 所示。在已知客户请求前提下，企业首先判断网点是否有可用车辆，若有必须接受客户请求，若没有才能拒绝客户请求；当满足客户请求后，企业再次判断网点是否有剩余车辆，并进行安排和调度。

两种服务原则本质上是企业面对客户的不同运营策略，运营策略会影响车辆安排和调度方案，从而影响企业运营收益。因此合理的服务原则也是企业运营时需要关注的。

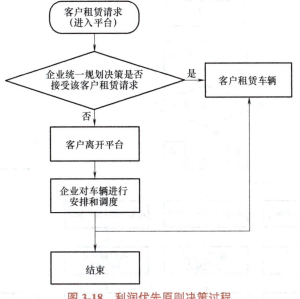

图 3-18 利润优先原则决策过程

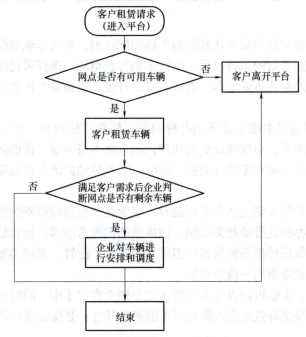

图 3-19 客户优先原则决策过程

2. 网点车辆调配

根据综合分析，客户优先原则下的企业调度，可以有效缓解平台车辆分布不均衡，提高车辆租赁频率，从而增加企业盈利，是使企业可持续发展相对最有效的调度方案。在客户优先原则下企业的决策过程更加复杂，需要根据网点可用车辆和客户需求数量的对比，来判断目前网点车辆是否可以满足客户需求，然后再根据不同情况做出不同的车辆安排和调度方案，如图 3-20 所示。

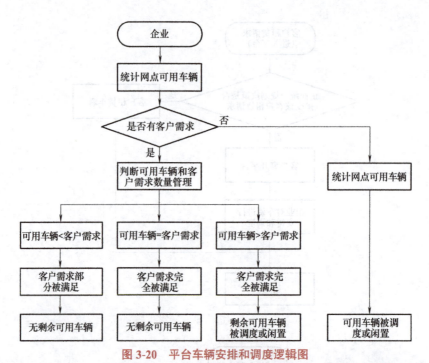

图 3-20　平台车辆安排和调度逻辑图

调度工作要根据客户订单要求认真编制车辆调配计划，符合车辆调配要求时，以运营计划为依据，监督和检查计划的执行过程，统计车辆行驶里程，选择最优路线，合理地安排车辆的运行路线，有效地降低运输成本，确保大修、报废、更新等工作的顺利进行。

3. 临时用车调度

客户在车辆使用过程中难免会遇到各种问题，根据责任划分，驾驶员导致的事故或因操作失误导致的故障问题，由驾驶员负责处理；因车辆本身质量、性能问题，诸如无明显征兆、不能预测的突发性故障和零部件磨损、疲劳、变形导致的渐发性故障，由运营平台直接处理。

针对因自身故障导致车辆无法安全行驶时，应为客户更换同级别的替换车辆或免费升级替换车辆。通常解决办法是替换相关车辆，替换原则优先考虑客户所在地，调配最近网点的可用车辆，其次需要保证替换车辆与客户租用车辆车型、配置、车辆类型等一致或相似，无同级别可替换车辆优先考虑高一级别车辆。

调度任务安排后，由临近网点专人负责运送车辆至客户手中，同时交接问题车辆，进行问题车辆转移工作。快速有效地完成临时用车的调度任务，是保证客户满意度的关键。

四、区域资产规划及控制

1. 网约车城市网点布局规划

（1）布局规划原则

1）符合汽车租赁企业整体发展战略原则。汽车租赁企业发展战略可分为进攻型战略、防御型战略和紧缩型战略。为了建立新的或更强的市场地位，创造新的竞争优势，网约车运营企业一般会采取进攻型战略；而当网约车运营企业为了巩固现有地位、保持现有的竞争优势、降低被攻击的风险,使挑战者转向攻击其他对手时,一般采取防御型战略;在网约车运营企业即将退出或遇到重大调整时往往采取紧缩型战略。

2)实现汽车租赁企业效益最大化原则。网约车运营企业效益主要取决于市场容量,即需求能力的大小。从空间分布来看,发达区域的市场容量最大,如珠三角、长三角、京津冀地区,网约车运营企业可能获得的收入也越高,在同一区域内会有不同的核心地带。在同一个区域内部也呈现出由核心地带向外逐级递减的规律。因此,网约车城市网点布局的基本规律是,先从业务量需求较大的核心地区逐步向外扩散进行布局。

3)与自身竞争能力相适应原则。面对开放的网约车市场,参与者的数量、规模、经营实力都在不断增强。网约车城市网点布局是企业发展中十分重要的决策,在网点布局前,应充分考虑网约车运营企业竞争实力,针对不同的竞争对手采取不同的策略。相对实力较强的,可主动出击,选择与竞争对手相邻的区位开展业务;相对实力弱的,可避其锋芒,从边缘城市入手。

4)统筹考虑备选区域整体发展环境原则。在进行网约车城市网点布局时,要将网络布局方案置于备选区域特定的经济社会环境背景下加以考察,充分考虑当地及周边地区的人口数量和结构、消费水平和发展趋势、市场环境和现有网约车城市网点布局及规模、城市定位和城市文化、旅游景点和交通条件等因素,统筹规划,综合考虑,科学合理地规划网约车城市网点布局。

5)紧跟备选区域整体发展规划原则。网约车城市网点布局必须要选择经济发达、市场容量大、金融秩序好、业务发展有潜力的区域,作为网点布局的重点地区。同时,要积极跟上区域发展规划的步伐,富有前瞻性。要在符合城市整体规划的战略上做好网约车城市网点布局,按照城市经济走势和布局建设综合性、多功能、竞争力强的运营区域。

(2) 布局规划探究 网约车城市网点布局规划可通过建立决策参考指标体系,拟定备选城市在同一尺度下进行评价,计算各城市综合得分,综合得分代表每个城市发展的潜力,得分高者为最佳方案。确定流程如图3-21所示。

1)建立评价指标体系。网约车城市网点布局受网约车需求和行业竞争因素影响,以城市统计数据为基础,可建立以下评价指标体系:

① 社会经济发展水平:包括国内生产总值、居民消费水平、人口数量和城镇化率四项指标。国内生产总值、居民消费水平和城镇化率越高,网约车需求越大,人口数量决定了网约车需求潜力的大小。

② 交通运输发展水平:包括路网长度、路网密度、旅客运输量、枢纽规模及数量、机动车保有量5项指标。路网长度和路网密度从一定程度上反映了当地道路交通的发展情况,道路交通发展越好的地区越有利于网约车发展。旅客运输量和枢纽数量及规模代表了当地交通量和交通交往的强度,旅客运输量和枢纽数量及规模越大网约车需求潜力越大。机动车保有量代表了当地的道路交通发展水平和消费能力,机动车保有量越高网约车发展环境越好。

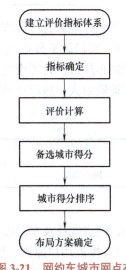

图3-21 网约车城市网点布局方法基本思路

③ 相关行业发展水平：包括旅游总人数、酒店宾馆数量和规模、驾驶员数量 3 项指标，宾馆数量和规模可用住宿餐饮业的营业额来表示。

④ 网约车市场发展水平。用单位免租租车资源和人均租车资源进行综合评判。

⑤ 行业管理与政策：包括网约车行业发展政策、机动车发展政策两项指标，机动车发展政策包含公务车改革政策、社会车辆购买政策等。

2）指标值的确定。评价指标主要使用定性指标，指标值可按照指标分级采用两股估算值，通过打分方法得出定性指标的指标值。指标值分级和对应的指标关系见表 3-31。

表 3-31 评价指标分级

等级	好	较好	一般	较差	差
评分	10.0~8.1	8.0~6.1	6.0~4.1	4.0~2.1	2.0~0

3）评价计算，对应 5 项指标，根据城市具体情况进行打分，模拟样例见表 3-32。

表 3-32 城市评价打分表模拟数据

指标	北京	上海	广州
社会经济发展水平（A）	8.2	9.9	7.3
交通运输发展水平（B）	9.8	6.0	4.6
相关行业发展水平（C）	9.3	8.2	3.7
网约车市场发展水平（D）	8.5	9.3	7.1
行业管理与政策（E）	10.0	10.0	7.7

网点布局评分计算方法为：网点布局得分 = $(A \times B \times C \times D \times E) \div 10^5$。

4）布局结果分析及评价：网点布局评价模拟数据见表 3-33。3 座城市中，进行汽车租赁网络布局最优先考虑的城市为北京，其次为上海，最后是广州。这一结果体现了北京地区旅客运输量大，旅游业最发达，机动车驾驶员数量与机动车保有量差额最大的特点。

表 3-33 网点布局评价模拟数据

指标	北京	上海	广州
网点布局	0.64	0.45	0.07

（3）城市区域网点选址及车辆投放数量规划 城市区域网点选址方式与城市布局规划类似，网点选择及车辆投放数量规划要坚持以下原则：

1）接近用户原则。网约车网点由于主要为客户提供面对面服务，满足一定区域内的汽车服务需求，因此网点的选址应接近用户，从而保障业务一旦开展后能最大限度地为客户提供更加方便快捷的服务，这样才能最大限度地吸引网约车需求者到网点办理业务。

2）交通便利的原则。为方便用户到达和车辆进出，网约车运营网点所在地应有便捷的道路交通条件，虽然不一定要位居闹市区，但应力求交通便利，最好能与城市主干路相邻。

3）数量适宜原则。网约车运营场地租赁费用在整个运营成本中占有很大的比重，因此，在选址中,一定要注意经济适用,网点的数量不宜过多,要避免建设过多网点造成的经营成本上升。

4)供需平衡原则。网约车运营网点选址的最佳情况就是规划区域内所有汽车租赁网点的服务能力恰好能满足该区域内的网约车业务的需求量。可用车辆数量以略大于客户需求量为最佳,其中,位于车站、商业中心、旅游景区的网点投放数量较大,其他网点以便捷为主,通过车辆调度实时调整。

2. 经营目标管理

经营目标管理是企业为了实现自身的任务与目的,根据企业所处的环境,从全局出发,在一定时期内,为企业组织各层面从上至下制订切实可行的目标,并且企业各层级人员必须在规定时间内完成的一种管理方法。目标管理主要分为确定目标、目标分解、目标实施、目标考核和目标反馈,具体见表3-34。

表3-34 目标管理步骤说明

步骤	内容说明
确定目标	确定目标包括制订企业的总目标、部门目标和岗位目标,同时要制订完成目标的标准以及达到目标的方法和完成这些目标所需要的条件等多方面内容
目标分解	在各部门、各岗位目标确定后,就可建立企业的目标体系。建立企业的目标体系是为了通过目标体系把各部门的目标信息显示出来,就像看地图一样,任何人一看目标体系图就知道工作目标是什么,遇到问题时需要哪个部门来支持
目标实施	要经常检查和控制目标的制订情况和完成情况,看看在实施过程中有没有出现偏差
目标考核	对目标按照制订的标准进行考核,目标完成的结果可与员工的升迁和薪酬等挂钩
目标反馈	在进行目标实施控制的过程中,会出现一些不可预测的问题,因此在实行考核时,要根据实际情况对目标进行调整和反馈

(1)**目标体系制订流程** 制订出的企业的目标体系包括企业的总目标、部门分解目标和岗位目标。目标体系制订的具体流程如图3-22所示。

(2)**目标体系图** 是目标管理的重要工具,它把总目标同下级各部门目标和岗位目标的关系用组织图的形式表现出来,具体的目标体系图如图3-23所示。

图3-22 目标体系制订流程图

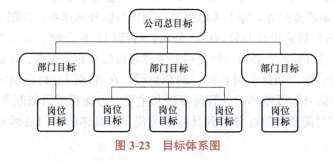

图3-23 目标体系图

> **实操案例**
>
> 如某企业根据其经营战略目标，制订出年度整体经营管理目标，其中一项是降低费用10%，即节省_____万元的支出。针对降低费用10%的这一项目标，绘制出的目标体系图如图3-24所示。
>
>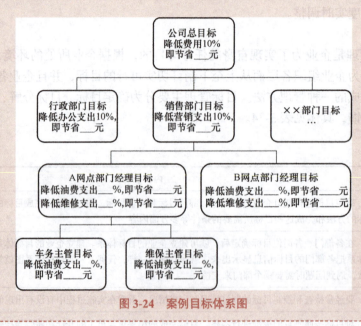
>
> 图3-24 案例目标体系图

(3) 目标分解

1) 目标分解体系设计。当企业确定经营目标后，必须对其进行有效的分解，转变成部门及个人的目标，管理者依据分目标的完成情况对下属进行考核，这样才能确保目标的顺利完成。

目标分解就是将总体目标在纵向和横向分解到各部门、各岗位，以至具体到个人，从而形成目标体系的过程。目标分解是明确目标责任的前提，是使总体目标得以实现的基础，公司通过目标分解，可形成整个公司的目标体系。

2) 公司目标分解体系设计与分解图。公司目标是指引公司航向的灯塔，是激励员工不断前行的精神动力，最主要还是公司发展的终极方向。为了确保公司最终目标能够完成，公司需要对目标进行分解。由于公司目标分解不仅仅关系着高层管理者，也关系着公司组织结构中每一个职能部门、每一个服务产品。目标分解时还要考虑分解周期，是否为经济性目标，是否需要考虑地理范围等。综上考虑因素，制作目标分解体系，如图3-25所示。

3) 部门目标分解体系设计与分解图。公司进行部门目标分解，首先需要确定各部门的总目标，确定部门总目标首先必须明确公司总的战略目标和业务重点，在此基础上，从组织最高层向各个部门分解，如此得到各部门的总目标。在各部门总目标确定后，再进行部门目标分解，部门目标分解可按部门的管理事项和主要业务流程或可依照平衡计分卡BSC的维度进行分解，同时需要将目标分解到具体的岗位上。具体的部门目标分解体系如图3-26所示。

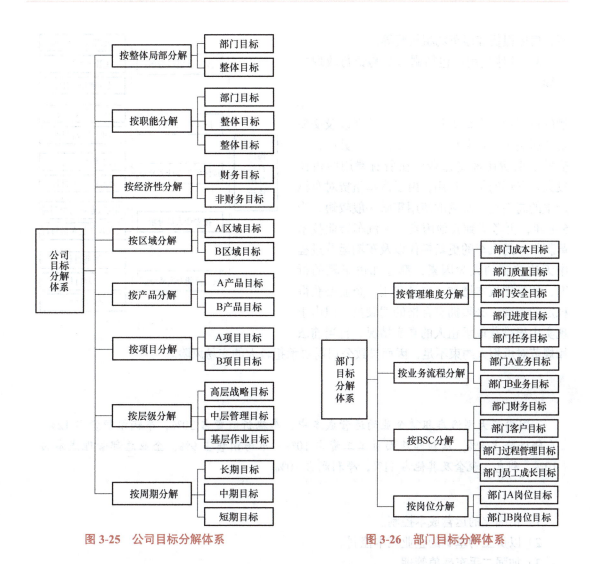

图 3-25　公司目标分解体系　　　　图 3-26　部门目标分解体系

4）岗位目标分解体系设计与分解图。岗位目标分解是指对部门内部的岗位进行层级划分，一般可分为高、中、低三种岗位类型，即经理级、主管级、专员级，并针对不同层次岗位按照工作职责和专业事项确定需要完成的目标。具体的岗位目标分解体系如图3-27所示。

（4）目标达成率跟进　　目标达成率体现工作任务的完成度，公式为：目标达成率＝实际完成数／计划完成数×100%。达成率越高说明符合程度越高，不小于100%即为达成目标。当达成率低于预期时，说明工作进度或工作质量未达标，可能是工作方法出现问题，及时改进工作方法有助于达成任务目标。

3. 网点车辆运营成本分析及改进

（1）网点车辆运营成本构成

1）车辆费用：包括车辆折旧费用，车辆年检、上牌、换牌费用，定期的车辆保险、车船税费用，车辆维护与修理、配件费用，车辆调度、停车费用，事故处置及赔偿费用等。

2）管理费用：包括员工工资、社会保险费、办公用品费、办公设备折旧费，水电燃气费，房屋租赁和停车场租赁费等。

3）其他费用：包括刷卡交易银行收取的手续费等。

（2）影响车辆运营成本的主要因素　车辆的折旧费、车辆保险、维修保养费以及交易费是影响车辆运营成本的主要因素。其中，车辆的折旧费用和交易费用在所有费用中占比较大。车辆的折旧费用，由于汽车租赁对车辆产生的高损耗，车辆的使用年限一般较短，为5~8年，再考虑到其他因素，如汽车行业技术革新带来的汽车的更新换代以及车辆运营过程中无法控制的人为因素，都会加快车辆的折旧，使管理成本增加。交易费用，企业要获得稳定的利润，必须拥有合格的驾驶员，但由于现实中很难获取承租人的真实情况，且当前法律规范对承租人约束不足，因而导致公司需要承担较大的交易风险。

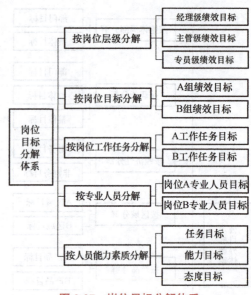

图 3-27　岗位目标分解体系

> **企业案例**
>
> 　　国内某大型汽车租赁企业的运营成本中，车辆折旧费占 30%，车辆维护费占 12%，车辆保险占 8%，店租和店面员工工资占 10%，市场销售占 9%，企业总部管理成本占 10%，利息、税金及其他占 11%，净利润占 10%。

（3）运营成本控制

1）精细化的运营成本控制。

2）以员工为基础的企业成本控制。

3）加强二手车残值管理。

4）规划车辆保险与租赁合同细化。

4. 服务收费标准核定

（1）车辆租赁的常见费用　车辆租赁一般包含租赁费、保险费、手续费和其他费用。

① 租赁费。租赁汽车有汽车租赁费用，不同款式不同车况的汽车，租赁的费用不同。一般来说租车按天来计算收费，租期不足一天按整天来计算。

② 保险费。租车还包含保险费用，基本的保险是租车时不可少的，它可为用户租车出行提供安全保障。基本保险的费用一般也是以天为计算单位，其中超出一天的部分按照整天来计算。不同车型的基本保险费用也不一样，基本保险费不计入停运损失费和超期违约金。

③ 手续费。手续费指的是为用户办理租车手续的人工费、场地费等，一般是按照订单来收费的。

④ 其他费用。其他费用包含超时服务费、超里程服务费等，但这些都是比较小的费用，租车费用中租赁费是最主要的。

（2）服务收费标准及调整　车辆租赁业务租赁费收费标准，即挂牌价，根据当地市场及居民消费水平，由企业申报，交由物价管理部门审批后核定。企业在刚进入地方市场且无竞争对手时常使用撇脂定价法确定挂牌价格，在竞争者推出相似产品前，尽快地收回投资，并且取得相当的利润。在市场发展稳定后，随行就市定价法这种以市场为中心的定价方法和供求关系定价法占据主流。这类被动式动态定价法很可能无法获得可观的收益，因此，越来越多的企业引入用收益管理指导的主动动态定价法调整租金价格。

收益管理的简易应用程序是先通过采集出租率的历史数据，通过数据分类和数据过滤预测市场需求。然后根据需求预测，在旺季适当调高租金，在淡季利用收益管理提高租金收入。最后以预订、会员及附带条件销售的方式建立价格藩篱，实现盈利。

企业案例

以神州租车短租业务为例，选用宝沃BX5作为租赁目标车辆，连续租用两天，车辆日租价格合计为502元，但如果按套餐价用户可以节约135元，如图3-28所示。

图 3-28　神州租车案例图 1

价格优惠的前提是他们的取消规则不同，日租价在取车前可免费取消订单，但是套餐价需要提前预付订单费用，并且取车前4h内订单不可取消，如图3-29所示。

通过套餐方式绑定意向客户，提高客户订单完成率，虽看似营业收入降低，但可有效预防客户临时改变出行计划，避免网点已根据订单完成车辆整备后，客户退单的风险。如客户选择套餐价格下订，提前预付租赁费用，用车4h前取消订单，释放车辆信息，对运营企业无任何损失，用车4h内取消订单，扣除部分退订费用，同时释放车辆供他人选择，对运营企业虽增加整备支出、人员支出等成本，但可通过金额扣除部分有效抵消损失，增加了风险抵抗性。

图 3-29 神州租车案例图 2

订单中基础服务费为必须购买项目,包括车辆发生意外时,神州租车承担保险理赔范围内损失 1500 元以上的部分、协助处理事故等。此项收费可根据驾驶员信用度及驾驶风险评估同时调整,为浮动金额。

针对租金的调整,企业只能在已有收费标准内进行,不可超出当地物价部门核定的挂牌价。车辆租赁率根据网点不同车辆的出租率、收益率等数据综合评价,适时调整价格策略,以便提高运营指标。

五、资产变现处置

1. 车辆资产评估与抵押

（1）车辆资产评估

1）评估洽谈。资产评估机构与委托方就评估项目进行洽谈,评估机构初步了解委托方和资产占有方单位基本情况,双方就相关经济行为及其背景、评估目的、评估对象和范围、评估基准日、评估资产的分布情况、评估的时间及收费、客户的期望和特别要求等进行商谈。

2）风险评价。车辆资产评估中的风险既可理解为在资产评估执业中可能遇到的不确定性因素的多寡,也可理解为客观合理地完成评估任务的把握程度。进行风险评价应考虑以下几方面因素：车辆资产评估经济行为的合法性;是否具备资产评估的基本条件;是否有影响评估结论的具体要求和条件限制;评估机构是否有足够胜任此次评估任务的专业人士;是否有影响评估独立性和客观性的其他因素。

3）签订资产评估业务约定书。由资产评估机构与委托人共同签订,以确认资产评估业务的委托与受托关系、明确委托目的、被评估资产范围及双方权利义务等事项的书面合约。

4）要求和配合委托方做好评估的准备工作。准备好有关法律文件和经济技术文件等相关资料；委托方应组织力量搞好委托评估范围的资产清查，清查的结果应是账账相符、账表相符和账实相符。

5）资产评估实施。资产评估实施需要汇总车辆信息，核实相关车辆资料，与评估人员共同进行现场调查分析。

（2）**车辆资产抵押** 当对车辆资产进行审核后，决定可以进行抵押时，应密切关注以下几方面：

1）要仔细查看车辆资产的原始发票。查看抵押车辆的原始发票是否属于正式票据，核实产权归属问题。正规的销售发票应有国家税务总局监制章，同时应记录该设备销货单位的名称、地址和电话号码。

2）要注意核实车辆的存在性。在核实车辆资产的所有权后，应审查车辆资产的存在性，审核期间车辆不应外租出去，确保提供的车辆资产清单与对应的车辆核对无误。

3）详细核定抵押车辆资产的价值。车辆资产的价值大小是用于抵押担保的关键，一般情况下，根据车辆的新旧程度，可按车辆价值的50%~70%确定担保价值。这里关键的是车辆价值基数的确定问题。汽车租赁行业的企业规模经济效应体现得很明显，采购成本的高低悬殊。例如神州租车2018年投入51亿购车5万辆以上，平均采购成本是普通消费者购买价的7折左右，有些车型甚至低至6折以下。

进行车辆资产评估时，不仅需要考虑车辆综合成新率，还要考虑车辆购置时的车辆价值，因为通常网约车运营企业采购车辆价格与常规个人购车价格相比相对较低，车辆价值不能用车辆采购价格作为参考标准，这与常规二手车鉴定评估有些许区别。

4）密切关注车辆资产的保险情况。由于抵押车辆的保险问题是保证其安全性的重要保证。如车辆已办理相关保险，只要保险公司将保险收益人变更为有偿资金放款部门即可；如车辆还没有办理相关保险手续，应尽快参加保险，且保险收益人须为有偿资金放款部门。

2. 退出运营车辆处置

（1）**二手车拍卖** 网约车运营企业针对运营淘汰及大事故维修后的车辆，通常通过拍卖二手车的方式来进行退出运营车辆处置工作。二手车拍卖建立在公开透明、公正交易的原则上，买卖双方信息沟通比较畅通，通过一个平等互信的中介平台，完成二手车交易。对于买卖双方，拍卖是一种非常理想的处理二手车交易的方式。

1）拍卖优势。

① 价格透明，符合市场规律。

② 程序简单，过户方便。

2）拍卖流程。常见车辆拍卖流程如图3-30所示。

（2）**报废处理** 营运车辆达到报废年限，需根据车辆实际运营情况判定是否进行报废处理，符合继续运营条件的车辆可进行延期报废

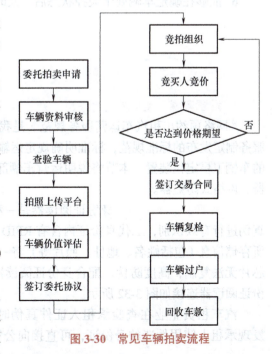

图3-30 常见车辆拍卖流程

申请，不符合运营条件的车辆直接申请报废处理。

1）车辆报废所需材料。机动车行驶证、机动车登记证、车辆牌照、企业车辆需要加盖公章的营业执照副本复印件、代理人的身份证、授权委托书（企业无法直接办理，需要个人代办）、加盖企业公章的"机动车注销登记申请表"。

2）车辆报废流程。车辆申请报废后，只需将所有报废申请资料及车辆交由地方报废回收处理服务点即可。目前，我国多地可电话致电报废回收企业，报废回收企业上门接收车辆服务，车辆回收后开具有效证明，并将车辆残值打款至指定账户，车辆报废简单便捷。

任务五　网约车资产安全管理（初级、中级）

任务描述

作为汽车租赁企业工作人员，重点监控已识别的区域内潜在违约承租人，GPS车辆监控调度系统提示某已租车辆定位异常。请你对此风险采取应对措施，确保车辆处于失控后最大限度挽回公司的损失。

任务目标

1. 能够明确车辆运行安全装置的功能，例如身份证阅读器、网络式防盗器等。
2. 能够监控网约车安全装置设备的运行状态，识别潜在风险并进行预警管理。
3. 能够利用车辆GPS卫星定位装置进行滞留车辆的回收，避免车辆资产流失。
4. 能够识别区域内潜在违约承租人，合理监控潜在违约承租人合同履行情况。
5. 能够在确定潜在风险承租人后，及时采取催交欠款、归还车辆等应对措施。
6. 能够在确定车辆处于失控状态后，及时向公安机关报案并办理相关手续等。

相关知识

一、运营车辆安全管理

1. 运营车辆安全设备介绍

《网络预约出租汽车运营服务规范》是我国交通运输部针对网络预约出租汽车旅客运输服务制定发布的标准规范，标准明确规定运输车辆应安装应急报警装置和具有行驶记录功能的车辆卫星定位装置。本节将说明运营车辆部分安全设备，包括（但不限于此）身份证阅读器、网络式防盗器。

（1）**身份证阅读器**　身份证阅读器是一种能判断身份证是否伪造的设备，能对身份证真伪进行有效识别，二代身份证内含有RFID芯片，通过二代身份证读卡器，身份证芯片内所存储信息（包括姓名、地址、照片等）将一一显示，二代身份证芯片采用智能卡技术，其芯片无法复制，高度防伪，配合身份证阅读器，假身份证将无处藏身，如图3-31所示。身份证阅读器连接如图3-32所示。

汽车租赁企业在查验承租人证件真伪时，可借助身份证阅读器读取承租人信息。若发现承租人使用伪造的身份证，可直接向公安机关报案。根据《中华人民共和国刑法》第二百八十条规定，伪造、变造居民身份证罪是指伪造、变造居民身份证的行为。只要实施了伪造、变造居民身份证的行为，原则上就构成犯罪。

图 3-31　身份证阅读器

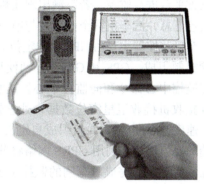

图 3-32　身份证阅读器连接示意图

（2）网络式防盗器　汽车防盗器是集 GSM 网络数字移动通信技术和 GPS 卫星定位技术于一体的高科技防盗产品，是继单向防盗器、双向防盗器后的新一代汽车防盗产品。它利用移动通信网络，彻底解决了普通防盗器无法解决的距离限制和易于破解的难题。除具有普通防盗器功能外，还具有手机控制、短信定位、远程监听、远程报警、全语音提示操作等功能，如图 3-33 所示。

汽车租赁公司常采用网络式防盗器实现租赁车辆的安全管理，通过手机软件、专用遥控器、远程平台对租赁车辆进行监控，并及时通知承租人相关预警信息，防止租赁车辆被非法盗抢。网络式防盗器的功能如下：可用遥控器 100m 内直接控制汽车；可用手机发送短信控制汽车；短信定位：网约车企业工作人员向汽车防盗器发送短信，防盗器将回传信息锁定汽车的大概位置；远程监听：可用手机监听车内动静；短信报警：有警情自动给网约车驾驶员发短信报警；远程报警：有警情自动给网约车驾驶员手机打电话；防抢报警：行驶中遇到抢匪劫持，车主可脚踏埋藏好的暗开关报警求救；全程语音提示操作；防万能解码器功能：用手机设防，关闭遥控器的控制功能，必须用手机才能解除；具备单向汽车防盗器的基本功能，如图 3-34 所示。

图 3-33　汽车防盗器

图 3-34　汽车远程报警——闪灯鸣笛

2. GPS 车辆监控调度系统

汽车租赁企业传统的管理方式无法解决大规模车辆管理、区域车辆调度分配不均，乘客出行安全、运营车辆防盗定位等问题。因此，可在租赁车辆加装防盗定位系统，该系统可由第三方平台进行监控，若车辆出现违规操作，会自动触发警报，平台内生成指定期限内的报警信息汇总，汽车租赁企业通过与第三方平台对接实现车辆实时数据获取。

车辆监控器主要由 GPS 全球定位系统（图3-35）、GPRS 通信模块、中央处理器（CPU）、车辆控制组成。GPS 和 GPRS 分别使用不同的天线。车辆监控器主要用来接收 GPS 信号、回应监控中心命令和向监控中心发送相关信息，车载终端安装在各个移动车辆上，其上的 GPS 接收机接收卫星定位数据，处理器负责提取有用的信息（包括自身所在的地理位置坐标、速度、时间等），并组织成自定义的通信协议格式，进一步打包成数据包，并通过车载终端的通信模块，利用 GPRS 网络将此数据包发送到监控中心，GPRS 通信链路完成信息的交互，监控中心完成对车辆的监控（在电子地图上显示车辆位置）、轨迹回放、数据存储以及回应车载终端请求等工作。车辆监控系统总体结构如图3-36所示。

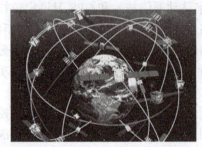

图 3-35 GPS 全球定位系统

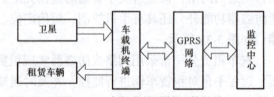

图 3-36 车辆监控系统总体结构

GPS 车辆监控调度系统在汽车租赁行业的具体应用主要包括实时定位、远程控制断油电、轨迹回放、里程统计、断电报警、区域报警、超速报警7方面。

二、车辆风险控制

车辆风险控制是指汽车租赁企业在开展汽车租赁经营过程中对存在的经营风险进行识别和防范。车辆风险控制是识别风险、预防风险、应对风险的过程。

1. 风险种类

（1）**经营风险** 经营风险是指在汽车租赁业务中由于经营管理因素而造成的对当事人经济效益的可能性影响。出租方的经营风险主要表现为在租赁项目选择和资金筹措过程中，没有对市场的当前与未来供需情况进行详细的分析研究，没有进行科学详尽的分析、比较、优化，对项目的可能性把握不准，降低了利润率甚至出现亏损；或因经营不善，造成资金不足，未能按期为承租方提供合同约定的车辆与服务，从而造成损失。

（2）**信用风险** 信用风险是指承租人恶意租车，骗取租赁车辆后非法盗卖、抵押牟利。这些犯罪分子有时使用虚假、伪造的身份证明。随着人户分离情况的增多，按户口本地址寻找承租人的困难越来越大，加上以真实身份租车给诈骗定罪增加了相当大的难度，使用以个人真实身份租车进行诈骗的现象有上升趋势。除了使用虚假、伪造的身份证明外，现在恶意租车人开始使用真实的营业执照等法人身份证明进行骗租，使汽车租赁企业难以防范。

（3）车辆失控 车辆在租赁过程中失控是汽车租赁企业最难防范的风险，承租方使用真实身份租车，由于经营情况或个人经济情况恶化，将车辆抵押或转租给第三方，或因与第三方发生纠纷，车辆被第三方扣留。承租方拖欠租金，汽车租赁公司未能及时收回车辆，终止合同，造成承租方应付租金金额巨大，导致承租方一躲了之，租赁车辆扔在承租方手中。

（4）租金拖欠 拖欠租金属于汽车租赁公司可控制的风险。处理这类风险并防止损失扩大的有效措施就是当承租方出现拖欠租金的频率越来越多，拖欠时间越来越长的趋势时，立即终止合同、收回车辆。一般而言，承租方拖欠租金超过 2 个月将十分危险，如不采取措施，可能会由拖欠租金转为车辆失控。

（5）车辆被盗 租赁车辆在承租方租用期间，由于疏于管理（多数情况下无法获得相关证据），车辆在使用或停放时丢失。有时也存在承租方监守自盗的情况，如某租赁公司对承租方交回的丢失车辆车钥匙进行痕迹鉴定，发现该车钥匙有痕迹证明曾被复制过，但这一证据无法给承租方定罪。

（6）其他风险 如图 3-37~ 图 3-39 所示。

图 3-37　租赁车辆交通事故

图 3-38　不良驾驶习惯

图 3-39　城市分时段限行政策

2. 风险防范措施

（1）签订合同前的风险防范措施 签订合同前的风险防范措施是指提前对客户进行信用审核和风险评估。信用审核的主要目的是：确定承租人信用信息的真实性及长期稳定性；确定承租人具有履行合同的能力；确认承租人不能履行合同时，代为履行合同义务的担保方资料的真实性和履约能力；监控承租人信用能力的变化；识别潜在风险承租人。

风险评估的主要内容是：客户租赁车辆的目的是否合理，是否有能力支付租金；客户是否有稳固的社会和经济地位，一般从客户的职业、任职的单位、居住条件、年龄及婚育状况进行判断；客户是否可提供信用破产时的担保，如财产担保或第三方担保等。

（2）签订合同时的风险防范措施 签订合同时的风险防范措施比较薄弱，主要依据客户提供的有关证件等有限资料，在有限的时间内按照业务程序对客户的信用情况进行审核，其判断的准确性依赖负责客户资格审核的业务人员的工作能力。

（3）合同履行中的风险防范措施

1）定期与承租方接触。对于长租客户，除定期收取租金外，应设法采取各种方式定期与承租方接触，如上门服务、征求意见等，塑造汽车租赁公司随时重视和关注承租方的印象；反之，承租方可能觉得汽车租赁公司对车辆疏于管理，产生邪念。特别是对于将租赁车辆开往外地的承租方，应严格审核，避免租赁车辆长期在外地，处于无法控制的状况。如租赁车辆必须长期在外地行驶，可委托当地汽车租赁公司代为管理，降低风险。若一定期限内无法与承租人取得联系，可判定其为潜在风险承租人。

2）定期检查或更换防盗装置。租赁车辆的防盗装置（图 3-40）应定期检查或更换，保持运行可靠,对突然失去踪迹的车辆及怀疑车辆应注意发生时间、地点和规律。建立企业车辆信息管理平台,利用车载全球卫星定位系统,加强对车辆的实时管理,如发生车辆被盗、被抢、被偷等事件,应及时报案。若租赁期间车辆发生异常警报,且承租人无法提供合理的解释,可判定其为潜在风险承租人。

图 3-40 车辆防盗装置

3)随时注意承租方交款情况。如多次出现迟交租金的情况,应考虑终止合同,以免损失扩大。当出现交款异常时,应采取恰当方式,到承租方处了解情况,及时掌握对方行踪。在催收应付租金时,应向承租方下发书面通知书,作为日后起诉承租方违约的证据之一。收取支票时,应注意是否有证签模糊等违反银行票证管理规定的地方,防止承租方借机拖延支付。若租赁期间承租人延误缴费且经提醒后仍然不按期缴纳,可判定其为潜在风险承租人。

3. 风险补救措施

(1) **车辆失控补救** 确认租赁车辆失控后,如果汽车租赁企业自行收回车辆和欠款失败,承租人的行为又属于刑事犯罪的,汽车租赁企业可向公安机关报案。报案时,汽车租赁企业人员应携带租赁合同、承租人身份复印件、保险单、营业执照、机动车登记证,收到公安局出具的报案回执,避免在车辆失控期间发生事故而附带赔偿责任。报案后,及时联系保险公司告知情况,以备后续启动索赔程序。

索赔需要携带的证件:出险通知书、保险单原件、行驶证原件、购车发票原件、购置费缴费凭证和收据原件、权益转让书、丢失证明、汽车钥匙原件、停驶证明、营业执照、养路费收据原件、赔款结算单。其中,丢失证明、停驶证明必须提供,否则保险公司不予赔偿。行驶证、购置费凭证、购车发票、车钥匙,每少一项保险公司可能会增加5%的免赔率。

(2) **车辆被盗补救** 汽车租赁公司应立即协同承租方到当地派出所报案,汽车租赁公司同时通知保险公司。公安部门立案后进入侦察程序。如果3个月后未能破案,公安机构向汽车租赁公司发出车辆被盗证明,汽车租赁公司凭此证明向保险公司办理索赔手续。注意必须向承租方收回被盗车辆的车钥匙,交给保险公司。

(3) **拖欠租金补救** 通常情况,汽车租赁公司应在合同履行期间根据承租方拖欠租金情况,随时终止合同,以及早收回租赁车辆为首要目标,降低由拖欠租金转为车辆失控,遭受更大损失的风险。如承租方确有可执行的价值,可向法院起诉承租方支付拖欠租金和利息。如发现承租方有其他违法犯罪行为,应及时向公安部门报告。

项目四　网约车客户关系管理

任务一　客户常见问题处理（初级、中级）

任务描述

承租人刘先生准备租赁一台新能源汽车出门游玩，在租车平台中挑选车型，期间对租赁条款、平台操作等存疑，通过查看常见问题后仍有疑问，联系在线客服解答。请你作为客服人员，为刘先生解答。

任务目标

1. 能够为网约车用户做网络平台和车辆使用指导。
2. 能够为网约车平台用户讲解各项政策影响、活动规则以及制度规范。
3. 能够解答承租人在线问题，回复用户留言。
4. 能够准确地掌握承租人问题要点，利用解答技巧，制订热点问题的标准服务话术。

相关知识

一、客户服务分类

1. 电子客服

电子客服可细分为在线客服和语音客服。目前，广为采纳智能客服形式，主要是通过语料库和高级数据分析解决部分客户常见问题，降低客服人员的成本和时间。客服机器人可全天24h工作，还能通过实时数据反馈不断学习，未设置24h人工客服的企业一般采用客服机器人在夜间代替客服工作，实现客服工作最大化。神州租车客服机器人，如图4-1所示。

2. 人工客服

人工客服主要业务为接受客户咨询，帮客户解答疑惑，可细分为网络客服和电话客服，网络客服主要以打字聊天的形式进行客户服务；电话客服主要以移动电话的形式进行客户服务，如图4-2所示。

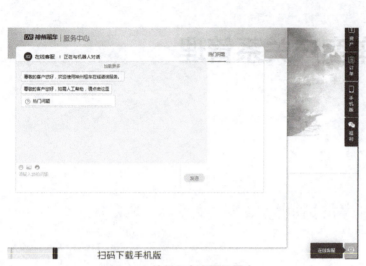
图 4-1 神州租车客服机器人

图 4-2 某平台客服形式

二、客服功能设定

1. 客服功能目标

1）对于客服自身功能的最终目标是快速准确低成本地解决用户遇到的问题或用户发出的投诉。

2）由线上模式取代传统电话模式，由 AI 取代线上人工模式。传统的电话员接线模式，电话员更多的是靠自身对问题的熟悉程度来处理问题，如遇到了电话员生疏的业务，那处理起来就会很影响效率，让本身就很焦虑的用户产生更不好的心情。所以需要从传统的电话模式过渡到线上模式；而线上的人工模式消耗的人力资源过大，用户投诉或寻求帮助的问题经过统计也都是几个热点的问题，如果一直采用线上人工客服的模式，就会出现这样的问题，客服人员每天都回复着相似的问题，对于人力的资本又是新的一个层面的浪费。所以现在互联网公司的客服都增加了 AI 的部署，以解放人工生产力。

3）挖掘用户反馈的问题，有针对性的迭代产品。有效地统计在客服过程中用户反馈的问题。这样的问题收集统计，对于反馈回来的问题进行分类及频次的统计，发现哪个产品模块是高频被用户提及的，可让产品有针对性地进行改进。

2. 客服功能用户需求

以某平台 APP 为例，按照用户场景对于功能规格进行划分，客服可分为订单进行中与订单完成后。乘客端订单进行中的反馈，主要来源于发现驾驶员有违规操作；订单完成后的反馈，更多的是对于订单整体的吐槽异议或其他附加的诉求。

按照上述划分的两种场景，客服模块的入口位置设立了两个，一个是在行程中。这个行程中的客服模块，针对的主要是驾驶员存在的违规行为，用户发现后可快速地进行反馈，如图 4-3 所示。

在 APP 端右滑之后可看见客服中心的入口，这个入口是客服中心正统的入口，用户如果对订单或其他产品使用有问题，都可通过这个入口快速进行反馈，如图 4-4 所示。

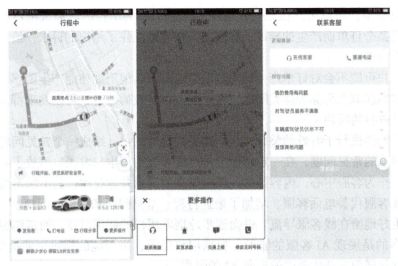

图 4-3　行程中客服模块

图 4-4　客服中心入口

3. 客服功能信息设计

信息设计源于对客户提问的热点问题积累，那么从某平台 APP 上述两个客服功能情境出发，结合用户的场景，猜测用户的想法，尽可能地给出能命中用户需求的答案，如图 4-5 所示。

客服中心基本上符合用户的使用习惯，客服中心的功能大体上可分为两大部分，一个是根据具体订单进行反馈；二是根据功能点进行反馈。

客服中心的最近行程就是根据订单进行反馈。用户在某平台 APP 上的一切行为，最终的落地点都是订单,所以用户在某平台 APP 上是以订单为单位的。那么用户产生的困惑或异议通常会是某个订单而产生的异议,客服中心很好地抓住了用户的诉求,给出了用户根据订单进行反馈的模块。

另外,用户可能不会对订单产生疑惑,而是对产品其他附加功能产生困惑,如:如何使用优惠券,如何获取优惠券等这类问题。将问题进行有效的整合,可以发现都是基于某一个或某些功能点进行的反馈。

客服中心同样进行了有效的整合,将问题进行统计归一,组成一个常见问题模块进行展示。而这个展示的常见问题,在一定程度上是在线客服的衍生与发展,解放了在线客服人员的人力资源。作为客服中心,内容虽多,但是信息的展示井然有序。为了满足战略层的产品目标,用在线客服代替电话客服,增加了最近行程、常见问题和猜你想问模块,如图 4-6 所示。为的是更好地给在线客服导流,进而逐步地培养用户的使用习惯。而猜你想问模块的自助方式,更多的是展现 AI 客服的雏形,根据用户需求,半智能的提供更便捷的解决方案。之后在信息框架层面的迭代会更偏重向 AI 的转变。

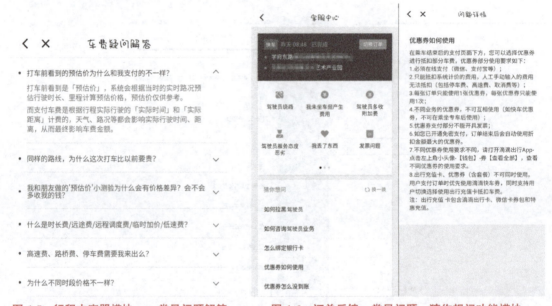

图 4-5　行程中客服模块——常见问题解答　　图 4-6　订单反馈、常见问题、猜你想问功能模块

三、客服人员基本素质

1. 心理素质

客服应具备良好的心理素质,因为在客户服务的过程中,承受着各种压力、挫折,没有良好的心理素质是不行的。具体有:"处变不惊"的应变能力;挫折打击的承受能力;情绪的掌控及调节能力;满负荷情感付出的支持能力;积极进取、永不言败的良好心态。

2. 品格素质

忍耐与宽容是优秀客服人员的一种美德。热爱企业、热爱岗位:一名优秀的客服人员应该对其所从事的客户服务岗位充满热爱,忠诚于企业的事业,兢兢业业地做好每件事。要有谦和的态度:谦和的服务态度是能够赢得客户对服务满意度的重要保证。不轻易承诺:说了就要做到，言必行，行必果。谦虚是做好客服工作的要素之一。拥有博爱之心，真诚对待每一个人。承担责任，要有强烈的集体荣誉感。热情主动的服务态度：客服人员还应具备对客户热情主动的服务态度，充满激情，让每位客户感受到其服务。要有良好的自控力：自控力就是控制好自己的情绪，客服作为一个服务工作，首先要具备良好的心态来面对工作和客户，客服的心情会带动客户。客户情况多变，如果遇到苛刻的客户就要控制好情绪，耐心的解答，有技巧的应对。

3. 技能素质

良好的文字语言表达能力；高超的语言沟通技巧和谈判技巧：优秀的客服员应具备高超的语言沟通技巧和谈判技巧。丰富的专业知识：对于企业业务流程及规范、行业法律法规等方面有一定的专业知识，以便第一时间给客户回答对业务的疑问。丰富的行业知识及经验。熟练的专业技能。敏锐的观察力和洞察力：网络客服人员还应具备敏锐的观察力和洞察力，只有这样才能清楚地知道客户心理的变化。了解客户心理，才可以有针对性地对其进行诱导。具备良好的人际关系沟通能力：良好的沟通是促成订单的基础。和客户在营销的整个过程中保持良好的沟通是保证交易顺利的关键。不管是交易前还是交易后，都要与客户保持良好的沟通。

4. 综合素质

要具备"客户至上"的服务观念，要具有工作的独立处理能力，要有对各种问题的分析解决能力，要有人际关系的协调能力。

四、客服人员沟通技巧

1. 态度方面

树立端正、积极的态度，对客服人员来说尤为重要。尤其是当网站平台有了问题的时候，不管是客户的错还是技术的问题，都应及时解决，不能回避、推脱。积极主动地与客户进行沟通，尽快了解情况，尽量让客户觉得他是受尊重、受重视的，并尽快提出解决办法。要有足够的耐心与热情，有些客户对一些问题非常较真，这个时候就需要有足够的耐心和热情，细心的回复，从而会给客户一种信任感，决不可表现出不耐烦。沟通过程中多采用礼貌的态度、谦让的语气，就能顺利地与客户建立起良好的沟通。

2. 语言文字方面

少用"我"字，多使用"您"或"咱们"这样的字眼：让客户感觉我们在全心全意地为他（她）考虑问题。常用规范用语："请"是一个非常重要的礼貌用语。"认识您很高兴""您好""请问""麻烦""请稍等""不好意思""非常抱歉""多谢支持"等礼貌用语需经常使用，平时要注意提高修炼自己的内功，同样一件事不同的表达方式就会表达出不同的意思。很多的误会和纠纷就是因为语言表述不当而引起的。在客户服务的语言表达中，应尽量避免使用负面语言。客户服务语言中不应有负面语言"我不能""我不会""我不愿意""我不可以"等"等。

① 在客户服务的语言中，没有"我不能"：当客服说"我不能"的时候，客户的注意力就不会集中客服所能给予的事情上，客户会集中在"为什么不能"，"凭什么不能"上。

正确方法："看看我们能够帮你做什么"，这样就避开了跟客户说不行，不可以。

② 在客户服务的语言中，没有"我不会做"：客服说"我不会做"，客户会产生负面感觉，认为客服在抵抗；而客服要让客户的注意力集中在话语本身，而不是注意力的转移。正

确方法:"我们能为你做×××。"

③ 在客户服务的语言中,没有"这不是我应该做的":客户会认为他不配提出某种要求,从而不再听客服解释。正确的方法:"我很愿意为您做"。

④ 在客户服务的语言中,没有"我想我做不了":当客服说"不"时,与客户的沟通会马上处于一种消极气氛中,不应该使客户把注意力集中在客服或所在企业不能做什么或不想做什么。正确方法:告诉客户客服能做什么,并且非常愿意帮助他们。

⑤ 在客户服务的语言中,没有"但是":比如"您穿的这件衣服真好看!但是×××",不论前面讲得多好,如果后面出现了"但是",就等于将前面对客户所说的话进行了否定。

⑥ 在客户服务的语言中,有一个"因为":要让客户接受客服的建议,应告诉客户理由,不能满足客户的要求时,要告诉他原因。坚守诚信还表现在一旦答应客户的要求,就应切实地履行自己的承诺,不能出尔反尔。

⑦ 凡事留有余地。在与客户交流中,客服不能确定的,不要用"肯定、保证、绝对"等字样,这不等于服务不好,也不表示对客户不负责任,而是不让客户有失望的感觉。

当客户表达不同的意见时,要力求体谅和理解客户,表现出"我理解您现在的心情,目前×××"或"我也是这么想的,不过×××"来表达,这样客户能觉得客服在体会他的想法,能够站在他的角度思考问题,同样他也会试图站在你的角度来考虑。

经常对客户表示感谢,当客户及时下单或表示体谅,都应该衷心地对客户表示感谢,感谢客户这么配合工作及对客服工作的认可。

服务话术是客户服务过程中承载信息的载体,通过科学规范地将产品信息及服务信息合理地组合成客户易于接受的语言文字,快速、准确地传播给客户,解决客户的疑虑,帮助客户完成所希望解决的问题,客户从信息中获益或得到满足。而话术设计是指根据用户的期望、需求、动机等,分析其针对的个人或群体的心理特征,运用有效的心理策略,组织高效且富有深度的语言,最终帮助客户轻松达到想要的交流效果。电子客服依赖于大数据库检索功能设计和规范应答话术设计,而人工客服更加讲究语言的艺术。

3. 话术制作的5个方向

1)快速适应工作内容,节省新客服人员练习时间,对各种可能发生的问题预期,增强客服人员自信,表现出一定的专业性,对服务质量是一种保障。

2)避免出现简单错误。应用最有效的范本来沟通,减少出错的机会,避免对重要内容的遗漏。

3)有利于稳定情绪。企业拥有应对各种情况的标准范本,不必过于担心下一步该说什么、会不会说等情况,这对新的客服特别重要,无用的甚至敌意的对话,可以礼貌而又坚决地中断通话,而不因情绪激动急不择言。

4)加强整体服务过程控制。通过对开篇、需求分析、安抚情绪、解答应对等环节的引导,掌握服务节奏。

5)有效的时间管理。防止记忆的疏忽而将该说的话忘说了,同时不会因为一时兴起滔滔不绝占过多的时间。通过对脚本中的某些变量的比较使用,能够更容易知道什么最有效,并迅速进行调整,以便更好地控制对话全程。

4. 话术撰写技巧及注意事项

1)好的话术脚本来源于一线服务人员最直接的客户感受。

2）好的脚本必须充分考虑到客户的感受和接受能力。
3）要让服务话术脚本真正成为客服人员的语言，脚本实际上是服务标准的具体体现。
4）客服人员的话术脚本在使用过程中应持续不断的评估和改进。

企业案例

×××专车客服部服务用语及话术

一、服务标准用语

1. 开头语

标准用户："您好，×××专车，请问有什么可以帮您？"

对于接听电话后无人应答情况，请重复标准用户2遍："您好，请问有什么可以帮您？"

仍无应答情况用语："很抱歉，无法听清您的声音，请您稍后重新拨打一遍，谢谢！"

2. 承接语

请问还有其他问题吗？/请问还有其他需要咨询的吗？

3. 结束语

标准用语："请您稍后对我的服务做出评价，现在为您转接，请稍等。"

4. 候线用语

标准用语："××先生/女士，请您听到音乐后不要挂机，我帮您咨询一下好吗？"

重新接起电话用语："感谢您的耐心等待。"/"很抱歉，让您久等了。"

5. 转接用语

标准用语："××先生/女士，您的问题稍后将帮您转接到×××，您看好吗？"（寻求用户同意）

能够直接转接："立刻为您转接。"（放转接音，并和现场组长做简短交接）

无法直接转接："非常抱歉，您的问题我已经帮您记录下来了，会在（×××时间）内回复您。"

6. 驾驶员来电尊称语

××师傅您好！请问有什么可以帮您？

7. 外呼用户的开头语，结束语：

开头语："您好，我是×××专车客服，我的工号是×××。"

结束语："感谢您的接听，祝您生活愉快，再见！"

二、服务规范用语

1. 礼貌用语

您好、很抱歉、对不起、谢谢、请您稍等、请您谅解、欢迎您随时致电等。

2. 禁用语

称呼用户不能用"你"，禁止使用"喂？""啊？""哪个？""你说什么？""刚才不是告诉你了吗"等反问词或语句，不能推诿客户"我不清楚""我不知道""不能打断客户""你听我说"等。

3. 情景话术

情景1：询问客户姓名，请问您贵姓？/请问怎么称呼您？

情景2：核对客户的称呼，请问您是××先生/女士吗？××先生/女士，您好。

情景3：询问客户联系方式，请问您的联系方式是？/您方便提供一下手机号码或电话号码吗？

情景4：关于询问客户某些信息时，××先生/女士，请您提供一下××信息。/××先生/女士，请问您需要的是×××吗？

情景5：需客户配合，请/麻烦您……。

情景6：客户说话声较小，对不起，请您稍微大声一点，好吗？我听得不是很清楚。麻烦您说话可以大点声么，我这里听得不是很清楚，谢谢！

情景7：客户语速太快，您能慢些再重复一遍吗，谢谢！

情景8：当客户的口音太重，无法确认客户提供的信息时，很抱歉，您方便说普通话吗？/实在抱歉。您可以将这个词组慢点说吗？很抱歉，因为我们工作地方是在总公司北京，对您的家乡话不太了解，麻烦您讲普通话或讲得慢一点可以吗？谢谢您！

情景9：客户要求指定客服接听电话，请问您需要什么帮助，您看我帮您处理一下可以吗？

情景10：对客户表示否定，我能理解您的意思，但是……。

情景11：客户需求无法满足，对客户表示歉意或要求谅解，给您带来不便，请您谅解。非常抱歉……，谢谢您的理解与配合。

情景12：当客户对你或公司表示感谢或肯定，不客气，（能为您服务是我们的荣幸）也非常感谢您的支持。

情景13：客户提出建议，感谢您为我们提出宝贵的建议，我已经记录下来，我们会进行改进。感谢您的支持与关注。

情景14：安抚客户情绪，我非常理解您现在的心情，请您不要着急/生气，为此给您带来的不愉快，我们也深表歉意。

情景15：需要客户稍等，请稍候、请您稍等、麻烦您等一下。

情景16：没有规范答案或其他无法及时答复客户的时候，很抱歉，您的问题我需要具体帮您核实/查询一下，麻烦您留下姓名和联系电话，有结果我会在第一时间内给您回复，请问您的联系方式是？/很抱歉，这件事情我会了解清楚后给您一个满意答复。

情景17：客户询问客服电话太难打了，总是线路忙，××先生/女士，非常抱歉，请您先不要生气，这个时间段拨打客服热线受理业务的客户比较多，耽误您的宝贵时间了，给您带来不便请您谅解，请问有什么可以帮您？

情景18：公司系统发生故障，先生/女士，您好！非常抱歉，由于系统正在升级，暂时无法为您提供车辆服务，给您带来的不便，请您谅解，请您稍后再次尝试。

五、政策、活动及制度解读

网约车企业设置的常见问题解答除了包含网络平台使用指导外，还包括企业业务细则解读、网约车和相关政策法规解读、活动细则等各项内容，旨在使客户快速地了解疑问点，从而更好地享受租车服务。

六、车辆使用指导

像曹操专车、京桔这样的企业，车辆属于企业资产，除了在发车交接时与承租人做好车辆交接外，为了进一步加强道路交通安全管理，帮助承租人了解租赁车辆的工作原理，会定期组织相关培训，也会设立客服随时解答承租人疑问，如图4-7所示。

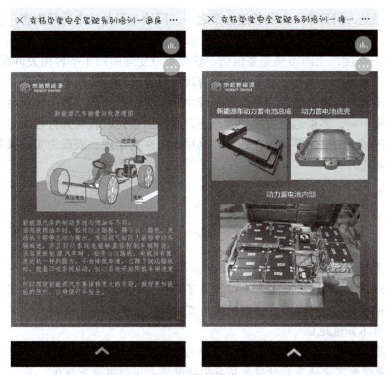

图4-7 京桔学堂

> **企业案例**
>
> **新能源汽车使用须知**
>
> 1）由于动力蓄电池是高压电源，所以在泊车或短暂停车期间，请确保小孩、动物等不会钻到车辆底部，以免引起触电危险。
>
> 2）由于动力蓄电池安装在车辆底部，所以驾驶过程中请注意路面状况，不要让不平的路面或路面障碍物挤压、撞击动力蓄电池。
>
> 3）车辆不宜在积水较深的路面上行驶（水面抵达动力蓄电池底部），为安全需要，禁止在雨天有可能浸水的环境中使用，否则可能招致严重的安全事故特别是触电事故发生。洗车时也要注意尽量不要将水枪喷头对着动力蓄电池喷射。

4）如果车辆驾驶过程中发生正撞、追尾或侧翻等事故，不管动力蓄电池从表面上看有无损坏，均需立即与车辆生产厂家指定的维修厂联系。

5）如果车辆落水或被水浸泡，请不要自己擅自处理，请及时联系专业人员处理。

6）严禁带电对充电插头及转接头进行操作，充电时禁止起动车辆。因车内有高压，禁止非专业人员随意开启和修理。

七、常见客诉问题解读

网约车已经是人们日常出行的首选方案之一，网约车服务的本质是为客户提供安全、便捷的出行服务。当提供的服务有缺陷或是不能满足客户需求时，就会出现投诉问题。

2020年第一季度，上海市交通委信访、热线渠道受理网约车平台相关诉求1209件，其中投诉889件。对网约车平台的服务投诉内容统计发现，当前网约车投诉热点主要集中在四个方面：一是未履行订单，表现为预约未至或中途甩客；二是多收费，表现为绕道、随意加价，同行程价格不一，多渠道重复收费等；三是服务质量差，表现为行程中驾驶员态度不佳或速度过慢、过快、走错路等情况；四是"马甲车"常有出现，表现为实际服务车辆与平台预约车辆信息不符。

企业案例

乘客投诉驾驶员问题话术

1. 驾驶员提前点击服务，计费开始

很抱歉，驾驶员先生/女士不小心操作了终端，您放心，我们这边一定会按实际情况为您结算的，如果您对账单有任何疑问，可以随时致电客服热线。

2. 驾驶员不知道地址

这确实是我们的失误，非常抱歉，这个感受确实很不好，我们会加强对驾驶员的培训和管理，希望您下次使用的时候也帮我们监督这个问题有没有改进。

3. 驾驶员态度不好

××先生/女士您好，请您不要生气，非常抱歉给您带来不好的感受，我们这边一定严肃处理，稍后一定给您一个满意的答复。

4. 车辆外观脏和旧

××先生/女士您好，谢谢您的建议，我们会加强对驾驶员的培训和管理，也会和驾驶员沟通车辆的问题，请您放心，您下次使用一定不会出现这样的问题。

任务二　客户投诉处理（中级）

任务描述

客户张先生在网约车运营平台约车出行，期间由于网约车驾驶员李某未按约定路线行驶，张先生投诉驾驶员绕路，请你作为客户投诉处理人员，合理、有效地解决客户张先生的投诉问题。同时，在处理完投诉后，整合近期投诉反馈信息，提出针对性服务改进措施。

 任务目标

1. 能根据投诉处理流程，反馈投诉内容，提供解决方案。
2. 能进行投诉回访，根据意见与建议提出服务改善意见。

 相关知识

一、客户投诉处理流程

1. 接受投诉

客户进行投诉最根本的原因是没有得到预期的服务，即实际情况与客户期望存在差距。即使是公司的产品和服务已达到良好水平，但只要与客户的期望有差距，投诉就有可能产生。比如平台预约出行时，平台会在约车前根据当前时间收费标准预估行程所需金额，但经常会出现实际行程花费要远大于预估金额的情况，这种情况属于因某些原因令客户蒙受金钱损失。不仅如此，投诉的产生还可能是在使用服务过程中，没有人聆听客户的申诉，没有人愿意承担错误或责任，客户的问题得不到解决，也没有解释清楚等情况，而客户认为企业应该义不容辞地去解决一切，这些都可能是导致投诉的诱因，投诉也就成为客户寻求解决问题的途径、发泄内心不满的一种便捷、高效的方法。

客户投诉的目的不外乎希望他们的问题能得到重视，希望他们能得到相关人员的热情接待或获得优质服务，最终能使他们所遇到的问题得到圆满的解决。处理客户投诉不仅是找出症结所在，满足客户需要，更重要的是必须努力恢复客户的信赖。投诉处理人员如果对呼入的投诉电话处理不当，很可能会引致不满和纠纷，导致投诉升级，影响客户与企业的关系，有些投诉甚至会损害企业形象，给企业造成一定的负面影响。因此，必须从提高企业服务水平、融洽双方关系的角度出发，迅速处理，绝不拖延，努力做好客户电话投诉的接待工作。

在线投诉案例

某平台APP在线投诉

① 在弹出的窗口中单击"客服"选项，如图4-8所示。
② 进入后会显示最近的行程，如果投诉的是历史订单，可以单击"全部行程"来查找，如图4-9所示。
③ 在历史订单界面中可以看到相应的个人行程，找到需要投诉的行程，单击进入下一步。
④ 针对该行程，选择一个需要投诉的问题，如图4-10所示。
⑤ 针对提出的问题，某平台APP首先会提示相应的操作方法，如果还不知道如何处理，可直接单击相应的"客服"选项来操作，如图4-11所示。
⑥ 经过再一次的沟通确认后，就可进入与客服的在线沟通，详细地描述问题与客服人员协商解决。

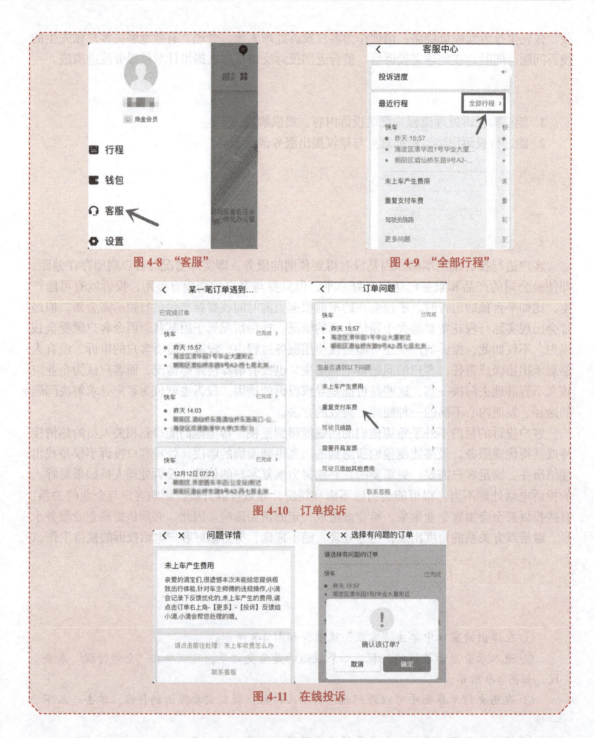

图4-8 "客服"　　　　图4-9 "全部行程"

图4-10 订单投诉

图4-11 在线投诉

2. 平息怒气

作为投诉处理人员，在遇到情绪激动、愤怒，甚至破口大骂的投诉客户时，首先要是端正好自己的态度，处理好客户的感情，安抚好客户的情绪，平息客户怒气，甘愿当客户的出气筒。当客户处于愤怒、情绪冲动、失控的压力下，很难理性、冷静地听取任何建议甚至会变得不讲道理，说话做事不考虑后果，也就是在这个时候，投诉处理人员无论说什么，提什么好的解决方案都无济于事。

只有当客户情绪稳定后才能进一步沟通，因此，可通过以下几种方法平息客户怒气：

① 正确引导、帮助客户发泄内心的不良感受。客户投诉时情绪往往比较激动，言语行动大都处于非正常状态，最好的办法是疏导，采取有效的方式去引导、帮助客户痛痛快快地发完牢骚，直到客户将心中的不满与怨愤吐净为止。客户把自己的怨气、不满发泄出来后，忧郁或不快的心情便得到释放和缓解，从而维持了心理平衡。等客户的情绪逐渐平稳下来，会逐步变得有理性，才开始愿意接受投诉处理人员的解释与道歉。

② 认真聆听客户的投诉。大部分情况下，诉说是最重要的排解苦闷心情的方式之一，投诉的客户需要忠实的听众，倾听是解决问题的关键，喋喋不休的解释只会使客户的情绪更差。

在倾听客户投诉的时候，不但要听他表达的内容，还要注意他的语调与音量，这有助于了解客户语言背后的内在情绪。面对客户的投诉，投诉处理人员应表示出极大的耐心，并善于运用"对，对……""是的，是的……""您是说……""是这样……""您的想法是……"等语句进行必要的归纳和总结，让客户感觉到你已经仔细听取了他的投诉情况及要求；同时，还需要对客户投诉的要点随时进行记录，从客户的诉说中找出客户投诉的真正原因及其投诉的目的、期望是什么。

③ 换位思考、设身处地对客户的处境表示同情，认同客户的感受。从某种程度上来说，客户投诉一旦发生，客户就会强烈地认为自己是对的，并会要求赔偿或道歉。客户在投诉时表现出的情绪失控、言行过激，投诉处理人员不应把这些理解成是对自己个人的不满，投诉处理人员仅仅是被当成了发泄对象而已。所以投诉处理人员要能够换位思考，让自己站在客户的角度来看待问题，深切地体会客户的心情与困境，即客户的情绪是完全有理由的，理应得到极大的重视和最迅速、合理的解决。不仅在口头上，而且从心底里对客户的遭遇或不幸怀有歉疚与同情之意，对客户的言行抱有理解与宽容之心，使客户的心理得以平衡，拉近与客户的心理距离，进而有利于促进双方的互动交流，找到双方的"共同语言"，取得客户的好感与信任，并引导客户与投诉处理人员共同积极寻求正确的解决方案。

3. 澄清问题

在平息客户怒气后，冷静、客观地看待客户投诉的问题，向客户准确、清楚地澄清问题，是做好客户投诉处理的关键环节。

处理投诉时，要避免与投诉的客户进行争论或辩论，要承认问题已经发生，勇于承认错误，及时道歉，并根据记录下的投诉问题，对客户进行耐心的询问，用开放式的问题引导投诉客户讲述事实、提供资料，用封闭式的问题总结问题的关键，确保得到的资料是准确的。

在与客户沟通的过程中，回答客户问题要使用清晰、明了的语言，尽量避免使用术语或技术性名词，在没有获得足够信息前，不轻易下结论，做出承诺。最后，要明确、清楚地总结出客户投诉的问题。

📖 **知识拓展**

有关客户的一组统计数字

获得 1 个新客户的成本是保留 1 个老客户成本的 6 倍。

1 个不满意的客户会把他们的抱怨告诉 8~12 个人。

> 每接到1次客户投诉，就意味着还有24个同感的客户与你不辞而别。
>
> 一个公司如果将其客户流失率降低4%，其利润就可能增加24%~84%。
>
> 客户不满意，也不投诉，但还会继续使用你的服务的有9%，而有91%的客户不会再回来。
>
> 投诉过但没有得到解决，还继续使用你的服务的客户有19%，而有81%的客户不会再回来。
>
> 投诉过但得到解决，会有44%的客户继续使用你的服务，而有46%的客户不会回来。
>
> 投诉被迅速得到解决，会有82%的客户继续使用你的服务，只有18%的客户不会回来。

4. 探讨解决方案

① 表示出愿意帮助的态度。把客户的问题当成自己的问题，让客户感到的确是真诚地在为他解决问题。为了能够帮助客户解决问题，适当的时候要运用技巧把和客户谈话的重点放在问题的解决上，而不是一味地安抚客户的情绪。

根据投诉问题的澄清，运用业务知识判断客户投诉的理由是否充分、投诉要求是否合理，继而提出恰当的解决方案。

② 不同方案的解决途径。如若客户投诉成立，在条件允许的前提下，要与客户探讨解决方案，提出可能提供的解决方案。通常一个问题的解决方案都不是唯一的，给客户提供选择会让客户感受到尊重，同时，客户选择的解决方案在实施的时候也会得到客户更多的认可和配合。在职责范围内，应以尽快的速度确定最佳解决方案。

如果投诉不能成立，要耐心地向客户进行解释，取得客户的谅解，消除误会。

客户不接受解决办法时，可询问客户有什么提议或希望解决的方法，不论客户期望是否可以达成，让客户随时清楚地了解投诉进程。如果解决方案超出自己的能力范围，可进一步上报寻求解决方案。

知识拓展

客户投诉的四种需求

1）被关心。客户需要对他表现出关心与关切，而不是感觉不理不睬或应付。客户希望自己受到重视或善待。他们希望他们接触的人是真正关心他们的要求或能替他们解决问题的人，他们需要理解和关心。

2）被倾听。客户需要公平的待遇，而不是埋怨、否认或找借口。倾听可针对问题找出解决之道，远离埋怨、否认和借口。

3）服务专业化。客户需要明白与负责的反应，能用脑而且真正为其用脑解决问题，不仅知道怎样解决，而且负责解决。

4）迅速反应。客户需要迅速与彻底的反应，而不是拖延或沉默。客户希望听到"我会优先考虑处理你的问题"或"如果我无法立刻解决你的问题，我会告诉你处理的步骤和时间。"

5. 采取行动

协商好解决方案后，要立刻采取行动。根据客户投诉的内容，如是对产品质量的投诉还是对服务行为的投诉，最终确定相关的对应负责人跟进，同时也让客户知道他所投诉的问题正在及时地进行解决。如果客户投诉的问题在提出后得不到迅速解决，在客户看来，这是企业对错误本身和对客户不够重视造成的，进而会激怒客户，使客户对企业失去信心。

在处理客户投诉的问题上，时间拖得越长，客户积怨也就越深，同时也会使客户的想法变得越顽固，处理起来就会更加棘手。因此，处理客户投诉，在条件许可的情况下，最好能速战速决，对客户的要求能立即回复的，就应及时解决，就不要耽搁。如果因为有些问题比较复杂或特殊不能立即解决，也要给客户一个可以忍受的等待期限，并提供一些相关的服务保证，让客户静候佳音。

对于简单投诉案件，应在 1 个工作日内处理完毕；对于一般投诉案件，应在 3 个工作日内处理完毕；对于复杂投诉案件应尽快处理，每 3 个工作日对客户进行回访，并将处理进度如实告知。一旦处理问题的时间被拖延，不论结果如何客户都不会满意，而且拖得越久，处理的代价就越高昂。

不论是否能够满足客户需求，均需在投诉案件发生后记录客户投诉，为客户投诉分析，企业后期改进提供数据基础，指导改进方向。其中，客户投诉处理登记表（表 4-1）是记录投诉最常用的工具。

表 4-1 客户投诉处理登记表

投诉时间		客诉来源		客户姓名	
车型		车牌号		联系电话	
客户投诉详细内容					
客户期望					
处理部门		接单日期		处理期限	
处理过程/结果					
回访情况	□非常满意　□满意　□一般　□不满意　□非常不满意				
投诉发生原因分析					
预防措施					

6. 感谢客户

在妥善解决客户投诉问题后，要感谢客户对企业的信任与惠顾，并向客户表示决心，让客户知道今后会努力改进工作。

在投诉处理结束时，可通过封闭式的结束语了解客户满意度。例如，"您觉得这样处理可以了吗？""您还有别的问题吗？"等。如果没有，就感谢对方提出问题，并再次为给客户带来的不便和损失表示真诚的歉意。要给客户一个良好的最终印象，正如要给他一个良好的第一印象一样。

二、常见客户投诉类型

1. 按严重程度分类

（1）一般投诉　客户投诉的内容是比较常见的问题，通过投诉应对预案可以很快的解决，处理速度相对较快，解决方法也相对比较简单。比如政策性问题，客户使用网约车平台，没有注意收费标准，结束订单时发现收取了一些时长费，此时属于客户对于政策了解程度不高，可以直接引导客户查看收费标准，解决办法明确。

（2）严重投诉　严重投诉的诱因是多样的，可以是网约车服务过程中一些非正规操作或常见操作导致客户不满，进而引发投诉。也可以是由于处理客诉时间过长，将一般投诉上升为严重投诉。此类客户投诉不易解决，并且给出解决办法后客户还会将不满的情绪发泄。

2. 按投诉原因分类

（1）服务投诉　此类投诉经常发生在服务过程中，服务内容与客户预期不一致时。比如客户通过投诉处理人员投诉某已发生订单，投诉处理人员没有处理或处理未达到想要的解决办法时，客户会将投诉转变为针对投诉处理人员服务不作为的投诉。

（2）价格投诉　此类投诉最为常见，订单收费问题往往是导致客户投诉的最主要原因。如网约车租赁时，客户进行车辆租赁后，短时间内相同型号配置的车辆突然进行优惠活动，租赁价格降低，客户发现后产生不满，希望补退优惠后的差额。

（3）诚信投诉　网约车驾驶员取消订单的现象是诚信投诉中投诉量最大的问题之一，但是随着规章制度的完善，这种问题逐年降低。相比网约车租赁，因为出行计划、租赁流程等均有一整套完整的操作流程规范服务行为，诚信投诉问题也相对较少。常见于车辆租赁时，答应客户预留客户选择的租赁车辆，但是客户在取车时告知车辆已被租出，进而引发客户投诉。

（4）意外事故投诉　此类投诉发生概率相对较低，如客户租用车辆，车辆在交付前突发固有故障，导致无法交车，同时短时间内无可替代车辆，耽误客户行程，客户对服务网点产生投诉。

3. 按投诉行为分类

（1）消极抱怨型投诉　客户常因为服务过程中制度的不完善，流程的不完整导致投诉，抱怨服务过程中的不满，通常认真听取意见，表达投诉改进愿望后，客户可以很快接受。

（2）负面宣传型投诉　负面宣传型投诉影响较大，客户投诉时很可能会在网络发布投诉原因及过程，传播面较广，影响巨大，对网约车品牌和服务产生巨大考验。同时，此类投诉也为网约车运营企业改进指明了方向，虽然破坏性强，但是快速有效地应对还能为企业增加收益，查漏补缺。

（3）愤怒发泄型投诉　此类投诉客户可能只是需要一个发泄的渠道，服务过程中可能存在各种问题，通过安抚可有效改善客户态度，但投诉处理人员服务时间相对较长，由愤怒发泄转为平静的过程无法通过一两句话就能解决。

（4）极端激进型投诉　极端激进型投诉通常很难找到解决应对的办法，持续时间长，很难通过摆事实、讲道理和其他应对措施去有效处理，是投诉处理工作中的难点，只能通过安抚、劝导的方式耐心解决。

4. 按投诉目的分类

（1）**建设性投诉**　建设性投诉可促进企业发展，客户提出的投诉可能很难实施或不是一个很好的办法，但需要积极倾听，汇总并上报分析。

（2）**批评性投诉**　批评性投诉与建设性投诉正好相反，客户指出服务中的缺点及不足，从批评中寻求发展可作为网约车运营服务企业长期的追求。

（3）**控告性投诉**　控告性投诉的特点是投诉人已被激怒，情绪激动，要求投诉对象做出某种承诺。此类投诉主要表达不满，客户也无具体解决方案，需要投诉处理人员主动给定解决方案，保持心态，耐心处理。

（4）**索取性投诉**　此类投诉客户目的比较明确，客户由于未能达到某种服务预期产生投诉，希望找回预期，投诉处理人员需要根据实际情况在可控范围内处理，否则需上级审批协助解决。

三、客户投诉处理原则

网约车运营服务企业在处理客户投诉时，需要遵循一定原则，具体见表 4-2。

表 4-2　客户投诉处理原则

序号	处理原则	具体内容
1	基本原则	1）第一时间处理客户投诉 2）第一人负责制 3）2h 内相关负责人必须与客户进行电话联系 4）3 日内必须向客户反馈处理进度或结果 5）认真执行公司的销售和服务管理政策及管理流程
2	顺序原则	1）先处理情感，再处理事情 2）先安抚客户 3）使客户恢复平静 4）让客户感觉被重视 5）不做过度承诺
3	以不被媒体曝光为最高原则	1）执行预警控制及上报机制 2）事先采取"善意安抚" 3）对无理取闹、诈欺性案件，需以技巧说服 4）必要时求助公安机关

四、客户投诉的处理技巧

1. 在线投诉处理

（1）**在线投诉处理工作存在的问题，主要有以下几种：**

1）态度消极。在线投诉处理在日常工作时，由于缺乏对客户价值的认识，容易忽视用户的诉求，处理态度容易消极怠慢，继而可能会引发客户不满的问题，进而给企业带来损失。

2）情绪容易被客户影响。有些在线投诉处理人员在处理相关问题过程中，会遇到一些情绪较为激烈的客户，不够专业就容易被客户情绪影响，从而易怒易暴，进而让企业与客户之间的矛盾继续升级,最后可能会让企业面临更严重的后果,给企业带来不好的影响。

(2) 在线投诉处理不当的主要原因,一般有以下几点:

1) 态度积极性不够。

2) 对投诉客户的情绪缺乏意识。

3) 处理投诉流程缺乏规范性。

4) 赔偿制度不够完善。

(3) 在线投诉处理的主要技巧,结合原因,需要运用以下处理技巧:

1) 完善自身修养,培养职业素养。

2) 先安抚情绪,再解决问题的原则。

3) 处理要遵流程、依制度。

综上所述,由于服务对象的差异性,可能会遇到形形色色的客户及客户诉求。在线投诉处理人员作为第一时间接触投诉的客户,并处理客户的投诉,在处理过程中,需要注意方法和技巧,有目的性、有程序地解决客户投诉问题,既满足用户的需求,又有意识地降低企业服务的成本,兼顾企业及客户双方的利益,最终实现双赢。

2. 电话投诉处理

电话投诉处理时,有几种难以应付的投诉客户,具体类型及常见处理方法见表4-3。

表4-3 电话投诉中难以应付的投诉客户应对技巧

序号	客户类型	客户特征	常见应对技巧
1	以感情用事诉说者	情绪激动,或哭或闹	1. 保持镇定,适当让客户发泄 2. 表示理解,尽量安抚,告诉客户一定会有办法解决的 3. 注意语气,谦和但有原则
2	滥用正义感者	语调激昂,认为自己在为民族产业尽力	1. 肯定用户,并对其反映问题表示感谢 2. 告知网约车服务企业的发展离不开广大客户的爱护与支持
3	固执己见者	坚持自己的意见,不听劝	1. 先表示理解客户,力劝客户站在相互理解的角度解决问题 2. 耐心劝说,根据产品的特性解释所提供的处理方案
4	有备而来者	一定要达到目的,了解相关法律,甚至会记录投诉处理人员的谈话内容或录音	1. 投诉处理人员一定要清楚公司的服务政策及相关法律规定 2. 充分运用政策及技巧,语调充满自信 3. 明确希望解决客户问题的诚意
5	有社会背景及宣传能力者	通常是某重要行业领导、电视台、报社记者、律师,不满足需求会实施曝光	1. 谨言慎行,尽量避免使用文字 2. 要求无法满足时,及时上报有关部门研究 3. 要迅速、高效地解决此类问题

3. 现场投诉处理

现场投诉处理常见于网约车租赁企业,现场处理不仅要会处理客户投诉,更要根据不同客户类型采取针对性处理措施,整合3种客户类型的具体处理方法,见表4-4。

表4-4 不同客户投诉处理方法

序号	客户类型	客户特征	正确做法	错误做法
1	主导型	往往只注重结果,而不关心过程,通常没有耐心。其竞争欲望强烈、容易烦躁,注重身份,做事只看结果	清楚、具体、击中实质;有准备、安排有序;抓住问题、不跑题;提供的事实有逻辑性;注重事实,给出选择	漫不经心、浪费时间;没有组织、丢三落四;闲聊;模糊不清、漏洞百出;使客户无法把握局势;替客户做决定
2	社交型	乐观、善于交流、有说服力,努力使别人认可其观点,一般是面带微笑,健谈甚至喋喋不休,喜欢与人交往、使人信服	让他们畅谈自己的想法;给客户时间和你交流;谈论客户的目标;询问客户对待事情的看法;说明你的观点;要使客户兴奋、有兴趣;提供证据;刺激客户的冒险欲望	做事循规蹈矩,不行动;简短的话语,不爱说话;注重事实、数字;花太多时间畅谈想法;不做决定;太具事务性;讲话时高人一等;花太多时间交谈
3	分析型	希望精确,注重事实、数据,做事认真。通常语调单一,没有抑扬顿挫,做事喜欢分析、权衡利弊后再做决定,很少有面部表情,使用精确的语言	有所准备;直截了当,单刀直入;考虑问题的所有方面;留给他们空间;给客户时间做决定;引用名人事实和数字;持之以恒;树立时间概念及衡量体系	没有组织,秩序混乱;随便、非正式、个人化;只想知道结果;身体接触;强迫客户迅速做出决定;太重感情;不能坚持到底;出其不意,迅速

五、客户投诉意见及建议管理

1. 投诉回访

规范客户投诉回访工作,有助于及时验证服务工作的质量和效果,确保客户投诉处理工作质量。

投诉处理完毕后,应在24h内对客户进行回访,回访的方式可以采用电话、上门、E-mail或网站中BBS、留言板等。对于客户不满意的处理结果,要将客户的意见作为新的投诉进行重新处理。

回访内容主要是让客户评价此次回访的满意度,主要考评投诉处理响应速度、处理态度等,为服务改善打下基础。客户投诉处理满意度调查表见表4-5。

2. 投诉原因分析

投诉原因分析主要通过投诉汇总表汇总当月或当季度投诉信息,常用帕累托图进行分析总结,找出产生大多数问题的关键原因,解决大多数且影响较高的问题。

帕累托法则往往称为二八原理,即80%的问题是20%的原因造成的。在帕累托图中,不同类别的数据根据其频率降序排列,并在同一张图中画出累积百分比图。帕累托图可体现帕累托原则:数据的绝大部分存在于很少类别中,极少剩下的数据分散在大部分类别中。这两组经常被称为"至关重要的极少数"和"微不足道的大多数"。

数据统计并分析出主要原因后,分析结果提交上级管理部门进行服务改善处理。通过修补问题,可将消极的问题转变成积极的发展促进。

表 4-5　客户投诉处理满意度调查表

一、客诉响应速度：（指给出初步反馈意见的速度，初步反馈意见指初步原因推断、计划如何解决等信息）

　　　　○非常满意　○满意　○一般　○不满意　○非常不满意

二、客诉按时完成率：（指是否在 7 个工作日内给出最终解决方案）

　　　　○非常满意　○满意　○一般　○不满意　○非常不满意

三、客诉处理态度：（指处理过程中是否积极配合进行调查，是否存在拖沓、推卸责任的情绪）

　　　　○非常满意　○满意　○一般　○不满意　○非常不满意

四、客诉处理依据性：（指调查中是否进行了足够的验证，有无依据并且处理依据合理）

　　　　○非常满意　○满意　○一般　○不满意　○非常不满意

五、原因分析准确性：（指调查出的原因是否符合逻辑，是否对应投诉内容）

　　　　○非常满意　○满意　○一般　○不满意　○非常不满意

六、解决方案合理性：（指给出的最终解决方案是否合理，客户是否满意）

　　　　○非常满意　○满意　○一般　○不满意　○非常不满意

七、解决方案完成率：（指解决方案是否实施完毕）

　　　　○非常满意　○满意　○一般　○不满意　○非常不满意

八、其他建议：

帕累托图分析

已知某网约车平台月底统计投诉问题及投诉数量见表 4-6。

表 4-6　某网约车平台月度投诉问题及数量样例

序号	投诉问题	投诉数量	累计百分比
1	驾驶员服务态度恶劣	1158	35.69%
2	驾驶员要求加价或现金支付	764	57.58%
3	绕路多收费	668	77.59%
4	驾驶员未及时结束计费	303	86.67%
5	驾驶员提前计费	217	93.17%
6	驾驶员危险驾驶	125	96.91%
7	驾驶员多收附加费	60	98.55%
8	发票问题	28	99.55%
9	未坐车但产生费用	15	100%

根据数据制作出帕累托图,如图4-12所示。

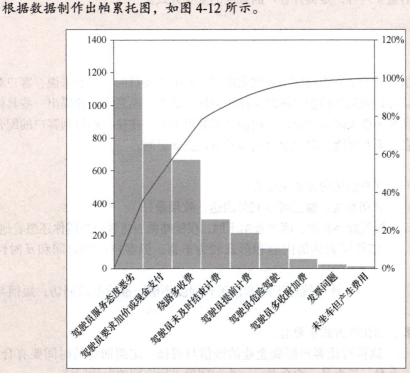

图4-12 帕累托图

由图可明显看出,驾驶员服务态度恶劣和驾驶员要求加价或现金支付在当月投诉占比最高,由此确定后期平台运营改进方向是这加强这两方面的管理。

任务三 客户关怀及满意度回访调查(初级)

任务描述

客服专员需对回访名单,完成客户关怀工作。请你作为客服专员,针对名单上不同的回复要求完成客户关怀工作。并根据客户关注点,完成客户满意度调查问卷的设计。

任务目标

1. 能够根据回访要求完成网约车驾驶员和承租人的关怀回访。
2. 能够根据客户关怀要求,完成标准话术制订。
3. 能够通过不同的调查方法获取客户服务改进意见。
4. 能够根据满意度调查目的,设计调查问卷。

相关知识

客户关怀的作用旨在提升客户忠诚度和满意率,而客户回访关怀会创造客户价值,客户回访是客户服务的重要内容,是提升客户满意度的重要方式。

一、客户回访

1. 回访目的

客户提供的信息是企业在进行回访或满意度调查时的重要目的。一般来说,客户对于具有品牌知名度或认可其诚信度的企业的回访往往会比较放心,愿意沟通和提出一些具体的意见。如果企业本身并不被太多人知晓,而回访又策划得不好,往往很难得到客户的配合,得不到什么有用信息,更有可能会对企业及其形象造成负面影响。

2. 回访方式

按照渠道不同,客户回访的方式主要有:

(1)电话回访　亲切直接,诚意可以充分表达,效果最好。

(2)短信回访　短信数字有限,客户基本不回,仅能略微表达客户知道你还想着他而已。

(3)邮件回访　邮件可表达的内容和形式较为丰富,但客户收到时间和及时性没有保障。

(4)点评系统回访　点评系统过于随意,正式程度不够。推荐电话回访,短信与邮件结合次之。

按租赁周期看,回访的方式主要有:

(1)定期回访　这样可让客户感到企业的诚信与责任。定期回访的时间要有合理性。如以成交一周、一个月、三个月、六个月……为时间段进行定期的电话回访。

(2)租后服务回访　这样可让客户感觉企业的专业化。特别是在回访时发现了问题,一定要及时给予解决方案。最好在当天或第二天到现场进行问题处理,将客户的抱怨消灭在最小的范围内。

(3)节日回访　在平时的一些节日回访客户,同时送上一些祝福的话语,以此加深与客户的联系。这样不仅可以起到亲和的作用,还可以让客户感觉到一些优越感。

3. 回访技巧

(1)面带微笑服务　每天重复做同样的工作会产生心理疲劳,缺乏兴奋点是在所难免的。精神上不亢奋,在工作上就会懒散,表情上就会显得淡漠。所以每一个员工都应该明白唯有调整好心态,以良好的心态去对待每一天的工作。

(2)话术规范服务　话术规范服务是客户人员在为回访对象提供服务过程中应达到的要求和质量的标准,话术规范服务是体现一个公司的服务品质。因此,公司可专门拟定一系列规范话术,也是为突破性地提高服务质量,减少客户投诉,缩短与其他公司服务水平的差距。

(3)因人而异、对症下药

1)对冲动型客户莫"冲动"。

2)对寡断型客户"果断"地下决心。这类客户表现优柔寡断,常常被人左右拿不定主意。特别是新单回访中常常会出现此类客户,客户租车后,害怕出问题租赁企业不负责、害怕车辆有安全问题、对汽车租赁业务充分怀疑等,应付这类客户须花很多时间,客服必须用坚定和自信的语气消除客户忧虑,耐心地解答客户疑问,促进成交。

3)对满足型客户的"欲望"送一个巧妙台阶。对这类客户要采用夸赞性语言满足其自尊心。客户的抱怨只不过是原来就有不满情绪，正好借题发挥或小题大做。发泄的目的主要是找机会倾吐一番。对这样的客户，也不可对其失礼。不妨请客户把话讲完，同样征求客户对问题应如何解决所持有的意见，满足客户的讲话欲望，使其自尊心不受伤害，这样不需要采取更多的措施，也能把问题解决。

在客户回访中，有效地利用提问技巧也是必然的。通过提问，可尽快找到客户想要的答案，了解客户的真正需求和想法。通过提问，理清自己的思路，同时通过提问，也可让愤怒的客户逐渐变得理智起来。

4. 回访要点

（1）细分工作　在客户回访前，要对客户进行细分。客户细分的方法很多，企业可以根据自己的具体情况进行划分。客户细分完成后，对不同类别的客户制订不同的服务策略。例如有的公司把要回访的客户划分为高效客户（市值较大）、高贡献客户（成交量比较大）、一般客户和休眠客户等；有的公司从客户购买产品的周期角度判断客户的价值类别，如高价值（月）、一般价值（季度/半年）、低价值（一年以上）。对客户进行细分也可按照客户的来源分类，例如定义客户的来源包括自主开发、广告宣传、老客户推荐等。

客户回访前，一定要对客户做出详细的分类，并针对分类拿出不同的服务方法，增强客户服务的效率。总而言之，回访就是为更好的客户服务而服务的。

（2）明确客户需求　确定了客户的类别以后，明确客户的需求才能更好地满足客户。最好在客户需要找客服前，进行客户回访，才更能体现客户关怀，让客户感动。

很多企业都有定期回访制度，这不仅可以直接了解企业服务流程的问题，而且可积累企业服务过程中的问题。回访的意义要体现企业的服务，维护好老客户，了解客户所想所需，是要售后服务再多一些，还是觉得产品应该再改进一些。实际上企业需要客户的配合来提高服务能力，这样才会发展得越来越好。

一般客户在遇到问题时、客户所租车辆有故障或需要维修时、客户想再次租车时是客户回访的最佳时机。如果能掌握这些，及时联系到需要帮助的客户，提供相应的支持，将大大提升客户的满意度。

（3）确定回访方式　客户回访有电话回访、电子邮件回访及当面回访等不同形式。从实际的操作效果看，电话回访结合当面回访是最有效的方式。

（4）抓住回访机会　客户回访过程中要了解客户在租车服务过程中不满意的地方，找出问题；了解客户对本公司的系列建议；有效处理回访资料，从中改进工作、改进产品、改进服务；准备好对已回访客户的二次回访。通过客户回访不仅解决问题，还能改进公司形象、加深与客户的关系。

（5）促进成交　最好的客户回访是通过提供超出客户期望的服务来提高客户对企业或产品的美誉度和忠诚度，从而创造新的销售可能。客户关怀是持之以恒的，销售也是持之以恒的，通过客户回访等售后关怀来增值产品和企业行为，借助老客户的口碑来提升新的销售增长，这是客户开发成本最低也是最有效的方式之一。开发一个新客户的成本大约是维护一个老客户成本的 6 倍，可见维护老客户的重要性。

（6）正确对待抱怨　客户回访过程中遇到客户抱怨是正常的，正确对待客户抱怨，不仅要平息客户的抱怨，更要了解抱怨的原因，把被动转化为主动。企业可在客服部门设立意见搜集中心或进行详细反馈记录，收集更多的客户抱怨，并对抱怨进行分类，例如抱怨来自服务质量的不满意（所租车辆有问题、平台流程机制不好）、来自服务人员的不满意（不守时、服务态度差、服务能力不够等）等方面。通过解决客户抱怨，不仅可以总结服务过程，提升服务能力，还可以了解并解决企业业务存在的问题。

5. 常见回访话术

关怀回访既是对客户的情感需求进行兼顾，也表达对客户的真诚、努力和用心服务。所以进行客户关怀回访是表达企业对客户用心的最佳方式。关怀回访可分很多种，如生日关怀、注册周年关怀、客户体验调研、租后服务关怀、意见反馈等。在进行回访时，首先客服的话题要让客户感兴趣，而非给客户一种推销产品的感受；另外要弄清楚客户的真正需求，为客户着想，给出客户满意的答案，才有往下沟通的基础。

（1）来电客户回访话术

开头语：您好！请问是×××先生/女士吗？

自我介绍：您好，我是×××汽车租赁公司×××，不好意思打扰您了！

回访话术：

①之前您有打电话咨询过租车业务，请问您现在还有租车需求吗？

②在您整个电话咨询过程中，我们业务人员的服务给您的感觉满意吗？（如果不满意询问改进的地方）

结束祝福语：×××先生/女士，非常感谢您对我们工作的支持，那我今天就不多打扰您了，欢迎您下次选择×××，祝您生活愉快！

（2）已租客户满意度回访话术

开头语：您好！请问是×××先生/女士吗？

自我介绍：您好，我是×××汽车租赁公司×××，不好意思打扰您了！

回访话术：

距离您之前租车已经有一段时间了，在您租赁期间，请问您对我们的服务还满意吗？如果是十分的话，能让您打几分呢？

客户需求询问：请问您租车期间，有什么问题吗？

结束祝福语：谢谢您一直的肯定，有什么需求和建议请随时与我们联系好吗？

以上这些问题我会及时向我们相关部门反映处理。

（3）未支付订单的提醒话术

乘客您好，您近期使用×××APP有车费还未支付，为不影响后续用车请尽快支付，如您希望自动支付车费，可在×××APP开通免密支付。

（4）功能体验满意度回访

尊敬的×××用户，您于××年××月××日××：××使用过乘客端服务中心服务，我们很重视您的使用体验，请单击链接将您的咨询体验反馈给我们。感谢您的参与！

（5）节日关怀短信话术

×××女士/先生，×××公司携全体员工祝您春节愉快，万事如意。感谢您一直以来对×××公司的支持，欢迎垂询×××。

新春的阳光普照您的每一个日子，让掌声和鲜花陪伴您的人生旅程。新的一年，新的起点，新的祝福，新的期盼！×××全体员工祝您：春节快乐！

二、度量客户满意度的价值

若想要知道客户是否满意,网约车租赁公司可通过开展客户满意度调查以发现销售、服务流程中的问题和不足,并能透视出网约车租赁公司中管理的不足,将工作落实到不同部门,分头解决,改善服务水平,优化销售和服务流程,从而提升客户的满意度。

三、客户满意度调查

1. 明确客户满意度调查对象

客户是产品、服务接受者的统称,包括现实客户、使用者和购买者、中间商户、内部客户等。在实践中应根据客户满意度调查目的差异,针对不同的类别,确定测评客户的对象范围。

(1) **现实客户** 已经实际体验过本企业产品或服务的客户,即为现实客户。这类客户一般为客户满意度调查的主要对象。在实际操作中,很多企业并不是因为没有吸引到足够多的客户导致失败,而是由于未能提供客户满意的商品或服务引起客户流失。因此调查并提高现实客户的满意度是至关重要的。它投入少,同时以特定客户为对象,目标固定,效果明显。对现实客户的调查是最常用的一种满意度调查方法。在客户对象明确的情况下,尤其对于已经建立客户档案,留有客户相关信息的企业,采用这种方法可迅速得到反馈信息。通过印刷好的问题和答案选项的问卷进行调查,调查的效率较高。

(2) **内部客户** 客户满意度的调查不仅要包括对传统客户的调查,还包括多企业内部客户的调查。作为对外提供商品和服务的整体,企业内部各部门之间的相互协作程度、认可程度、满意程度直接影响到企业的运作。因此企业内部客户的满意度是客户满意调查中不可忽视的一方面,只有各部门都能为其他部门提供满意的产品或服务,企业才能最终提供给客户满意的商品或服务。

2. 确定满意度调查的内容

对于网约车租赁企业,客户一般为乘客、驾驶员两个身份。两者因业务不同,享受企业带来的服务也不同,所以必须识别客户和客户的需求结构,明确开展客户满意度调查的内容。不同的企业、不同的产品拥有不同的客户。不同群体的客户,其需求结构的侧重点是不同的。一般来说,调查的内容主要包括以下几方面:车辆内在质量,包括产品技术性能、可靠性、可维护性、安全性等;系统平台功能需求,包括使用功能、辅助功能;企业服务需求,包括租前和租后服务需求;车辆外延需求,包括公司管理条款、维保站点体系、驾驶员培训支持等;客户满意度调查内容见表4-7。

表 4-7 客户满意度调查内容

客户类型	调查项目	具体内容
承租人的满意度	车辆使用的满意度	车辆使用中的安全、可靠、经济与环保、车辆性能、车辆车况、使用安全性、节约能源等
		车辆的设计,包括外观造型、质感、重量
		车辆的空间感,包括舒适性、容纳性等
		车辆的使用寿命

(续)

客户类型	调查项目	具体内容
承租人的满意度	服务的满意度	服务的绩效，指服务的核心功能及其所达到的程度
		服务的保证，指核心服务提供中的准确性和回应性
		服务的完整，指提供服务的多样性、周到情况
		服务的方便，指服务的简易性、使用的灵活性
	人员互动的满意度	人员礼仪，与客户接触时外边的整洁，接待的友善，考虑客户的立场
		人员沟通，用客户能理解的语言，耐心倾听，确认客户需解决的问题，邀请客户参与
		重复访问，如提供个性化的关心，准确识别老客户，满足客户特殊需求
	平台质量和使用方面	平台的功能满足
		平台稳定可靠性
		平台功能友好易用性
		平台的界面美观性
乘客的满意度	驾驶员服务质量满意度	驾驶员技能，包括驾驶员的驾驶技能、对道路熟悉度，不绕远路
		驾驶员形象，包括驾驶员礼仪文明，穿着得体
		驾驶员素养，包括预订网约车后，驾驶员爽约情况、取消订单；驾驶员有帮助乘客的意识，如帮助提行李等
		乘车环境，包括车内有无异味、所约车型一致性
		驾驶员服务，包括准时达到指定地点，安全送达目的地等
	价格满意度	支付方式便利性
		出行价格合理透明性
		优惠程度
	出行安全性满意度	在线支付环境安全性
		驾驶员驾驶安全性，包括驾驶员开车过程中有无分心驾驶行为、驾驶员驾驶急制动、急加速等出现频率
		驾驶员按照规定路线行驶
	投诉反馈满意度	客服接待投诉的态度，包括语速语调适中、话语规范性、语言运用等
		客服处理投诉的效率，包括是否给予解答、给予补贴、给予处理
		客服是否进行投诉反馈或回访

(续)

客户类型	调查项目	具体内容
乘客的满意度	平台质量和使用方面	平台的功能满足
		平台稳定可靠性
		平台功能友好易用性
		平台的界面美观性
		平台的保密性

3. 构建客户满意度调查指标体系

（1）客户满意度调查指标　客户满意度是衡量客户满意程度的量化指标，由该指标可直接了解企业或产品在客户心目中的满意程度。客户满意度指标通常包括以下内容。

1）美誉度。美誉度是客户对企业的认可和赞赏的程度。对企业持积极肯定的客户，自然对企业提供的产品服务满意。其满意的态度，或直接来源于过去的交易事项，或由其他满意者口传相告而建立。以美誉度为测试指标，可以知道企业在客户心目中的认可程度。

2）指定度。指定度是指客户指明消费企业产品或服务的程度。若客户对某种产品或服务建立了高度的满意感，则会在消费过程中放弃其他选择，专门指定消费企业产品。

3）重复消费率。重复消费，即为回头客。客户消费了企业产品服务后再次消费，或愿意再次消费，或乐于介绍他人消费的比例，即为重复消费率。当某客户消费了产品服务后，若心里十分满意，肯定会产生重复消费；如果产品或服务不能重复消费，客户也会向同事、亲友大力推荐，引导他们进行消费。因此，重复消费率也是衡量客户满意度的重要指标。

4）销售率。销售率，即产品或服务的销售比例。一般而言，如果产品、服务的销售率比较高，说明客户满意度比较高，反之客户满意度较低。

5）抱怨率。所谓抱怨率，是客户在消费企业的产品或服务后产生抱怨的比例。抱怨是客户不满意的具体表现，统计抱怨率可得知客户对产品服务不满意的情况。

（2）客户满意度测试指标体系（CSM）　建立客户满意度测试指标体系的目的是为了了解客户的期望和要求，了解客户关注的焦点问题，同时有效测评客户的满意度。在建立过程中必须以客户为中心，选择可测量的指标，突出与竞争者的比较并迎合市场变化。一般情况下，居民服务业开展的客户满意度调查，可参照《商业服务业顾客满意度测评规范》进行，网约车回访也可参照此规范进行。

商业服务业顾客满意度测评指标体系核心内容（一级指标）即为客户满意度指数。二级指标包括 8 个指标，用于测量客户在接受特定服务前后的有关感受，其中客户满意度的原因指标有 5 个，结果指标有 3 个。三级指标共 29 个，见表 4-8。

4. 明确调查的方法

目前，通常采用的客户满意度调查方法主要包括以下 3 种：

（1）问卷调查　这是一种最常用的客户满意度数据收集方式。问卷中包含很多问题，需要被调查者根据预设的表格选择该问题的相应答案，客户从自身利益出发来评估企业的服务质量、客户服务工作和客户满意水平。同时也允许被调查者以开放的方式回答问题，从而能够更详细地掌握他们的想法。

表 4-8 三级测量指标

一级指标	二级指标	三级指标
客户满意度指数	企业/品牌形象	企业/品牌总体形象、企业/品牌知名度、企业/品牌特征显著度
	客户预期	总体质量预期、可靠性预期、个性化预期
	产品质量感知	总体产品质量感知、产品质量可靠性感知、产品功能适用性感知、产品款式感知
	服务质量感知	总体服务质量感知、有形性质量感知、可靠性质量感知、保证性质量感知、响应性质量感知、关怀性质量感知
	价值感知	给定质量下对价格的评价、给定价格下对质量的评价、与同层次竞争对手相比之下对价格的评价
	客户满意度	总体满意度、实际感受同预期的服务水平相比的满意度、实际感受同理想服务水平相比的满意度、实际感受与同层次竞争对手相比的满意度
	客户抱怨	客户抱怨与否、客户投诉与否、投诉处理满意度
	客户忠诚度	接受服务的可能性、向他人推荐的可能性、价格变动忍耐性

（2）二手资料收集　二手资料大都通过公开发行刊物、网络、调查公司获得，在资料的详细程度和资料的有用程度方面可能存在缺陷，但可作为深度调查前的一种重要的参考。特别是进行问卷设计的时候，二手资料能提供行业的大致轮廓，有助于设计人员对拟定调查问题的把握。

（3）访谈研究　访谈研究包括内部访谈、深度访谈和焦点访谈。

1）内部访谈是对二手资料的确认和对二手资料的重要补充。通过内部访谈，可以了解企业经营者对所要进行的项目的大致想法，同时内部访谈也是发现企业问题的最佳途径。深度访谈是为了弥补问卷调查存在的不足，有必要时实施的典型用户深度访谈。

2）深度访谈是针对某一论点进行一对一的交谈，在交谈过程中提出一系列探究性问题，用以探知被访问者对某事的看法，或做出某种行为的原因。一般在实施访谈之前应设计好一个详细的讨论提纲，讨论的问题要具有普遍性。

3）焦点访谈是为了更周全地设计问卷或为了配合深度访谈，可以采用焦点访谈的方式获取信息。焦点访谈就是一名经过企业训练过的访谈员引导 8~12 人（客户）对某一主题或观念进行深入的讨论。焦点访谈通常避免采用直截了当的问题，而是以间接的提问激发与会者自发的讨论，可以激发与会者的灵感，让其在一个"感觉安全"的环境下畅所欲言，从中发现重要的信息。

5. 设计调查问卷

调研的具体开展，必须借助一定的媒介。调查表作为信息量充足、口径一致、便于统计分析的数据载体，在实践中有着广泛的运用。在其设计上，需注意以下问题。

（1）题型设计

1）选择式。选择式设计即给出问题的若干备选答案，由客户进行选择。一般分为二项选择式和多项选择式。二项选择式是指提出的问题仅有两种答案可以选择。

例如：您的性别？　　男○　　女○

多项选择式是根据问题列出多种可能的答案，由被调研者从中选择一项或多项答案。

例如：客户服务代表在哪方面表现特别突出？（在您认为合适的○内画√）
耐心○　　热忱○　　专心听取○　　友善○　　反应迅速○

选择式提问的优点是易于理解，客户乐于选择，可迅速得到明确的答案，便于统计处理，分析也比较容易。

2）填空式。填空式设计是指在问题后面加一短线，由被调查者将问题答案写在短线上。

例如：您的出生年月＿＿＿＿＿＿，您的职业＿＿＿＿＿＿。

3）判断式。判断式设计即给出命题，由客户根据体验判断其正误。由于结果为"是""否"两种，客户的主观判断直接明了，在操作中简便易行。但对于客户满意度而言，极端结果（很满意、很不满意）一般情况下不容易出现，所以此类题目的设计需慎重。

4）矩阵式。矩阵式设计是将若干个问题及答案列成矩阵，以一个问题的形式表达出来。这种形式可大大节省问卷的篇幅，将同类问题放在一起又特别有利于被调查者阅读和填答。

例如：
您对×××汽车租赁品牌的评价是怎样的？

	很不满意	不满意	一般	满意	很满意
性价比	○	○	○	○	○
车辆卫生	○	○	○	○	○
服务态度	○	○	○	○	○
地理位置	○	○	○	○	○
广告宣传	○	○	○	○	○
车辆美观	○	○	○	○	○
车辆性能	○	○	○	○	○

5）顺位式。顺位式设计是列出若干项目，由被调查者按重要性决定回答的先后顺序。

例如："关于后续功能：以下哪些功能和业务，您希望在后续版本中看到和使用？（请将所给答案按重要顺序1、2、3……填写在○中）
○ 评价/投诉乘客　　　　　　　　○ 中途等候费
○ 接客人时的步行导航　　　　　　○ 举报违规客人/刷单
○ 提前查看客人目的地导航　　　　○ 新的返程方式
○ 查看更多周边驾驶员信息　　　　○ 主动领取驾驶员任务
○ 成长体系中不同等级对应更多权益　○ 未付款订单主动催付
○ APP内在线客服　　　　　　　　○ 其他功能（请详细说明）

顺位式便于被调查者对其意见、动机、感觉等做衡量和比较性的表达，也便于对调查结果加以统计。但调查项目不宜过多，否则容易分散，很难顺位。

6）开放式。开放式也称自由回答式。这种形式是调查者提出问题，但不提供问题的具体答案，由被调查者自由回答，没有任何限制。采用开放式的答题方式，可以让客户充分发表见解，带来丰富的结论。但此类题目一方面对于答案的辨析、统计比较难统一口径，同时客户有畏难心理，不愿多花时间表述，或用很简单的语言表达，易造成信息失真。

> 例如：您对×××汽车租赁公司有哪些建议吗？原因？

（2）测评级度设计　一般情况下，客户满意度可分成7个梯级，在问卷设计中应尽可能体现7个梯级的过渡。根据心理学的梯级理论，对7个梯级给出的参考指标见表4-9。

表4-9　梯级的参考指标

梯级	指标	分析
很满意	满足、感谢	客户的期望不仅完全达到、没有任何遗憾且大大超出了自己的期望，客户会主动向亲朋宣传，介绍推荐，鼓励他人消费
满意	赞扬、愉快	期望与现实基本相符，客户不仅对自己的选择予以肯定，还乐于向亲朋推荐
较满意	肯定、赞许	客户内心还算满意，但与更高要求尚有一段距离，而与一些更差的情况相比，又令人安慰
一般	无明显情绪	没有明显正、负情绪的状态，不好也不差
不太满意	抱怨、遗憾	客户虽心存不满，但也不会有过高要求
不满意	气愤、烦恼	希望通过一定方法进行弥补，有时会进行反宣传，提醒自己的亲友不要去购买同样的商品或服务
极不满意	愤慨、投诉、反宣传	找机会投诉，还会利用一切机会进行反宣传以发泄心中的不快

（3）客户满意度调研栏目　在问卷设计中，项目不能太多，应根据近一段时间发生的问题有重点地提出，结构与问题尽量简洁明了，让客户容易回答。一般情况下客户满意度调研栏目见表4-10。

表4-10　客户满意度调研栏目

调研栏目	解释
基本项目	客户基本情况，购买的产品或服务，产品取得方式、时间等
总体满意度	即客户对企业总体的满意度评价
产品指标	产品的性能、价格、质量、包装等
服务指标	服务承诺、服务内容、响应时间、服务人员态度等
沟通与客户关怀指标	沟通渠道、主动服务等
与竞争对手比较	产品、服务等方面的比较
重复消费	再次消费及向他人推荐的可能性
问题与建议	对企业提出宝贵建议

6. 实施客户满意度调研

客户满意度信息的调研，不仅仅是客户服务部的工作，还需要其他部门成员的共同协作。

客户服务部负责将客户的资料输入有关客户管理的数据库，将接到的客户投诉意见进行预处理和登记，根据计划向客户派发客户满意度调研表，落实调研的有关具体工作。其他部门可以辅助收集客户对公司产品、服务、信誉等方面的意见。当调研规模较大时，也可以抽调相关部门的人员加入。调研中注意有关人员对相关指标的理解要统一，便于与客户做到有效沟通。若有专业化的社会组织介入，也需做好沟通工作。

调查结果的收回，一要讲究时效性，即注意调研整体进度的合理展开，不应过于匆忙或冗长；二要注意回收率应得到保证，对客户进行必要的答谢。

任务四　客户满意度数据分析（初级）

任务描述

某网约车运营服务企业需要评估本年度客户满意度，请你作为客服经理，对客户满意度调查数据进行统计分类，运用数据分析技巧制订客户满意度调查报告。

任务目标

1. 能够根据客户回访数据，进行数据统计筛选工作。
2. 能够运用常见数据分析工具与技术，制订客户满意度调查报告。

相关知识

一、客户满意度数据筛选与处理

1. 客户满意度调查数据筛选现状

客户满意度测评对服务工作改进有着重要的意义，但是对于客户满意度测评中满意度调查数据有效性的筛选工作却处于原始的人工筛选状态，当前满意度调查处理常常会出现以下问题：

1）客户满意度调查数据的筛选很大程度上是依赖人工定义规则筛选，当问卷量及数据量相对较大或成百上千时，不但会耗费大量的人力，而且处理中若不注意，很容易产生低级错误，系统录入错误后无法实现检查。

2）客户满意度的计算若直接使用筛选不彻底的数据或者采用均值填充后的数据，计算客户满意度数据，势必导致客户满意度失真，甚至会影响未来工作的发展方向，由此可看出，数据筛选原则已成为客户满意度测评研究的一个重要方面。

2. 数据筛选的基本原则

（1）**准确性原则**　即数据表中的数字根据满意度测评规定是准确的。例如在一个10分法满意度测评过程中，评分者给予的评分必须是在给定的1~10的自然数序列当中，若出现了非自然数，或出现了小于1或大于10的数字均系错误，应删除相应的调查问卷。

（2）**重复性原则**　问卷答案重复的原因可能是巧合，也有可能是分发问卷者或调查提问者作弊，而从事件发生的概率来看，相邻的两个反馈数据雷同的概率很小，那么如果出现了相邻调查雷同的情况，可删除其中一份问卷以避免因作弊等原因产生的人为误差。

（3）**空项原则**　按照社会调查的一般原则，对某些问题不作答的情况即空项情况要给予严格控制，不同的调查内容和研究目的对空项的要求不同，有些调查不允许任何空项，有些允许一定比例的空项存在。

满意度调查调研的是个体的满意程度，对于某些问题不予做答可以接受，但是如果空项率过高，其原因可能是不认真作答，所以满意度调查问卷的空项原则要求不需过于苛刻，根据问卷自身问题要求而定。一般采取若满意度调查问卷超过了50%的空项，则视问卷为无效数据。

（4）**同一性作答原则**　研究表明，对于同一性作答，在实践中有的要求不能超过8道题目连续一致，有的要求10个，有的要求不能全部一致；中庸性作答，1~5评分，选择3的频次超过50%视为无效；录入错误的数据，视为无效。

3. 数据的分类整理

将调查的数据作分类整理，最终目的是将所获的调查信息转化为便于分析与报告的数据形式，需要特别强调的是开放式问题的整理。

在客户满意度调查中，开放式问题的使用引出大量散乱的信息，必须对这些文字性信息进行整理，才能进行分析，进而得出有意义的结论。

常用的两种技术是：为答案后编码和数据的分类整理。这两种方法都是在客户给出答案之后应用，可像对待封闭式问题一样有效地分析它。

分类整理主要包括下列几个步骤：

1）浏览所有问卷中的同一个题目。

2）对答案中涉及的方面进行分类，对侧重点不同的评论单独处理，不能简单地归为一类。

3）为每一类观点计算提及的次数、占回答问题客户的百分比等。

需要特别说明的是，某些客户总会因为各种理由对某些或某个问题没有做出回答。客户没有回答某特定问题，就会带来缺失值问题，对缺失值的处理会直接或间接影响到分析结果的正确性与可信性。可结合实际，从样本的代表性方面考虑做出选择：

1）删除不完整的客户问卷。

2）对于某一个问题或题目，缺失值不予考虑。

3）用样本均值代替缺失值。

4）用该客户对其他问题回答的均值代替缺失值。

二、客户满意度数据的分析方法

1. 客户满意度数据的描述性统计分析

描述性统计分析通过一系列的频数分布等描述了总体特征，有利于把握客户的总体特征，同时为后面更为具体和综合的分析奠定基础。

（1）**集中趋势分析**

1）均值：也称为算数平均数，就是对样本客户的回答进行算数平均，是描述客户对整体以及更多的特定业绩满意度回答的常用方法。

2）中位数：当对客户回答按由大到小的顺序进行排列后，位于中间位置的值（样本量为奇数时）或中间位置两个值的算数平均（样本量为偶数时）。均值易受极大值和极小值的影响，而中位数不会受到该方面的限制。

3）众数：对某一特定答案客户回答最多的，称为众数，也就是频数最大、客户体积最多的特征值。

（2）离散趋势分析

1）方差：描述客户满意度的差异大小，相距平均值的远近。方差值越大，客户关于满意度的评价差异也越大。

2）标准差：方差的平方根即为标准差，意义与方差相同。

3）全距：最大值与最小值之差，该统计量易受极大值与极小值的影响。

在描述性统计分析中，更加方便的分析方法是分位数分析，分位数有四分位数、十分位数等，是与中位数相联系的统计量。为了更精确地描述客户满意度的分布特征，近年来通常采用十分位数进行分析。分位数的思想简单，例如，当五十分位数取值为 8 时，就说明有一半（5/10）的客户满意度在 8 分以下，一半（5/10）在 8 分以上。

（3）被调查人权特征分析　采用一些人口统计变量如性别、年龄、受教育程度等将被调查客户群进行分类，然后计算每一类客户群的特征指标，指标的计算有助于客户满意度的分析，通常是进行客户满意度指数的交叉分析的分类基础以及企业对其产品进行市场定位的决策依据。

被调查客户特征分析的主要工具是饼图和柱形图。

饼图通常用来表示不同测评指标的百分比或结构，如被调查客户群的年龄结构、各类教育程度的客户群分别占全体被调查客户群的百分比等。

柱形图通常用来突出不同测评指标在每一类客户群的大小。

除了统计量，还可采用直方图等形象直观的图表来表述客户满意度的分布特征，反映客户满意度的集中趋势和离散趋势，如图 4-13 所示。

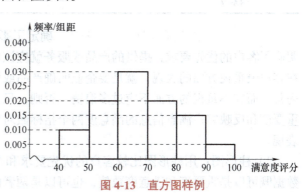

图 4-13　直方图样例

2. 客户满意度数据的具体分析

（1）确定影响客户满意度的关键因素

1）柱形图：当获得的信息为数据时，就可以用柱形图来分析影响客户满意度的关键因素。通过客户在调查表中的打分结果，算出重要度得分，绘制出柱形图，通过寻找得分的较大值或柱形图中高度突出的部分，确定影响客户满意度的关键因素。

2）排列图：当调查表只是要求客户画出影响其购买的重要因素时，只能得到关于各种影响因素被客户最重视的频数。根据调查所获得的频数数据，利用排列图（即帕累托图）所传递的信息，确定影响客户满意度的关键因素，如图 4-14 所示。

3）比较法：比较法是确定影响客户满意度关键因素的最直接、最直观的方法，比较法主要包括排序法和成对比较法两种。

排序法确定影响客户满意度的关键因素，可以向客户提供序列量表，在量表中列出各种影响因素，要求客户将这些因素按最重要到最不重要进行排序，通过计算平均序位（把排序值作为分值并计算出算术平均数），确定使客户满意的关键因素；成对比较法是一种非常有说服力并且能完成选择平衡评价的简单方法，下面的成对比较判断矩阵是一种常用工具，结合差异显著性检验，将为确定关键因素提供更有说服力的判断依据，见表4-11 所示。

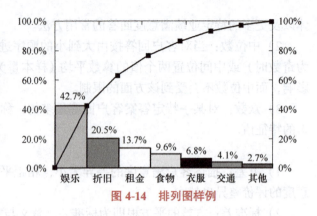

图4-14　排列图样例

表4-11　成对比较判断矩阵（认为 i 比 j 好的频数或百分比）

j	i			
	因素1	因素2	…	因素n
因素1				
因素2				
…				
因素n				

（2）确定在客户最重视方面的表现　确定了影响客户购买产品或享受服务的关键因素，明确了客户的优先要求，提供的产品或服务就应该首先满足客户的这些基本要求。分析企业在客户最重视方面的表现，就是要企业明确产品或服务改进的方向。在客户重视的方面不断完善，而在不重视的方面不应过多浪费，否则，只会事倍功半。一般用反映客户优先要求的重要度和反映客户满意信息的满意度两个指标做对比分析，来反映企业在客户最重视方面的表现。

1）柱形图：用柱形图比较客户的优先要求和企业的具体表现形象直观。柱形图的分析数据既可以是重要度和满意度数值，也可以是两者的差值。最好的分析方法是把每一质量特性或影响因素的重要度和满意度数据结合起来。

2）四分图模型：四分图模型又称重要因素推导模型，是一种偏于定性研究的诊断模型。它列出产品和服务的所有绩效指标，每个绩效指标有重要度和满意度两个属性，根据客户对该绩效指标的重要程度及满意程度的打分，将影响企业满意度的各因素归进四个象限内，企业可按归类结果对这些因素分别处理。如果企业需要，还可以汇总得到一个企业整体的客户满意度值。

如图4-15所示，各分区含义为：

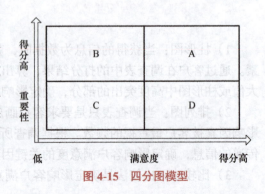

图4-15　四分图模型

① 优势保持区（A区）：指标分布在这些区域时，表示对客户来说，这些因素是重要的关键性因素，客户目前对这些因素的满意度评价也较高，这些优势因素需要继续保持并发扬。

② 优先改进区（B区）：指标分布在这些区域，表示这些因素对客户来说是重要的，但当前企业在这些方面的表现比较差，客户满意度评价较低，需要重点改进。

③ 其次机会区（C区）：指标分布在这些区域时，代表着这一部分因素对客户不是最重要的，而满意度评价也较低，因此不是现在最急需解决的问题。

④ 长期发展区（D区）：满意度评价较高，但对客户来说不是最重要的因素，属于次要优势（又称锦上添花因素）。

在对所有的绩效指标归类整理后，可从三方面着手对企业的产品和服务进行改进：消费者期望（消费者最为关注的，认为影响他们对企业满意度的最为重要的一些因素）、企业的优势指标（企业在这些因素上做得到位，消费者满意度高）、企业的弱点（企业在这些因素上工作不足，或是没有意识到这些因素对满意度的影响）。

四分图模型简单明了，分析方便有效，不需要应用太多的数学工具和手段，无论是设计、调研，还是分析整理数据，都易于掌握，便于操作，目前在国内应用较广。

当然，这个模型也存在不足，仅考虑满意度，没有考虑客户感知和客户期望对满意度的影响，也没有研究满意度对客户购买后行为的影响。在实际操作中，该模型列出各种详细的绩效指标由客户来评价指标得分，这就可能让许多客户重视但调查人员和企业没有考虑到的因素未能包含在调查表中。由于该模型不考虑误差，仅由各指标得分加权平均算出客户满意度的数值，得出的数据不一定准确，不利于企业发现和解决问题。

另外，由于该模型使用的是具体的绩效指标，很难进行跨行业的客户满意度比较。所以在同一行业的各个企业，由于各地区经济发展不平衡，客户要求不同，各指标对客户的重要程度也可能不同，导致同一行业跨地域的可比性不足。

3）Kano模型：Kano模型是客户满意度评测的理论基石，是定性测评客户满意度的简易工具。它由日本卡诺博士提出，定义了3种层次的客户需求：基本型需求、期望型需求和兴奋型需求。这3种需求根据绩效指标分类就是基本因素、绩效因素和激励因素，如图4-16所示。

① 基本型需求：基本型需求是客户认为产品"必须有"的属性或功能。

② 期望型需求：期望型需求要求提供的产品或服务比较优秀，但并不是"必须"的产品属性或服务行为，有些期望型需求连客户都不太清楚，但是却是他们希望得到的。在市场调查中，客户谈论的通常是期望型需求，期望型需求在产品中实现的越多，客户就越满意；当没有满足这些需求时，客户就不满意。

③ 兴奋型需求：兴奋型需求要求提供给客户一些完全出乎意料的产品属性或服务行为，使客户产生惊喜。当产品提供了这类需求中的服务时，客户就会对产品非常满意，从而提高客户忠诚度。

在实际操作中，企业首先要全力以赴地满足客户的基本型需求，保证客户提出的问题得到认真的解决，重视客户认为企业有义务做到的事情，尽量为客户提供方便。然后，企业应尽力去满足客户的期望型需求，提供客户喜爱的额外服务或产品功能，使其产品和服务优于竞争对手并有所不同，引导客户加强对本企业的良好印象，使客户达到满意。

（3）确定与以前、目标、竞争对手等的比较优势　多维对比时，通常采用雷达图，在客户满意度测评中，雷达图主要用来显示多维环境下的客户满意度或客户忠诚度指数的结果分析。它是进行多个指标对比的有力工具。雷达图的作图步骤是：做一个圆，并把圆周 P 等分，P 等于指标个数；连接圆心和各个等分点形成 P 条半径，将这 P 条半径依次定义为各个指标的坐标轴，并标以适当的刻度；把 P 个指标特性的观测值，点在相应的坐标轴上，然后连接成一个 P 边形。如果有 n 组指标特性观测值，则形成 n 个 P 边形，如图 4-17 所示。

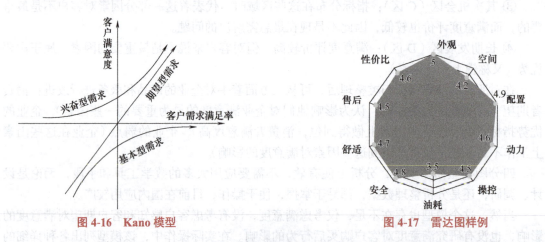

图 4-16　Kano 模型　　　　　　　　图 4-17　雷达图样例

为了获得较好的效果，在雷达图中适当分配指标的坐标轴，并选取适当的尺度是十分重要的。

3. 客户满意度数据的动态分析

客户满意度动态分析对象是企业的客户满意度指数、企业各种产品或服务的客户满意度指数、产品或服务的各分项指标的客户满意度指数等随时间变化的趋势。

(1) 客户满意度数据动态分析的主要内容或实现目标
1) 改进后的业绩评价。
2) 客户满意度随时间变化趋势产生的原因。
3) 针对趋势采取什么措施加以改进。

(2) 客户满意度数据动态分析的实现工具　常用工具有帕累托图、因果图、折线图和控制图。

1) 帕累托图：帕累托图可以用来分析质量问题，确定产生质量问题的主要因素。按等级排序的目的是指导如何采取纠正措施：项目班子应首先采取措施纠正造成最多数量缺陷的问题。从概念上说，帕累托图与帕累托法一脉相承，该法则认为相对来说数量较少的原因往往造成绝大多数的问题或缺陷。

2) 因果图：也称为鱼骨图，由日本管理大师石川馨先生发明，故又名石川图。因果图是一种发现问题"根本原因"的方法。

① 定义：问题的特性总是受到一些因素的影响，通过头脑风暴找出这些因素，并将它们与特性值一起，按相互关联性整理而成的层次分明、条理清楚并标出重要因素的图形，它是一种透过现象看本质的分析方法，直观地显示了各种因素如何与潜在问题或结果相联系的。

② 因果图类型：因果图分成 3 种类型：第一种是整理问题型鱼骨图，各要素与特性值间不存在原因关系，而是结构构成关系，对问题进行结构化整理；第二种是原因型鱼骨图，

鱼头在右侧，特性值通常以"为什么……"来写；第三种是对策性鱼骨图，鱼头在左，特性值通常以"如何提高/改善……"来写。

③ 因果图制作：首先，分析问题原因或结构。针对问题点，选择层别方法；按头脑风暴分别对各层别类别找出所有可能原因或因素；将找出的各要素进行归类、整理，明确其从属关系；分析选取重要因素；检查各要素的描述方法，确保语法简明、意思明确。

然后，分析要点。确定大要因（即大骨）时，现场作业一般从"人、机、料、法、环"着手，管理类问题一般从"人、事、时、地、物"层别，应视具体情况决定；大要因必须用中性词描述（不说明好坏），中、小要因必须使用价值判断（如……不良）；应尽可能多而全地找出所有可能原因，而不仅限于自己能完全掌控或正在执行的内容，对人的原因，宜从行动而非思想态度面着手分析；中要因跟特性值、小要因跟中要因间有直接的原因-问题关系，小要因应分析至可以直接下对策；如果某种原因可同时归属于两种或两种以上因素，请以关联性最强者为准（必要时考虑三现主义：即现实到现场看现物，通过相对条件的比较，找出相关性最强的要因归类）；选取重要原因时，不要超过7项，且原因应标识在最末端。因果图样例如图4-18所示。

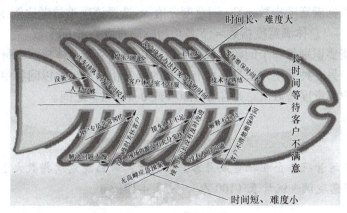

图4-18 鱼骨图样例

④ 问题分析：通过因果图找到根本原因的同时，引出根本原因的各种子原因也清晰显示，针对根本原因制订改善措施，商讨最佳改善方案。

3）折线图：折线图是趋势分析的最基本和最常用工具。利用折线图的不同形式可实现如下的趋势分析：某公司某产品或服务客户满意度随时间变化趋势；某公司多个产品或多种服务客户满意度随时间变化趋势；多个公司同种产品或服务客户满意度随时间变化趋势。如全年12个月，每个月各调查指标分数变化趋势。

4）控制图：在客户满意度动态分析中，控制图可实现对企业经营业绩的诊断与控制。可用来进行客户满意度指数动态分析的数据有：

① 不满意数：与常规控制图中的不合格数相对应，可画出计数值控制图、累计和控制图等形式的控制图进行分析。

② 客户满意度指数：可根据计量值控制图等形式的控制图进行分析。与一般控制图数据的最大区别是，这些数据都来自不同时点。通过控制图中点的分布情况和未通过检验的信息，可以分析客户满意度随时间变化的特征。

如图 4-19 所示，中心值是数据预期，上控制界限和下控制界限是控制标准，为保证满意度数据在可控范围内，满意度数据在上下限之间游动属于正常，超出上下限后均为发生异常，通过问题点排查相关问题，提出改善意见。

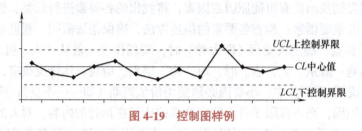

图 4-19 控制图样例

三、客户满意度数据的简单计算

计算客户满意度指数的最简便方法就是将所有业绩问题的得分相加，再除以问卷中所有业绩问题的个数。例如：某问卷中各个业绩问题的评分为 10 分制，为便于形成大家普遍接受的百分制，计算公式可表述为：

各项指标满意度指数 = $\sum$（满意度分值 × 选择该项被访者比例 ×10）

总体满意度指数 = ($\sum$各项指标满意度)/ 指标个数

如果能够或需要识别每一个问题的权重，就可以计算考虑总体权重或每一位客户权重的客户满意度指数。另一种简便方法是将所有问题的得分相加，再除以问卷中所有问题可能的分数。此时的客户满意度指数值总是在 0~1.00（或 0~100%）之间。

> **计算样例**
>
> 已知网约车运营服务企业抽查某月客户满意度，考核满意度指数大于 85 分为合格。汇总后的客户满意度调查统计表（100人），见表 4-12：
>
> 表 4-12 客户满意度调查统计表（100人）
>
> | 得 分 | 指 标 | | | | |
> | --- | --- | --- | --- | --- | --- |
> | | 售前沟通 | 服务中 | 结束服务 | 异常处理 | 服务效率 |
> | 0 | 0 | 0 | 0 | 0 | 1 |
> | 1 | 0 | 0 | 0 | 0 | 0 |
> | 2 | 0 | 0 | 0 | 0 | 0 |
> | 3 | 0 | 0 | 0 | 0 | 0 |
> | 4 | 1 | 0 | 0 | 1 | 0 |
> | 5 | 6 | 4 | 0 | 3 | 0 |
> | 6 | 4 | 16 | | | |
> | 7 | 2 | 38 | 19 | 0 | 0 |
> | 8 | 70 | 22 | 30 | 0 | 18 |

（续）

得 分	指 标				
	售前沟通	服务中	结束服务	异常处理	服务效率
9	3	11	31	11	41
10	9	9	20	85	40

售前沟通满意指数 =（10×9+9×3+8×70+7×2+6×4+5×6+4×1+3×5）÷100×10=76.4
服务中满意指数 =（10×9+9×11+8×22+7×38+6×16+5×4）÷100×10=74.7
结束服务满意指数 =（10×20+9×31+8×30+7×19）÷100×10=85.2
异常处理满意指数 =（10×85+9×11+5×3+4×1）÷100×10=96.8
服务效率满意指数 =（10×40+9×42+8×18+0×1）÷100×10=92.2
总体满意度指数 =（76.4+74.7+85.2+96.8+92.2）÷5=85.06

通过总体满意度指数可看出，客户满意度刚刚合格，异常处理满意度评分存在4分和5分的情况，相比较为突兀，说明异常处理流程有待改善。

四、网约车客户满意度改善措施

（1）**加强对服务终端的管理** 网约车驾驶员和网约车车辆作为终端服务消费者的主体和载体，其服务能力直接影响到消费者对消费体验的评价。企业想要与客户建立一种长期的关系，就必须取悦它的客户。为了留住客户，企业通常需要千方百计地满足客户的各种合理需要。

近年来，有不少消费者抱怨网约车驾驶员因为距离远而拒载、服务能力差等问题。网约车企业应该对此有所警醒，加强对网约车驾驶员的管理。比如在注册成为网约车驾驶员时增加更多心理测试的项目，用来深度摸清驾驶员的服务意识等；还可以对在岗驾驶员定时增加一些强制性培训课程等，用来强化他们的服务意识。比如，加强网约车驾驶员对地形地图的使用、路线规划、服务态度等培训。

（2）**加强平台建设，优化消费者体验** 网约车平台作为消费者叫车服务的工具，它的优化也直接影响到消费者的感受，进而影响到消费者的满意度。随着智能移动终端的普及，消费者的叫车服务越来越偏向移动端，因此建设好以APP为主的叫车服务工具至关重要。网约车平台企业想要提高客户的满意度同时加深客户对平台的印象，就要设计有特色、有吸引力的视觉效果的平台。另外，叫车平台的稳定性和反应速度也会很大程度上影响到消费者的消费体验。除此之外，网约车企业应加强建设一个安全的网上支付平台，消除消费者的后顾之忧。真正做到为消费者所想，急消费者所忧。

（3）**不能夸大对客户的承诺** 通常，企业一旦夸大对客户的承诺，往往会导致客户对企业形成过高的期望，一旦这种过高的期望得不到满足时，就会引来一系列的负面影响。因此企业创造的期望既要能保持对客户的吸引力，又能使企业有能力兑现，从而达到客户满意的最终目的。首先网约车平台要创造能够兑现的客户期望，企业在通过广告、口碑等方式创造客户期望时，一定要保证自己有实现的能力。一旦客户发现业务"名不符实"时，就会更加失望；其次要与客户进行广泛的交流和沟通，一方面可以使客户感受到企业真正地在给他们办实事，另一方面也可以使企业更准确地了解企业在客户眼中的"名不符实"，从而减少客户不满意情况的出现。

（4）构建良好的客户关系　构建良好的客户关系，需要网约车平台企业深刻认识到良好客户关系的重要性。企业要发展，不仅需要自己开发客户，甚至需要从竞争对手那里吸引客户到自己这边来，而要想留住客户，就需要构建良好的客户关系，需要企业做到"以客户为中心"，向客户提供高于竞争对手水平的客户服务。其中一个重要措施就是吸引客户参与到企业的发展中来，当网约车平台企业开发新的服务类别、服务定价等可以广泛征求客户的意见。在现有的服务水平上降低客户付出的成本或在现有的服务价格下为客户提供更高价值的服务，倾听广大客户的声音，解决客户真正的痛点和难点。

五、客户满意度调查报告的制订

客户满意度调查报告整体内容要包含调查目的、调查方法、问卷设计、调查问卷数据分析4部分。

（1）调查目的　客户满意度调查，通常是为了加强与客户的沟通，了解公司服务是否能满足客户的需要，解决客户遇到的问题同时对客户满意度进行信息调查回馈，持续改进，从而提升客户对公司的满意度，完善公司的整体形象。

（2）调查方法　常规调查方法是运用问卷法对客户进行线上或线下调查，通过向各区域完成服务活动的客户发放问卷或电话反馈。客户填好或答完问卷信息后，统一传回企业由管理部门负责回收数据信息，同时，选择调查客户标准，明确客户分类，使调查具有针对性。

（3）问卷设计　问卷内容一般包括公司服务及产品在整个运营过程以及客户所关心的焦点问题，需要涵盖车辆质量、服务产品价格和服务过程，同时，规定问题数量及问题侧重方向，有针对性地进行提问。

确定数量后要规定测量规则，如用10分制还是用5分制，或根据满意度不同给定对应分数或对应分数区间，如很满意给5分，满意给4分，基本满意给3分，不太满意给2分，很不满意给0分。

（4）调查问卷分析　调查问卷分析中需要明确有效调查样本数量、样本整体数据表现，明确使用何种工具和技术，针对哪个方面可以反映出什么样的结果，分析公司现状，提出改善措施。最后，补充上客户的反馈意见，佐证并制订出完整分析报告。

任务五　潜在客户分析及客户忠诚度提升（初级）

任务描述

作为市场客服专员，请挖掘网约车潜在客户，分析网约车客户画像。

任务目标

1. 能够在目标市场的客户群体中识别出价值客户。
2. 能够针对客户忠诚度类别制订对策。
3. 能够根据客户反馈，提出提高客户忠诚度的措施。

项目四　网约车客户关系管理

相关知识

一、潜在客户分析

1. 潜在客户概述

潜在客户是指存在于消费者中间，可能需要产品或接受服务的人，也可理解为是经营性组织机构的产品或服务的可能购买者。潜在客户必备两个要素：一是有需求；二是有经济能力。即寻求潜在客户的过程中"MAN"原则。

M：Money，金钱，指所选择的对象必须有一定的购买能力。

A：Authority，购买决定权，指购买对象对购买行为有决定、建议或反对的权力。

N：Need，需求，指购买对象有产品或服务的需求。

既无经济能力又无购买决定权，还无需求的客户才是非客户，需停止接触。而其他条件组合成的潜在客户有时欠缺了某一条件，仍然可以开发，只要应用适当的策略，也可使其成为企业的新客户。

2. 识别潜在客户

客户识别是在确定好目标市场的情况下，从目标市场的客户群体中识别出对企业有意义的客户，作为企业实施客户关系管理的对象。根据网约车租赁市场业态不同，各大网约车租赁公司目标市场决定了不同的业务范围，同时也就决定了其客户画像。

（1）**网约车平台用户画像分析**　以某平台 APP 为例，目前，该平台已从出租车打车软件成长为涵盖出租车、专车、快车、顺风车、代驾及大巴等多项业务在内的一站式出行平台。因此该平台的目标用户分别就是这些业务的使用者，出行业务又可分为乘客端和驾驶员端。所以某出行平台客户分为在乘客端和驾驶员端对这几类业务有使用需求的用户，广义上的目标客户即借助手机打车的使用者。

2016 年，某出行平台发布的大数据报告显示，该平台驾驶员画像如图 4-20 所示。

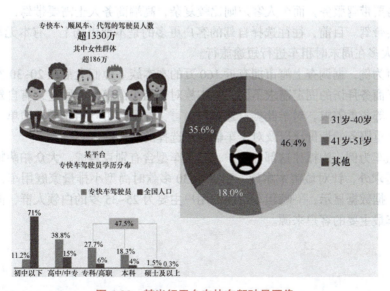

图 4-20　某出行平台专快车驾驶员画像

203

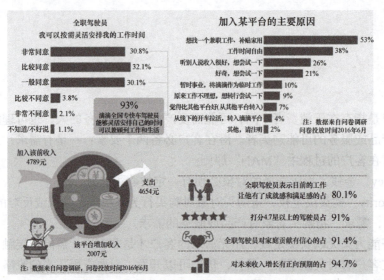

图 4-20　某出行平台专快车驾驶员画像（续）

专快车驾驶员的年龄主要集中在 31~51 岁，占比高达 64.4%，31~40 岁之间的驾驶员占比最多为 46.4%。其中近半数专快车驾驶员接受过高等教育。加入某出行平台的主要原因是想找一个兼职工作补贴家用。93% 的该出行平台全职专快车驾驶员能够灵活安排自己的时间，可以兼顾到工作和生活。根据驾驶员家庭月均收支分布统计数据可知，未加入前，驾驶员个人的月收入勉强维持家庭基本支出 4654 元。加入后，驾驶员每个月的收入得到了增长，平均增加 2007 元，为 6661 元。

由此，利用驾驶员画像，可在招募驾驶员时设立相关招募条款，增加针对性福利，使企业市场占有率升高。同时，也可依据驾驶员画像大数据，形成企业服务标准，使企业形象更具说服力。

(2) 汽车租赁企业客户画像　租车客户可简单分为两大类——企业客户和个人客户。企业客户往往需要带驾服务，而个人客户则比较复杂，高端商务人士需要带驾，一些预算不够的人士则不会带驾。目前，往往选择自驾的客户更多的是本地市场上"有本无车"一族（本本族）。他们大多在周末时租车进行短途旅行。

以上海市为例，据调查上海市拥有近 160 万的本本族。他们大都在 20~30 岁，与企业用户租车时用于商务拜访的固定需求不同，本本族对于租车需求并不固定，有自驾游租车、购物、搬家租车等各类需求。对于此类自驾客户而言，除了与带驾租车同样简单、快捷的需求外，他们还注重服务的性价比以及对于车辆款式选择的多样性。

以一嗨租车为例，为抓住这部分客户，除了车型含有别克君威、大众帕萨特、宝来等满足商务用车需求外，针对城市本本族，引进了 30 多款时尚型小排量家庭用车，为客户提供更多的选择。据数据显示，一嗨租车目前的用户主要为 25~35 岁的白领人群，而本本族则是一嗨自驾租车最主要的客户来源。

二、客户忠诚度提升

1. 测量客户忠诚度

测量客户忠诚度的指标较多，一般来说，相对重要的测量指标主要有 5 种。

（1）**客户重复购买率**　是客户在一段时间内购买企业产品或服务的次数。客户的重复购买率与客户忠诚是成正比的，即在确定的时间内，客户购买公司产品或服务的次数越多，说明客户偏好该产品或服务，反之则相反。

值得注意的是，在衡量客户重复购买率这一指标时，首先需要确定是在多长的时间内衡量客户消费次数。这就需要根据网约车商业模式及租赁业务周期、季节等各项因素来合理地确定衡量时间。其次，在衡量客户重复购买率时，不能局限于同一类产品或服务，而应从企业经营的各类服务来考虑。如果客户并不是重复购买同类服务，而是购买企业的不同类服务，也应认为客户具有较高的重复购买率。

（2）**客户挑选时间的长短**　挑选是客户决定购买产品或服务的必经环节。在这一环节中，客户花费时间了解企业产品，同时也是在比较不同企业的产品。如果客户对企业的信任感较低，那么就会花费较长的时间来收集信息，比较不同企业提供的产品，最后才决定是否购买。因此，客户挑选产品时间的长短也是衡量客户忠诚度的重要指标。

（3）**客户对价格的敏感程度**　价格是影响客户购买产品或服务的重要因素之一。对于客户喜爱和信赖的产品或服务，客户对其价格变动有着较强的承受力，其购买行为受到价格波动的影响较小，即客户对价格的敏感度低；相反，对于客户不喜爱或不信赖的产品或服务，客户对其价格变动的承受力较弱，一旦价格上涨，客户立刻会减少购买行为，即客户对价格的敏感度高。因此，客户对企业产品或服务的价格敏感程度，也可用来衡量客户忠诚度。

（4）**客户对服务质量问题的态度**　对企业而言，即使企业规章制度规范化、驾驶员培训规范化，都不能保证服务质量令人100%的满意，服务过程中可能出现各种服务质量方面的问题。对企业忠诚度较高的客户面对质量问题时，往往会采取相对宽容的、协商解决的态度；相反，对企业忠诚度较低的客户面对服务的质量问题，会表现出强烈的不满，会要求企业给予足够的补偿，甚至会通过法律途径解决问题。

（5）**客户对待竞争品牌的态度**　客户对待竞争品牌的态度也是衡量客户忠诚的重要指标。一般而言，当客户对企业的忠诚度较高时，自然会主动地把更多的时间和精力用于关注本企业的产品或服务，而不会去关注竞争品牌。相反，如果客户对企业的忠诚度不高或根本没有忠诚度，那么客户就会对竞争品牌的产品或服务产生兴趣或好感，并且花费较多的时间了解竞争品牌。

2. 不同忠诚度客户应对

根据利润贡献度大小与客户的长短期两个维度，可将忠诚客户分成4类："蝴蝶""挚友""陌生人""神秘者"。汽车租赁公司应根据每一类的具体情况采取相应的对策，具体见表4-13。

3. 提升客户忠诚度方法

（1）**建立员工忠诚**　有一个不争的事实：具有高层次客户忠诚度的网约车公司一般同时也具有较高的员工忠诚度。如果一个公司的员工流动性非常大，要想获得一个较高的客户忠诚度，是不可能的；因为客户所获得产品/服务都是通过与员工接触获得的。因此，客户忠诚的核心原则是：首先要服务好员工，才有可能服务好客户。

（2）**确定客户价值取向**　要提升客户忠诚度，首先要知道哪些因素将影响客户的取向。客户取向通常由价值、系统和人3方面决定。当客户感受到产品或服务在质量、数量、可靠性或"适应性"方面有不足的时候，他们通常会侧重于价值取向。期望值受商品或服务的成本影响，对低成本和较高成本商品的期望值是不同的。但当核心产品的质量低于期望值时，他们便会对照价格来进行考虑。

表 4-13　不同忠诚客户应对

	短期客户	长期客户
高利润贡献度	"蝴蝶" ● 客户需求与公司所提供的产品非常匹配 ● 利润潜力大 对策： ● 力求他们对交易满意，不求态度忠诚 ● 在活跃期时，从他们身上充分获取利润 ● 主要调整在于及时停止投资	"挚友" ● 客户需求与公司所提供的产品非常匹配 ● 利润潜力大 对策： ● 保持联系但不要太频繁 ● 同时建立客户忠诚与行为忠诚 ● 取悦这类客户以培育、保护并保留他们
低利润贡献度	"陌生人" ● 客户需求与公司所提供的产品几乎不符 ● 利润潜力最低 对策： ● 不对此类客户关系进行任何投资 ● 每一笔交易都要获利	"神秘人" ● 客户需求与公司所提供的产品有限匹配 ● 利润潜力低 对策： ● 衡量他们的财力以及消费额占财力比例 ● 若比例小，则聚焦交叉销售和追加销售 ● 若比例大，坚决控制客户服务成本

（3）实践 80/20 原则　实施客户忠诚计划时应该要应用 80/20 原则，即 80% 的收入来源于 20% 的客户，所有客户对于公司来说价值都不是一样的，其中一些客户可带来长期的价值，所以应跟踪、细分客户，并根据客户的价值大小来提供有针对性的产品和服务，应该把重点放在 20%、30% 的高价值客户上，但同时应该考虑一些有价值潜力的客户，并采取相应的策略。

（4）让客户认同"物有所值"　只有保持稳定的客源，才能为公司赢得丰厚的利润率。但是，当大家把"折扣""促销"作为追求客源的唯一手段时，"降价"只会失去最忠实的"客户群"。促销、降价的手段，不可能提高客户的忠诚度，"价格战"只能带来越来越多的"毫无忠诚可言"的客户，而当企业要寻求自身发展和高利润增长时，这部分客户必将流失。培养忠诚客户群，不能仅做到"物美价廉"，更要让客户明白服务是"物有所值"的。

（5）服务第一，销售第二　良好的客户服务是建立客户忠诚度的最佳方法，包括服务态度、回应客户需求或申诉的速度、维护保养服务等。此外，要让客户清楚地了解服务的内容以及获得服务的途径。

当这些客户获得了一个很好的客户服务（大服务）体验时，自然会形成"第二次购买"。而如果他们获得了一个不好的体验时，他们会向周围更多的人宣传他们的"不幸"。因此，公司要想提升客户体验，必须要把相关的服务做到家，然后才是真正的销售。

（6）化解客户投诉　对于大多数公司而言，在有投诉的客户中只有 10% 的客户有机会向公司明确表述出来，而剩下 90% 的客户没有机会向公司表述，只能反映到一些行为中，例如对一线的客户服务人员不够礼貌等。借助网络，可让这些不愉快的事情在发生之前就快速解决。给客户一个倾诉投诉的机会，让他们有机会说出心中的不畅，并以最快的时间解决这些令客户不畅的问题。公司可根据客户响应时间、客户趋势分析来设立服务准则。

（7）获得和保留客户反馈　客户反馈与客户对优质服务的感知是密切相关的。客户期待服务商能够给予一个全程 24h 服务。而且现在的客户也习惯了访问网站,并期望能够在网上获得问题的答案。基于 Web 的自助式服务、E-mail 管理、博客、微博、论坛等,逐渐成为客户服务部门关键的应用,可及时获得与保留客户反馈。

(8) **主动提供客户感兴趣的新信息** 个性化服务已经成为一个趋势,如当客户访问平台时,请客户填入他最感兴趣的主题,或平台自动分析客户资料库,找出客户最感兴趣的主题,当有该主题方面的新产品时便主动通知客户,并加上推荐函,必能给客户一个独特的个性化服务感受。

4. 网约车客户忠诚度提升方法

由于网约车客户利用平台打车属于即时性行为,所以对网约车平台而言,客户的忠诚度主要体现在"高效性"和"高客户留存率"两个方面。

根据 2020 年网约车服务各个环节 PP100(每百用户抱怨数)研究,如图 4-21 所示,用户抱怨主要集中在"平台服务"和"驾驶员服务"两方面。问题最多的环节均为第一个环节,即"叫车服务"和"上车过程"。这一发现印证了——永远没有第二次"给客户建立第一印象"的机会。

综合网约车商业模式及行业现状,提升客户忠诚度的服务准则有 4 方面。

(1) **把握黄金时间,高效留存用户** 作为对时效性要求很高的服务类型,"守时"和"高效"对于网约车平台用户留存十分关键。研究数据显示,如果接单响应时间超过 5min,41% 的用户会选择取消订单或更换平台叫车;若接单驾驶员与乘客的距离超过 10min 路程,50% 的用户会选择取消该订单,如图 4-22 所示。"黄金五分钟"和"黄金十分钟"是阻止客户流失的重要时间点。实现高效性的关键在于优化平台效率,通过改善实时交通状态更新和到达时间预测的算法,给用户最准确的等候位置与等候时长信息。同时可以将"五分钟必达"作为驾驶员服务的 KPI 考核指标,以提升整体服务效率。

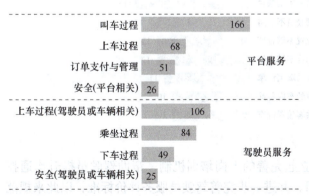

图 4-21 网约车服务各个环节的 PP100 统计结果

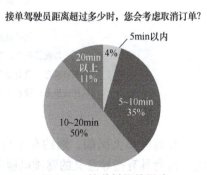

图 4-22 接单时间的影响

维持较高客户留存率的重点在于设身处地站在用户立场为其着想。比如受天气或交通等客观因素限制时,网约车平台可提供其他出行方式的建议和参考,因为此时用户最需要的是完成出行,到达目的地。客户留存不仅仅意味着完成某单交易,更意味着让客户与平台长期保持黏性。真诚地站在客户角度,以出行结果为导向为客户解决出行之忧,才能维持较高的客户留存率。

（2）经营之道在于诚，盈利之道在于信 研究显示，36%的用户表示下单时看到APP显示附近有车却打不到车；打到车后超五成车辆实际到达时间比预估时间晚了5~10min甚至超过10min，如图4-23所示。当周边车辆信息与实际不符，或车辆预计到达时间晚于实际时间时，会极大地消耗用户对于品牌的好感。

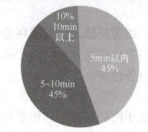

网约车平台需要让车辆状态透明化，及时向用户更新车辆信息；完善平台时间的预估算法，降低"近单远接"的概率。此外，还应完善服务标准体系，若出现驾驶员无法接单或较预估时间晚些到达的情况，应如实告知用户，让用户更好地做出出行判断。在适当的情况下，还应给予用户一定的补偿措施以弥补用户在等候过程中的体验滑坡。

图4-23 预估时间误差的影响

（3）理解用户需求，传递温暖服务 驾驶员服务作为网约车服务的重要一环，直接影响着消费者对品牌服务的印象。在消费者提出的众多抱怨中，涉及驾驶员服务的抱怨不绝于耳。被提及次数最多的前3个问题分别为"驾驶员驾驶习惯不够安全""下车时驾驶员未提醒后方来车"和"车内有异味"。众多的抱怨都反映出驾驶员所提供的服务存在诸多与用户实际需求不匹配的地方。加强驾驶员服务培训，对于改善用户体验和提高服务质量至关重要，如图4-24所示。

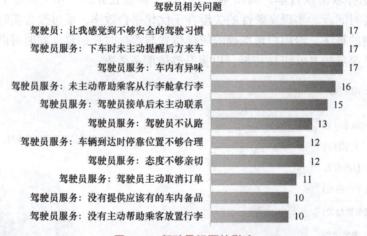

图4-24 驾驶员问题的影响

在驾驶员上岗前，网约车平台应建立起完善的上岗培训机制，帮助驾驶员提升沟通技能，出台具有指导意义的驾驶员服务手册，并进一步完善驾驶员服务评价标准，以此来规范驾驶员的服务行为。据研究显示，38%的消费者愿意为更好的驾驶员服务支付额外的服务费。此外，提供多样化的服务也能给用户带来更为贴心的体验，Uber就曾推出专门针对宠物出行的Uber Pet服务，驾驶员会专门准备宠物的防毛垫等。更多样化的服务有助于提升用户的服务感受和幸福感。

（4）完善客服机制，提升用户信任 尽管网约车行业整体用户抱怨问题数很高，但研究发现，近九成用户不愿和客服沟通遇到的问题，多数用户认为平台不会正面解决问题，最后只会用优惠券等手段搪塞过去。这其中信任感的丧失也将直接导致忠诚度的下滑。因此，为加强用户信任，完善服务机制，提升客服应对能力尤为关键。

用户与客服沟通的实质是期望问题得到解决而非获取优惠券等一些暂时性的安慰手段。提升客服的服务能力，实际上也就是建立应对问题的机制。网约车平台需要公开透明地为用户解决问题，避免简单粗暴地解决问题，让用户能够清楚地知道自己的抱怨或需求得到了平台的重视并正在努力寻求解决方案。

性价比虽然仍是大多数用户考虑使用网约车的首要因素，但随着市场的不断成熟和用户需求的不断开发，用户对出行质量的要求也逐渐提高，愿意为更好的服务买单。网约车市场下半场的重心在于服务质量，当用户需求得到满足之后会开始关注出行过程中各个环节服务的细节，因此注重用户体验、提升服务质量将是下半场参与者建立核心竞争优势的决胜力。

项目五　网约车企业经营管理

任务一　网约车平台大数据分析（高级）

任务描述

某网约车租赁公司经过一年的运营，需分析企业车辆运营情况。请你根据运营平台中大数据指标完成大数据分析，提报数据分析报告。

任务目标

1. 能对运营平台中的车辆运营大数据进行统计与分析，为区域布局优化提供数据基础。
2. 能对运营平台中的驾驶员数据进行统计与分析，完成潜在风险驾驶员行为分析，提高运营安全。
3. 能对运营平台承租人数据进行统计与分析，加强针对性服务。

相关知识

2015 年，国务院出台了《促进大数据发展行动纲要》，其中提到了大数据的 3 个意义：大数据成为推动经济转型发展的新动力，成为重塑国家竞争优势的新机遇，成为提升政府治理能力的新途径。

网约车的大数据利用充分体现了行动纲要的精神。网约车的运营模式意味着一种新型劳务关系的建立，通过互联网大数据管理考察驾驶员、决定保险公司收取多少投保费用，用客观证据避免了劳动者和企业之间的矛盾，颠覆了过去僵化的管理模式，即"每一位乘客都是管理者"。

大数据技术的战略意义不在于掌握庞大的数据信息，而在于对这些含有意义的数据进行专业化处理。将结构庞大的信息，建立复杂的数据关系，挖掘数据背后的原因，充分利用数据关联关系进行管理优化。

一、车辆运营大数据分析

1. 车辆情况

车辆为企业中的重资产，需要将车辆运营起来进行盈利，对车辆的运营数据管理尤为重要。

（1）**车辆总数**　即网约车租赁公司内车辆总数。

（2）**车辆整备中数量**　本次汽车租赁业务结束后，对车辆进行清洁、整理及检查，且符合车辆技术要求、保持车况良好，处于整备中的车辆数量。

（3）**可发车数量**　车辆整备结束后，车辆技术要求、保持车况良好符合发车标准的车辆数量。

（4）**待出库数量**　包含租出去未提车和未租出去的在库车辆数量。

（5）**运营**　已经租赁出去的车辆数量，即车辆处于租赁合同期间内，承租人享受使用权利。

（6）**扣车**　处于车辆扣押状态的车辆数量。

（7）**维修**　处于维修状态的车辆数量。

（8）**处置**　达到报废年限或不具备出租技术标准的车辆和计划退出运营的车辆数量。

2. 车辆资产状态

（1）**运营车辆**　即处于以租代购、经营租赁、分成租赁、日租等状态下，承租方拥有车辆使用权。

（2）**闲置可发车**　即已经完成车辆整备，符合运营车辆技术要求，但未运营的车辆。根据车龄可分为1年内、1~2年内、2~3年内、3年以上车辆，清晰掌握各车辆闲置情况，方便下一步营销策略的制订。

（3）**停运不可发车**　包括未上牌、待维修、维修中3种情况，企业掌握进度，及时督促车务进展。

（4）**处置中车辆**　处置中车辆包括二手车处置、个人买断、提前报废、公司回购等情况。

3. 车辆运营区域数据分析

（1）**车辆出租率**　车辆出租率是指一个统计周期内租赁车日之和占租赁车辆总车日的比例，可以反映企业实际经营状况，计算公式为

$$R = \frac{\sum V}{W} \times 100\%$$

式中　V——统计周期内的租赁车日；

　　　W——统计周期内的租赁车辆总车日。

（2）**车辆违章**　城市交通总是意外不断，不管日常有多注意，难免还是会发生一些小意外，而当车辆有违章迟迟不处理或分数达到停运线时，会造成车辆无法运营，造成停运损失，故企业应严密监控车辆违章数量、所扣分数、罚款金额、未处理扣分数量、未处理罚款数量等指标，及时督促驾驶员处理相关事宜。

4. 车辆运营利润率数据分析

（1）**租金总未收与逾期概况**　账单逾期分为1~7天、8~15天、16~30天、31天以上，进一步记录逾期账单数量、逾期客户数量等，可清晰反映企业积压账单多少与资金数量，方便管理资金周转与账单进度。

（2）**收租情况**

① 费用收租率，指实收费用与应收费用金额之比。可反映企业收益情况，实时记录应收金额、实收金额、减免金额、未收金额，通过它了解企业优惠力度与收益情况。

② 车辆收租率，指实收车辆数量与应收车辆数量之比，根据总运营车辆数量与收租情况的比较，了解企业车辆资产带来的收益情况。

二、网约车驾驶员行为大数据分析

在构成道路交通系统的驾驶员、汽车和道路环境3个因素中，各因素对道路交通安全的影响程度不同。各国统计数字虽有所差异，但驾驶员的不安全驾驶行为是引发道路交通事故的主要原因，已被世界各国公认。驾驶员不仅是道路交通系统的信息处理者和决策者，而且也是调节者和控制者，因此对驾驶行为的分析，是对道路交通安全影响分析的关键。

风险行为是发生道路交通事故的一个重要因素。根据以往各国研究表明，驾驶行为因素共有4种：错误/失误、超速、违规和人际违规。其中风险驾驶行为可分为错误和违规两大类。错误定义为：由于按计划完成一些驾驶任务的失败，从而导致不想出现的结果；违规定义为：有意地去偏离安全的驾驶行为系统，而选择有潜在风险的驾驶行为。

从驾驶人行为发生源头分析，分心驾驶行为可分为3类：一是满足驾驶人身体舒适需求的分心驾驶行为，如抽烟、饮水、进食、调节空调等；二是满足驾驶人心情愉悦需求的分心驾驶行为，如化妆、刮胡子、聊天等，也包括使用手机拨打电话、收发信息等；三是周围环境引发的分心驾驶行为，如照顾小孩、长时间关注某个车外突发情况等。

网约车作为服务性行业，很多乘客表示遇到过驾驶员频繁使用手机的情况，如玩手机、看手机等危险驾驶行为。近几年由于加强对驾驶员素质的监管，网约车平台纷纷出台管理制度，一旦驾驶员存在妨碍交通安全的违法行为，将对其永久封禁。

企业案例

某出行平台车内安装桔视，行车服务过程全录像。桔视其实就是一种车载设备，车内监控，是面向该平台驾驶员提供的专属车载设备，安装的目的是为了提升该平台驾驶员的服务水平，服务效率，规范驾驶员行为，有助于还原现场，辅助解决司乘纠纷，避免司乘冲突，主要的功能是：提高平台判责准确率，申诉有依据，以保护驾驶员的权益。桔视安装规定，如图5-1所示。

★ 驾驶员必须安装桔视吗？
60天内完单≥600的驾驶员师傅，须在完成600单后的一个自然月内完成桔视安装，未安装将会被暂时取消出车资格，待完成安装后即可恢复出车。

图5-1 桔视安装规定

> **拓展阅读**
>
> **公交"急加速、急减速"标准——危险驾驶等级划分标准**
>
> 第一类：危险行为考核标准
>
> 1. 一级标准——加速度数值≥2.78，持续时间≥2s，此时速度差为10km/h，测试结果显示：车内人员即使抓扶把手也会造成摔伤或扭伤。
> 2. 二级标准——加速度数值≥2.22，持续时间≥2s，此时速度差为8km/h，测试结果显示：车内人员抓扶把手有明显倾斜感，未站稳或未抓扶者会导致车内摔伤。
> 3. 三级标准——加速度数值≥1.67，持续时间≥2s，此时速度差为6km/h，测试结果显示：车内人员不抓扶把手容易造成车内摔伤。
>
> 第二类：驾驶员类型界定
>
> 1. 一级标准——加速度数值为1.38~1.67，持续时间≥2s（危险型驾驶员）。
> 2. 二级标准——加速度数值为1.11~1.38，持续时间≥2s（不稳定型驾驶员）。
> 3. 三级标准——加速度数值≤1.11，正常状态/常规状态（平稳型驾驶员）。

三、网约车用户大数据分析

1. 出行需求特征大数据分析

大量的用户出行目的不同，对网约车需求也就具有多样性。

以南京市网约车数据研究居民出行需求特征为例，具有以下优势：

首先，网约车软件使用人群大多集中在20~50岁之间，该年龄段是城市交通日常出行最活跃的群体，出行目的大多是以工作、购物及其他商业活动为主，相较于其他年龄层来说出行次数较多，所以对该年龄段出行需求预测分析，能够反映出行活跃居民的一般规律。

其次，由于网约车具有方便、快捷、"门到门"出行、运营时间长（一般24h）等特点，部分没有固定出行交通工具或不常使用固定交通工具的人群是使用主体，且该人群出行一般集中在城市范围内。从城市出行结构的角度分析，该人群属于交通方式可转移人群，研究该部分人群的出行，对交通规划、交通管理措施的制订有一定指导意义，如合理调整公共交通运力、调整交通模式、提升公共交通的竞争力。

最后，采用该数据可深入分析居民出行的时空特征，获得动态的出行比例，从而进一步提高出行需求模型预测精度。

2. 出行时间大数据分析

出行时间属于时空特征之一，时空特征可动态调整一天内不断变化的出行需求和交通供给，进而建立短时交通流预测模型，根据出行需求的时空特征来动态调整交通供给满足出行需求。

图5-2所示的是工作日和休息日居民选择网约车出行的供需图。图5-2a表明工作日居民出行具有明显的通勤特征，早高峰时段为08:00—09:00，晚高峰时段为17:30—19:30。相比之下休息日（图5-2b）早高峰出行量要远低于工作日。此外，图5-2显示无论高峰时段还是平峰时段，出行需求量均高于供给量。

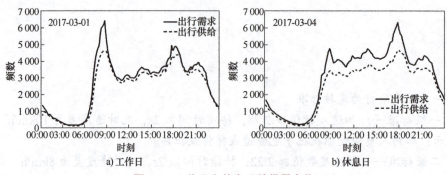

图 5-2 工作日和休息日的供需变化

3. 出行区域热点大数据分析

从网约车数据中可获取每个时刻的出行生成量（包括发生量和吸引量），进一步获取每个时间段各区域的生成量，分析生成量随时间的变化规律。

以南京为例，见表 5-1，以时间、区域和频率绘制三维图，居民出行需求呈现先增加后减少再增加再减少的趋势，其中商业区和居住区出行需求较高，其次是医疗区和教育区，最后是休闲区。

表 5-1 南京核心区区域划分表

编号	区域类型	区域编号
1	居住区	1, 3, 9, 10, 12, 15, 19, 21, 25, 27, 29, 31, 33, 34, 55, 57, 58, 63, 64, 69, 73, 74, 76, 78, 80, 81, 82, 83, 84, 90, 91, 93, 94, 97, 98, 99, 100, 101
2	商业区	2, 6, 7, 11, 13, 14, 22, 38, 40, 41, 46, 47, 49, 50, 51, 52, 53, 54, 59, 62, 65, 66, 67, 68, 70, 79, 85, 86, 87, 88, 89, 102
3	教育区	5, 8, 20, 26, 30, 32, 35, 36, 39, 42, 43, 44, 48, 77
4	医疗区	4, 16, 18, 37, 45, 56, 60, 71, 72, 75, 95, 96
5	休闲区	17, 23, 24, 28, 61, 92

休息日居民选择网约车出行需求要高于工作日，可分成 5 个阶段，如图 5-3 所示。

第 1 阶段，00:00—07:00，出行需求逐渐减少，绝大部分居住区和休闲区出行量为零。但商业区和医疗区仍有少量需求：如新街口（小区 64、66、67），鼓楼医院（小区 26），由于地铁等公共交通工具停运，部分下班或结束娱乐的居民会选择使用网约车。

第 2 阶段，07:00—10:00，出行人数达到一天中的第 1 个峰值，此时出行需求最大的区域为居住区。相比之下，休息日居民在这一时段出行需求明显减少。

第 3 阶段，10:00—17:00，出行变化比较平稳，出行人数达到白天的最小值，但在 13:00 左右出现小幅波动。

第 4 阶段，17:00—21:00，该阶段出行需求又达到 1 次峰值，在这一阶段除了通勤出行还存在大量弹性出行（如娱乐、购物、餐饮等）。休息日在这一阶段的出行需求远高于工作日，出行需求热点包括热门的商业中心或旅游景点，如新街口、紫峰大厦（区域 36）、秦淮河（区域 78、79、80）、夫子庙（区域 87、88）。此外，一些公园也有很多旅游需求，如玄武湖公园（区域 17）。

第5阶段，21:00—24:00，这一阶段出行需求略有上升，主要集中在部分商业区，如酒吧、影院、餐厅。

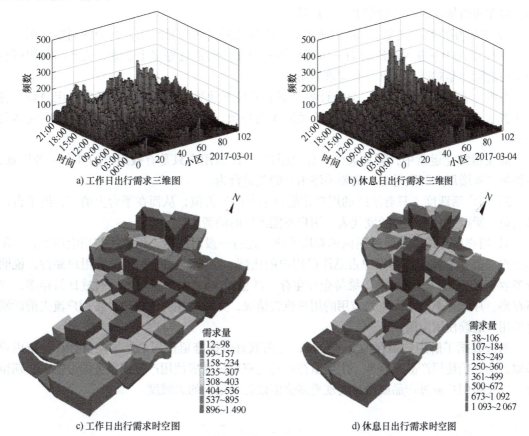

图 5-3　工作日和休息日出行需求时空特征图

4. 网约车出行用户画像大数据分析

用户画像即探索用户足迹，用户（市场）导向：详细了解真实用户是如何和产品及其相关内容进行互动等；必须从业务场景出发，解决实际的业务问题，之所以进行用户画像要么是获取新用户，或是提升用户体验，或是挽回流失用户等，并最终为用户设计产品。

用户画像的最终形态是通过分析用户行为，最终为每个用户打上标签以及该标签的权重。标签：表征了内容，用户对该内容有兴趣、偏好、需求等。权重：表征了指数，用户的兴趣、偏好指数，也可能表征用户的需求度，可以简单地理解为可信度、概率。

所以刻画网约车出行用户画像涉及所有用户的相关数据，包括：客户年龄、性别、人群、收入、学历、职业分布、城市地域等基本信息；用户满意度、服务需求、使用频率等客户行为信息。

四、网约车平台运营大数据分析

1. 网约车平台运营大数据分析

（1）平台自身运营数据分析

1）市场渗透率：是对市场上当前需求和潜在市场需求的一种比较。在市场渗透战略的前提下,预期目标的产品或服务,与当时市场可能拥有的产品或服务的比例,称为市场渗透率。计算公式为预期市场需求/潜在的市场需求。预期市场需求即某企业网约车平台用户规模,潜在的市场需求即网约车平台用户量。

2)新增用户数量走势。"新注册用户"数量实际代表的是对用户行为的洞察,用户注册需要打开APP—进入注册页面—填写资料—提交注册信息等多个步骤,为产品付出行动的用户实际上是对产品认可并有需求的用户。

当统计新增用户数量时,会统计各个渠道的拉新效果,如各电子市场的新用户数、各广告投放渠道的新用户数以及每次活动的新用户数,这背后对应的是对运营推广成本的控制。

而在精细化运营中,需更关注"有效用户",注册用户只是有效用户的其中一种体现,在衡量"新增用户"数量时,更要关注用户的关键行为。

3)用户活跃度。只有活跃的用户才能为平台产生价值,从而在平台上消费,给平台带来利益。所以平台用户活跃度代表了用户所能产生的消费力。

4)用户留存率。某段时间内的新增用户,经过一段时间后,仍继续使用应用的,为留存用户。留存率就是留存用户占总注册用户的比例。网约车APP如果没有用户黏性,说明业务收入没有用户基础,难以维持企业生存。故监控APP用户留存率,通过日留存率、周留存率、月留存率等指标监控应用的用户流失情况,并采取相应的手段,在用户流失前激励这些用户继续使用应用。

通过数据了解用户留存的3个阶段,并采取有效措施留住用户。早期留存:让新用户采取行动开始使用产品或服务。中期留存:让现有用户养成使用产品或服务的习惯。长期留存:让长期用户通过产品或服务实现更多价值以提高他们的忠诚度。

分析案例

网约车APP新增用户留存率分析

网约车APP的30天留存率普遍在60%左右,其中某出行平台的30天留存率为76.1%,代表该出行平台的新用户在下载了该APP一个月后仍未卸载,如图5-4所示。

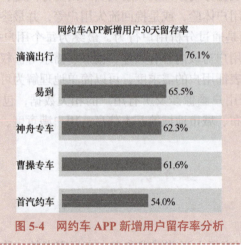

图5-4 网约车APP新增用户留存率分析

（2）企业平台宏观方向运营数据分析

1）市场份额：也称"市场占有率"。指某企业某一产品（或品类）的销售量（或销售额）在市场同类产品（或品类）中所占比重。反映企业在市场上的地位，通常市场份额越高，竞争力越强。

网约车平台业务数据中已开展业务的城市、平台下车辆数量、驾驶员数量、订单信息皆是网约车平台能够提供运力大小的佐证。

2）请求不满足率：即请求差异率＝（请求数－订单数）/请求数。用户的请求数及订单数两者差异，侧面体现网约车平台运力与客户需求度差异。

分析案例

在2013年9月期间，可以发现用户的请求数及订单数呈周期性的规律，在某段时间达到最大值，过段时间再回跌，如图5-5所示。

（1）不同时段的请求数　在12点有出行意向的用户最多，其次是在13点，在11点有出行意向的用户相对较少。中午出行有可能是打车去吃饭。

（2）不同时段请求满足差异率　由图5-6可知，请求不满足主要在13点时段，其次是12点，再到11点。提出建议：建议在周五、周末加大对车辆的供给，增加驾驶员的数量，尤其是周末12点和13点的供给。

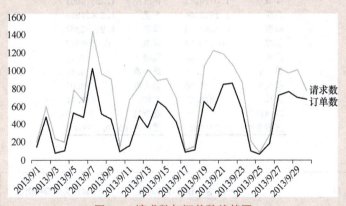

图5-5　请求数与订单数趋势图

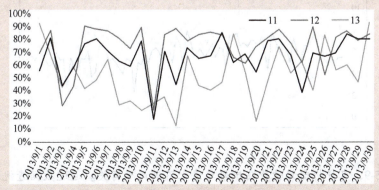

图5-6　不同时段请求满足率趋势图

3）订单响应率：所谓的订单履行时间反映了企业提供产品或服务给客户的速度；响应能力越高是指从客户下达订单开始直至完成该订单，履行完所有卖家应尽的义务所需要的时间。在网约车服务中网约车平台会根据驾驶员接单后自动计算抵达时间，显示给用户。而客户预计等待时长和实际等待时长两者有时会存在差异。等待时长差异数 = 客户预计等待时长 − 客户实际等待时长。

4）驾驶员在忙率：履行订单中的驾驶员数量与驾驶员总数量占比。根据此数据可分析城市运力需求与平台所能提供运力的差异。

分析案例

利用描述统计对客户预计等待时长和实际等待时长进行分析，如图 5-7 所示。

客户预计等待时长平均在 5.76min，而客户实际等待的时长在 7.20min。发现有 3 个时间点客户等待的时间较长。进一步查看其数据，如图 5-8 所示。

客户预计等待时长		客户实际等待时长	
平均	5.7585556	平均	7.199
标准误差	0.1137405	标准误差	0.13068112
中位数	5.725	中位数	7.065
众数	5.39	众数	6.42
标准差	1.0790368	标准差	1.23974993
方差	1.1643204	方差	1.53697989
峰度	0.6841413	峰度	1.82982257
偏度	−0.332524	偏度	0.7509337
区域	5.62	区域	7.45
最小值	2.43	最小值	4.61
最大值	8.05	最大值	12.06
求和	518.27	求和	647.91
观测数	90	观测数	90
置信度(95	0.2259999)	置信度(95	0.2596606)

图 5-7　客户等待时长

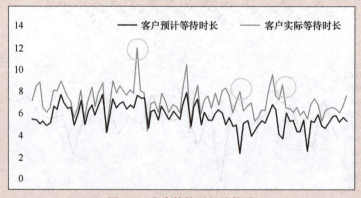

图 5-8　客户等待时长趋势图

根据图 5-9，可分析出驾驶员在忙率与请求不满足率有关。通过数据透视表（图 5-10）得到驾驶员总体平均在忙率为 56%。驾驶员在 12 点和 13 点比 11 点较忙。提供建议：

总体来说，客户预计等待时长与实际等待时长相差不算太大，可根据需求进一步优化，避免客户等太久，取消订单。

序号	星期几	日期	时点	请求数	订单数	请求满足率	请求不满足率	可服务时长	平均订单时长	客户预计等待时长	客户实际等待时长	等待时长差异	驾驶员在忙率
31	星期三	2013/9/11	11	306	76	25%	75%	26.2	21.83	7.68	12.06	4.38	83%
60	星期五	2013/9/20	13	453	71	16%	84%	33.08	23.02	2.43	8.1	5.67	70%
72	星期二	2013/9/24	13	56	35	63%	38%	23.13	9.05	3.7	8.71	5.01	39%

图 5-9　客户等待时长

行标签	平均值项:驾驶员在忙率
11	47%
12	60%
13	60%
总计	56%

图 5-10　驾驶员在忙率

2. 网约车平台用户画像大数据分析

业务用户画像很重要，各大平台企业会借助用户画像，采取垂直或精准营销的方式，来了解客户、挖掘潜在客户、找到目标客户、转化用户。用户画像作为一种勾画目标用户、联系用户诉求与设计方向的有效工具，被应用在精准营销、用户分析、数据挖掘、数据分析等。用户画像的搭建方法如图 5-11 所示。

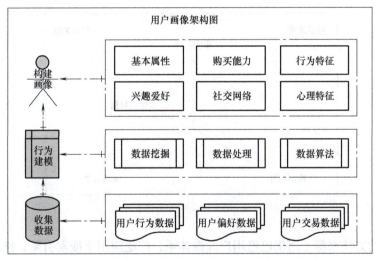

图 5-11　用户画像的搭建方法

（1）收集数据　收集数据是用户画像中十分重要的一环。用户数据来源于网络，而如何提取有效数据，比如打通平台产品信息，引流渠道用户信息，收集用户实时数据等，也是需要思考的问题。用户数据分为静态信息数据和动态信息数据。对于一般公司而言，更多是根据系统自身的需求和用户的需要收集相关的数据。

数据收集主要包括用户行为数据、用户偏好数据和用户交易数据，如图 5-12 所示，收集这些指标性的数据，方便对用户进行有针对性、目的性的运营。可对收集的数据做分析，让用户信息形成标签化。比如搭建用户账户体系，可自建数据仓库，实现平台数据共享，或打通用户数据。

图 5-12 用户数据分类

（2）行为建模　行为建模就是根据用户行为数据进行建模。通过对用户行为数据进行分析和计算，为用户打上标签，可得到用户画像的标签建模，即搭建用户画像标签体系。标签建模主要是基于原始数据进行统计、分析和预测，从而得到事实标签、模型标签与预测标签。标签建模体系如图 5-13 所示。

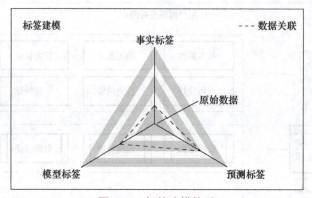

图 5-13　标签建模体系

标签建模的方法来源于阿里巴巴用户画像体系，广泛应用于搜索引擎、推荐引擎、广告投放和智能营销等各种应用领域。

（3）构建画像　用户画像包含的内容并不完全固定，不同企业对于用户画像有着不同的理解和需求。根据行业和产品的不同，所关注的特征也有不同，但主要体现在基本特征、社会特征、偏好特征和行为特征等。用户画像的核心是为用户打标签。即将用户的每个具体信息抽象成标签，利用这些标签将用户形象具体化，从而为用户提供有针对性的服务，如图 5-14 所示。

将其年龄、性别、婚否、职位、收入、资产标签化，通过场景描述，挖掘用户痛点，从而了解用户动机。利用数据分析得到数据标签结果，最终满足业务需求，从而让构建用户画像形成一个闭环。

项目五 网约车企业经营管理

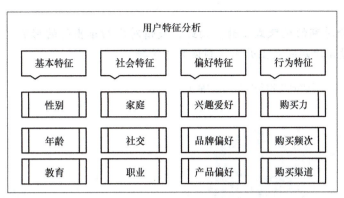

图 5-14 用户特征

分析案例

从平台数据分析新型冠状病毒疫情对网约车行业的影响

网约车 APP 日活跃用户数量的波动直接体现了用户需求的变化。受新型冠状病毒疫情的影响，人们日常工作生活的出行需求受限难以实现，这对网约车行业造成了有效需求不足的冲击。从 2020 年 3 月数据来看，如图 5-15 所示，3 月 2 日后，某出行 APP 日活用户量回升到 100 万以上的水平，3 月 7 日有一定幅度的上升达到 150 万以上的水平，随后直到 3 月 16 日都大体维持 170 万小幅波动。

图 5-15 某出行 APP 日活用户量 1

数据显示（图 5-16），2020 年 1 月 22 日之前，某出行 APP 日活用户量维持 250 万以上的高位小幅波动；随着全国疫情防控工作的展开，某出行 APP 日活用户量大幅下降并于 2020 年 1 月 26 日开始低于 100 万。截至 2020 年 3 月中旬，某出行 APP 日活用户量出现了 100 万的回流。

网约车行业受疫情影响，因消费者需求无法实现而有短期的骤降；但随着疫情防控成效的取得以及复工的逐步展开，人们对网约车出行的有效需求再度提升。在这一过程中，疫情冲击表现显著直接导致日活用户量的骤降；而常态的恢复与复工的开展具有一致性，呈现出分时期的跳跃式上升。由此，疫情对网约车出行的影响主要是短期冲击，长期预期将通过几次跳跃式上升而得到恢复与维持。

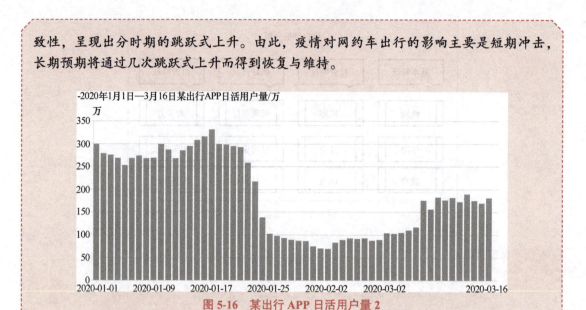

图 5-16　某出行 APP 日活用户量 2

3. 网约车平台安全大数据分析

（1）安全数据分析　　网约车大数据分析报表会对网约车平台的安全性给出最客观、公正的评价，如图 5-17 所示。

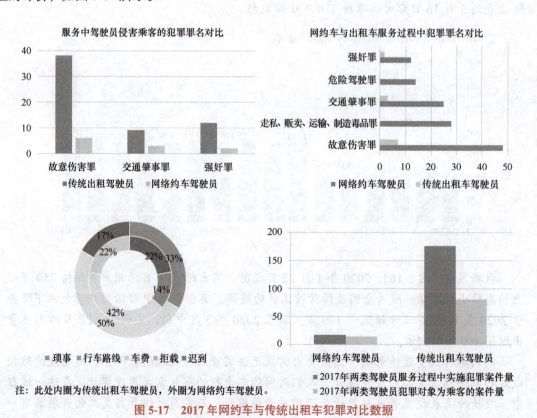

注：此处内圈为传统出租车驾驶员，外圈为网络约车驾驶员。

图 5-17　2017 年网约车与传统出租车犯罪对比数据

(2) 网约车出行安全体系建设

1) 网约车安全监管政策。2016 年，交通运输部等七部委联合发布《网络预约出租汽车经营服务管理暂行办法》规定了网约车行业各方的准入要求，随后各省市陆续发布指导意见和实施细则，从 2016 年 9 月 5 日起，交通运输部牵头组成检查组在全国范围内对所有网约车/顺风车平台公司开展安全专项检查，并在 2016 年 11 月提出了整改要求，如图 5-18 所示。

图 5-18　网约车安全监管政策

2) 网约车平台安全保障措施。网约车监管政策的落实，敦促网约车企业加快落实安全运营的保障措施；网约车平台需要在驾驶员准入、行前、行中、行后 4 个服务阶段进行全面的安全保障；在事故发生时，平台需要提供畅通的反馈渠道、完整的应急响应机制和相应的保险保障措施，安全运营成为网约车行业共同的底线，如图 5-19 所示。

图 5-19　网约车平台安全保障措施

任务二　市场调研分析（高级）

任务描述

某网约车租赁公司想要拓展市场领域进驻某城市，请你作为市场专员，制订调研方案，落实调研，就所得数据进行分析，提报调研分析报告。

任务目标

1. 能制订市场调研方案并组织实施。
2. 能使用调研分析方法对行业数据进行分析。
3. 能根据分析结果形成调研分析报告。

相关知识

一、市场调研概述

市场调研是一种把消费者及公共部门和市场联系起来的特定活动。这些信息用以识别和界定市场营销机会和问题，产生、改进和评价营销活动，监控营销绩效，增进对营销过程的理解。

具体来看，市场调研对营销管理的重要性表现在 5 个方面：提供作为决策基础的信息；弥补信息不足的缺陷；了解外部信息；了解市场环境变化；了解新的市场环境。

市场调研主要分为两大类，一类是对企业现有及历史业务记录，如客户类型、车型、出租率、租金等经营数据进行统计分析，从中掌握汽车租赁市场变化的规律性，以适时做出有针对性的业务调整。这类市场调研局限性比较大，只能为局部的业务调整提供决策依据。

另一类是企业开发新市场或其他战略决策前所进行的市场调研，这类市场调研的工作量比较大，如果要获得好的效果，需要专业调查公司进行策划和实施。

市场调研包括策划、组织实施和调研分析 3 个阶段，市场调研策划的流程由若干相关联并互相制约的营销调研活动构成，前一环节往往是后一环节的基础与前提，因此掌握市场调研策划的程序有利于整个策划调查工作的顺利进行，具体流程如图 5-20 所示。

二、市场调研策划

策划阶段最主要的是明确调研目的，即想通过市场调研知道什么，如评估目标市场的大小，确认市场中的主要对手；量度目标客户对租赁汽车的需求、客户对租赁汽车及购买汽车的取向，哪种用车方式对客户比较有吸引力；了解目标客户的需求，对他们租车的频率、场合、目的及一年中对租车需求的情况进行分析；了解客户对现有租赁公司所提供的产品及服务的满意程度；寻找有市场潜力的汽车级别、车型；从市场的情况、政府政策、主要对手、市场竞争情况、现时的经营模式，了解目标市场的盈利潜力等。只有明确了市场调研目的，市场调研工作才具备成功的基础。

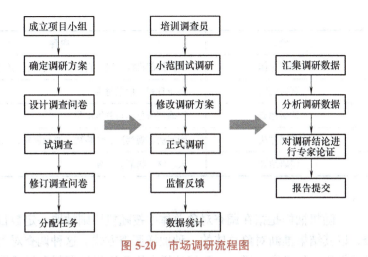

图 5-20 市场调研流程图

三、调研目标的确定

调研问题确定过程的最终结果就是形成调研目标，所有为调研项目投入的时间及成本都是为了实现既定的调研目标，它是调研项目进展的指导方针，是评价调研质量的尺度。因此，调研目标必须尽可能准确、具体并切实可行。为了保证调研结果的实用性和正确性，进行市场调研策划，首先必须要确定调研问题与调研目标。按照网约车租赁企业的不同需要，市场调研的目标有所不同。一般情况下可采用框图法确定网约车市场调研目标，如图 5-21 所示。

图 5-21 框图法确定市场调研目标流程

四、调研计划的制订

1. 市场调研计划书的框架

在对市场调研初步分析、明确课题的基础上，调研策划人员应设计调研方案。它是市场调研的基本框架，在实际操作中一般以市场调研计划书的形式出现，是调研实施的指导方针。一个完善的市场调研计划一般包括："6W2H" 8 方面的内容，见表 5-2。

表 5-2 调研计划书的内容

项目	含义	内容
What	调研主题	明确调研主题
Why	调研目的（原因）	明确调研目的、意义与目标
Which	调研对象	随机抽样、非随机抽样

(续)

项目	含义	内容
Who	调研主体	委托外部机构调研、自己独立调研、内外协作调研
When	调研时间	调研日程、信息时限
Where	调研地点	明确调研总体与总体单位
How to do	调研方法	询问法、观察法、试验法；原始资料、二手资料
How much	调研预算	人、财、物消耗预算

2. 市场调研对象的选择

（1）**随机抽样** 随机抽样是指在调查对象总体中按随机原则抽取一定数目的调查对象作为样本进行调查，以其结果推断对象总体的一种抽样调查方式。这种调查对象总体中每一个调查对象都有被选做样本的机会。通常，随机抽样会用于因果性资料和描述性资料的收集。

（2）**非随机抽样** 非随机抽样是指按照调查者主观设定的某个标准抽取一定数目的调查对象进行调查，并不是每一个调查对象都有机会被选为样本。非随机抽样因其代表性差，一般只用于探索性资料的收集。

3. 市场调研主体的介绍

企业的市场调研工作可选择企业自行调查和委托专业调查机构完成两种形式，对比见表 5-3。目前，国外许多大的企业和组织，根据企业发展的需要，大都设立了专门的市场调研部门，有规律地进行市场调研已成为多数大中型企业固定性和经常性的工作，我国目前尚处于起步阶段，很多企业的市场调研主要由营销部门承担。专业的市场调查机构大致有综合性市场调查公司、咨询公司、广告公司的调查部门 3 种类型。

表 5-3 两种形式的调查机构对比分析表

项目	企业自行调查	委托专业调查机构
优点	① 成本低 ② 对调查的项目更为熟悉 ③ 研究问题时针对性强 ④ 可以积累调查经验和大量的背景资料 ⑤ 可以锻炼销售人员业务素质	① 客观性强，不受企业原有观点的影响 ② 具有专业的调查技能，拥有专业研究人员 ③ 具有长期积累的经验和对比背景资料 ④ 调查的精度较高
缺点	① 缺乏客观性，受主观判断影响大 ② 缺乏专业化的操作知识 ③ 调查的精度较难保证	① 成本高 ② 双方需要良好的沟通 ③ 保密性不强
连续性	容易有很好的连续性，易形成系统资料	连续性差，长期合作成本高
适用范围	竞争对手调查、营销组合调查、潜在用户调查等	宏观环境调查、企业投资决策、新产品开发等

五、市场调研信息的收集

1. 资料来源

调研的资料来源与收集方法主要分为原始资料与二手资料收集两类。

原始资料是指市场调研所需的信息没有被别人收集或别人已经收集但调研单位无法获取的资料，需要调研人员通过现场实地调查直接收集的资料。

二手资料是指经过他人收集、记录、整理所积累的各种数据和资料的总称。二手信息资料主要来源于网约车租赁企业内部各部门，如档案部门、资料室等；网约车租赁企业外部，如图书馆、档案馆、政府机构、国际组织、新闻出版部门等；行业组织与其他网约车租赁企业等。

目前，网络已经成为一种重要的信息收集途径。在网络上收集信息，主要是通过搜索引擎、门户网站和专业数据库来收集。

2. 调研方法

汽车营销调研收集原始资料的方法主要有询问法、观察法与试验法3大类，这3类方法的优缺点比较见表5-4。

表 5-4　市场调研的资料来源

资料来源	调研方法	具体方法	优点	缺点
二手资料	案头调研	—	费用成本低、快捷方便	缺乏针对性，可靠性、准确性、客观性需进一步验证
原始资料	询问法	问卷调研、访谈调研、电话调研、会议调研	信息资料准确可靠，针对性、有效性强	费用成本高，快捷方便
	观察法	人工观察		
	试验法	无控制试验、有控制试验		

六、调研信息的整理

1. 如何对调查数据进行归纳

（1）**筛选、复核调查数据**　如图 5-22 所示。

1）筛选数据：将收集好的调查数据根据筛选的条件逐个进行检查与评判，对不满足条件的调查数据进行处理；在筛选过程中可运用经验筛选、条件筛选、逻辑性筛选等方法进行调查数据的筛选。

2）复核数据：筛选出的调查数据需通过核对数据的准确性、查证引用数据的出处及版权和及时补充完善调查的数据来保证数据的有效性，为调查数据的分析研究做准备。

（2）**处理调查数据**　市场调查数据常见的方式是调查问卷的形式，针对调查问卷的种种问题，需要用编码的方式进行归纳处理。所谓编码就是对每一份问卷和问卷中的每一个问题、每一个答案编订一个唯一的代码，并以此为依据对问卷进行数据的处理。编码设计的具体内容包括问卷的代码、变量的定义（名称、类型、位数、对应问题等）、取值的定义（范围、对应含义等）。将这些内容列成表格形式，成为编码表。

调查问卷中的问题包括单选题、多选题、排序题和开放性表达题等，针对问题的这4种类型有对应的编码设计：单选题的编码设计、多选题的编码设计、排序题的编码设计和开放性表达题的编码设计。

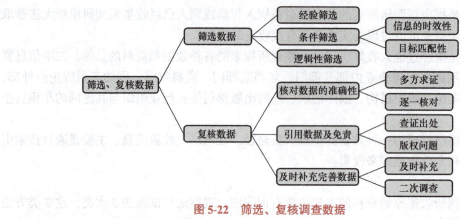

图 5-22　筛选、复核调查数据

如：问题 5 请问您最近一年内买过 VCD 光盘吗？（　　）

　　1. 买过　　　　　　2. 没买过

转化为编码表见表 5-5。

表 5-5　单选题编码表案例

变量序号	变量名	变量类型	变量所占字节	取值范围	取值对应的含义	备注	对应题号	对应问题
	V5	数值型	1	1、2和9	1 表示买过 2 表示没买过 9 表示缺失（没填）		5	最近一年内买过 VCD 光盘吗

（3）录入并展示调查数据　在对调查数据进行编码处理后，需要录入调查数据，它是指将经过编码的数据资料输入计算机的存储设备（软盘、硬盘或闪存）中，这样便可供计算机进行统计展示，为调查数据的分析带来便捷。数据的录入形式有两种：一种是以单独数据文件的形式录入和存在，另一种是直接录入专门的统计分析软件中（EXCEL、SPSS）。

常用的计算机统计展示方式：

1）统计表：统计表是指把统计数据按一定的顺序排列在表格上，就形成了统计表。它清楚、有条理地显示统计资料，直观反应统计分布特征，是统计分析的一种重要工具。

① 统计表从形式上看，由总标题、横行标题、纵栏标题、指标数值 4 部分构成，见表 5-6。

表 5-6　2010 年某月某公司各企业劳动生产率

分组	总产值 / 万元	职工人数 / 人	劳动生产率（元 / 人）
P	1	2	3
大型			
中型			
小型			
合计			

② 统计表从内容上看，由主词栏和宾词栏两个部分组成。主词栏是统计表所要说明的总体及其组成部分；宾词栏是统计表用来说明总体数量特征的各个统计指标。此外，统计表还包括补充资料、注解、资源来源、填表单位和填表人等。

2）统计图：常用的统计图分为直线图、条形图、饼图和环形图。

① 直线图是以直线的长短来表示品质属性数列中各组频数或频率大小的图形。常以横轴代表不同组别，纵轴代表各组的频数或频率，如图 5-23a 所示。

② 条形图是以若干等宽平行长条或圆柱的长短来表示品质属性数列中各组频数或频率大小的图形。通常以横轴代表不同的组别，纵轴代表各组的频数或频率，有时也可用纵轴代表各组别，横轴代表频数或频率，如图 5-23b 所示。

③ 饼图是用圆形和圆内扇形的面积来表示数值大小的图形，主要用于表示总体中各组成部分所占的比例，对研究结构性问题十分有用，如图 5-23c 所示。

④ 环形图是将总体或样本中的每一部分数据用环形中的一段表示。环形图也可同时绘制多个总体或样本的数据系列。每一个总体或样本的数据系列为一个环，如图 5-23d 所示。

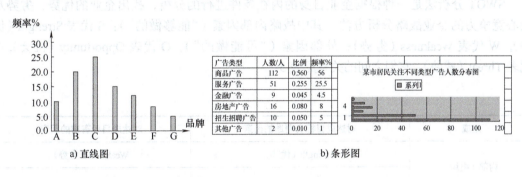
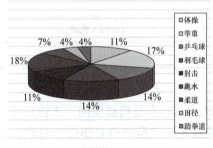
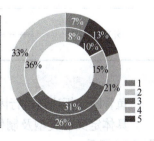

图 5-23　常用统计图

2. 信息收集的注意事项

（1）**样本的代表性**　在多数情况下调查的对象并不是总体，都是从总体中抽取一些样本来进行研究的，因此，样本的代表性对调查的结果影响很大。

（2）**研究结果的精确性**　任何一次调查都是有误差的，它受样本的选取、调查者的水平、时间、研究方法等多种因素的影响，因此，它对于总体的真实反映是存在误差的。营销人员要时刻清醒，营销调研的结果只能是近似值，因此，对结论的近似含义也要考虑到。

（3）注意根据实际情况进行解释　进行数据分析的营销人员在分析前要了解实际情况，因为数据只能反映样本表现出来的情况，有很多问题在实际工作中与之有差距。

（4）采用有效的分析方法　不同途径获得的资料分析方法不尽相同，进行分析时要注意：

1）二手资料的收集需要注意所搜集的资料与所调查的内容要有很大的相关性，不能选用过时的资料，要充分搞清这些资料所载信息的来源和可靠程度。

2）原始资料的处理分析。不同规模的原始资料，使用的工具也不相同。如某调查问卷数不足 100 份，可采用手工统计；而规模大时，可采用计算机统计。有很多种数据统计的方法，如单项表格法、归纳法和归中法等。最简单也最常见的是单项表格法，可用来统计各组的问卷答案选择项的出现次数，一般还需加上百分比和累计百分比两项，将数据输入计算机后用表格或图、线等形式统计并表达出来，以便研究人员分析。

七、调研信息的分析方法

1. SWOT 分析法

SWOT 分析法是一种根据企业自身的内在条件进行的分析，找出企业的优势、劣势及核心竞争力的企业战略分析方法。其中战略内部因素（"能够做的"）：S 代表 Strength（优势），W 代表 Weakness（劣势）；外部因素（"可能做的"）：O 代表 Opportunity（机会），T 代表 Threat（威胁）。它们之间的关系见表 5-7。

表 5-7　SWOT 分析图

组成	对达成目标有帮助的因素	对达成目标有害的因素
内部（组织）	Strength（优势）	Weakness（劣势）
外部（环境）	Opportunity（机会）	Threat（威胁）

2. 鱼骨图分析法

鱼骨图分析法是进行因果分析时经常采用的一种方法，其特点是简捷实用，比较直观。具体定义、类型及制作方法前文已经讲过，这里通过 3 种类型的鱼骨图进行回顾，如图 5-24 所示。

八、市场调研报告撰写

调研报告应包括目标市场环境、用户需求特征、竞争状况和结论等内容。

1. 目标市场环境

（1）宏观环境　总人口及人口基本特征（收入/购买力等）、企事业单位数量、汽车保有量及种类（公车、商用车、私家车等）、经营汽车租赁企业的数量、驾驶员的人数（持有驾驶证及正在申请中的人数）。

（2）经营政策　政府对汽车租赁企业的准入等相关政策。

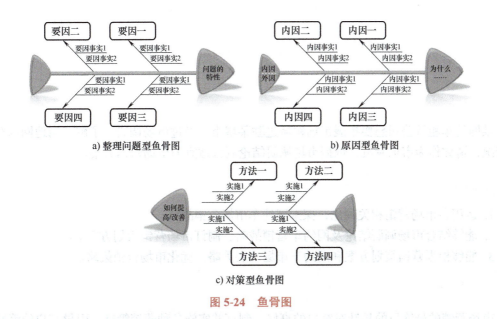

图 5-24 鱼骨图

（3）市场特征 是否受季节性影响，长租、短租，融资租赁、租赁服务的比例及客户构成。客户个人信用的征信、诚信、还款能力的机制。

2. 用户需求特征

用户需求特征研究主要是用户消费行为研究，包括各类用户（个人用户、单位用户，从未租赁过车的用户、曾经租赁过车的用户）租车的目的与用途（练车、游玩、商务等），不同类型用户对汽车租赁企业品牌的认知及选择途径、影响因素，不同类型用户在租车时的具体需求和特征：选择租赁商最关心的问题、倾向性车型（品牌、排量、手动、自动、微型、小型、低档、中档、高档、行政、商务、颜色等）、车况要求（外观、里程数、油耗、舒适度等）、价格敏感度（期望的价格/价格与服务、品质之间的互动影响关系研究），一般客户使用短租和长租的用途，客户对租赁汽车的取向、态度及习惯，企业及私人客户分别占短租和长租客户的比例，曾经租赁过车的用户对汽车租赁企业的品牌和满意度研究（使用、服务水平、租赁程序的复杂性、付款方式、价格），用户在购车、租车、出租以及用车环境（油价、停车、交通政策等）之间的价值取向研究等。

3. 竞争状况

竞争状况的主要内容包括市场上都存在哪些竞争对手；竞争对手的品牌（认知度、美誉度、满意度和忠诚度）；竞争对手的产品与实力（车辆数、档次、网点、驾驶员配备、服务水平）；长租及短租客户的比例、平均出租率、私人及企业客户的比例；是否提供异地租、还车服务；是否开展汽车行业相关业务（如汽车销售、维修、二手车、汽车财务、保险、旅游等）；不同租赁企业的业务程序；竞争对手的宣传/推广方式：广告及宣传活动主要有哪些，采用什么策略面对激烈的市场竞争；竞争对手的销售渠道、价格政策等。

4. 结论

在对调研中获得的政策法规、经济环境、汽车及相关服务行业、调研对象的消费能力和习惯、租赁价格、业务模式、竞争对手等各方面的数据进行分析的基础上，针对调研目的，提出明确性的结论。

任务三　市场营销方案制订（高级）

任务描述

某网约车租赁公司想要拓展市场领域进驻某城市，经过市场调研，了解了当地网约车市场情况，请你作为市场专员，依据市场调研结论制订适宜的市场营销方案。

任务目标

1. 运用各市场营销相关理论，探索网约车市场营销战略。
2. 能够结合市场调研结论及网约车营销战略，制订市场营销策划方案。
3. 能够根据营销策划方案和网约车市场发展策略，优化市场营销策略。

相关知识

市场营销的最终目的是针对客户的喜好，制订并实施各种营销策略，引导客户的消费意愿转变为符合营销目标的消费行动。根据有关调查，影响客户选择汽车租赁企业的租金、口碑、车辆状况、手续方便性、车型数量和合同合理性6大因素中，租金的影响度最高，为33%，其次是口碑，为21%。

一、市场营销相关理论

1. STP 理论

STP理论由市场细分、目标市场和市场定位3部分组成，通过市场细分选择目标客户，进而以此为根据确定目标市场，最后进行市场定位。

市场细分的客观依据是消费者需求，同时根据消费者行为的差异性、多样性将整个市场细分成多个市场。目标市场是在市场细分的基础上，企业选定指定的市场，也就是选定特定的客户群体。在进行目标市场选定的时候，需要满足几个必要的条件，才能满足企业的要求：购买力能够实现一定的销售额；客户的需求尚未被完全满足，有足够的发展空间；此外，企业还需要具备准入能力，获得一定的市场份额。

市场定位指为使产品在目标消费者心目中相对于竞争产品而言占据清晰、特别和理想的位置而进行的安排，所以产品的市场定位要有别于竞争品牌，并取得在目标市场中的最大优势。

2. 服务营销 7Ps 理论

4Ps营销组合概念就是产品、价格、渠道和促销。后来丰富和发展为7Ps营销组合理论，将人、有形展示和过程这3个新元素加入其中。

服务营销的基本形态就由7Ps组成。一方面，整个营销活动的价值源于员工的加入。员工作为企业的一员，客户除产品外接触的就是员工，每位员工的所作所为都代表了企业，所以员工这一元素成了客户对企业服务感受的最直接的端口，企业的服务效应也由此发散出去。

此外，企业为客户提供的产品或服务这一过程才是重中之重。服务与物品不同，物品是实实在在的看得见摸得到的东西，而服务却是无形的产品，这一产品的好坏，只能通过客户的切身反馈才能知道。所以必须在对客户的真实需求有充分的了解后才能提供优质的服务，在提供服务的同时，要不断地更新客户的反馈，及时对自己的产品或服务做出调整，以满足客户的需求。

服务营销不是单方面的，而是由客户和企业共同参与的，所以在考虑产品或服务的调整时，要从两方面入手。对于企业自身而言，各部门的相互配合是为客户提供优质产品或服务的基础，只有有效的分工和合作，才能在市场营销的过程中，促进营销活动的实现。

3. 4C 营销理论

4C 是网络营销的理论基础，4C 即客户的欲望和需求、满足欲望和需求的成本、方便购买以及与消费者的沟通。

（1）**欲望和需求** 由于企业是直接面对消费者的，所以要建立以客户为中心的观念，充分的考虑消费者的需求和欲望，牢牢地把握住"以客户为中心"这一基本思想，只有这样在市场营销的整个过程中，才能不断地改进，不断地自我提高。

（2）**满足欲望和需求的成本** 客户在选购的时候，要考虑成本。成本不单单只包含金钱，时间、精力、体力等都是客户需要考虑的成本。由于客户在购买行为发生前总是想把成本降到最低来最大限度地满足需求，所以企业在进行销售行为时，一定要考虑客户的各种成本，并且要努力降低客户购买时需要付出的"成本"，使之达到客户愿意支付的程度。

（3）**方便购买** 为客户提供便利并降低购买成本，是每个企业都要认真思考的问题。地理位置的选择，决定了客户的时间成本，所以企业在选择地理位置的时候，要充分考虑地区、区域、地点等因素，特别是"消费者的易接近性"这一因素，方便客户到达。对于远程的消费者，要有便利的交通环境为之提供方便，只有这样才算是为客户考虑，节省客户成本，同时也能吸引客户。除地理位置外，服务产品的布局、设计等都要从客户角度出发，方便消费者浏览、使用和挑选，甚至是方便支付。

（4）**与消费者的沟通** "眼睛是心灵的窗口"这一比喻充分地强调了平台设计的重要性。通过与消费者对平台使用的沟通，能够充分地发现自身竞争优势，通过调整，影响消费者的态度与偏好、说服消费者选择企业，购买服务，对于服务产品信息要简单方便地传达给消费者，在消费者心目中打造良好的企业形象。

4. 互联网"整合营销"4I 原则

4I 原则包括趣味性原则、利益原则、互动原则和个性原则。根据企业的目标设计目标战略，为了实现目标战略而利用各种资源制订相应的策略，并加以实施。

5. PEST 分析

PEST 分析是指宏观环境分析，宏观环境又称一般环境，是指影响企业生存和发展的各种宏观因素，一般应对政治（Political）、经济（Economic）、社会（Social）和技术（Technological）这 4 类影响企业的主要外部环境因素进行分析，简称 PEST 分析法，如图 5-25 所示。

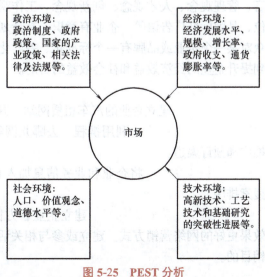

图 5-25　PEST 分析

二、网约车企业营销的主要内容

1. 营销的基本原则

（1）**充分发挥价格在营销中的作用但避免价格战**　价格是最有效但也是副作用最大的营销手段，如果市场营销过度依赖价格，往往会使企业陷入价格战，最终结果是企业利益受到损害。运用收益管理原理定价，可有效实现营销目的，实现收益最大化。

（2）**注重互联网的营销作用**　鉴于口碑在汽车营销中的重要性以及互联网对人们耳濡目染的影响，除网站外，企业应重视微博、微信、论坛等信息传输方式的宣传作用。企业应设置负责舆情监督和控制的岗位。

（3）**市场营销是综合性的工作**　市场营销必须与定价、市场调研互动，即通过市场调研，确定营销方案和市场定价；根据市场调研了解营销方案和市场定价的具体效果，并据此调整营销方案和市场定价。

> 注意：广告、推广等营销策略和手段是市场营销的外在形式，而定价是市场营销的内在实质，两者缺一不可。

市场营销需要有明确的目标以及后期需要有综合的数据用作合理分析。随着互联网应用的发展，市场营销推广的可追踪性也越来越强，预示着市场营销目标的可量化、可追踪、可分析性也更为明确。

2. 企业的形象设计

服务如果想给消费者留下深刻印象，更多地依赖于企业形象。部分没有亲身体验的潜在消费者，也是口碑的一个重要来源或渠道，影响这些潜在消费者的重要形式，就是企业形象。企业形象主要表现为品牌形象及以品牌为核心的视觉识别设计。

重视品牌宣传，使用标志性的颜色和图案增强在消费者意识中的强度和持续时间。在突出企业品牌的同时，也注重不同市场的品牌差异，以便更好地细分市场，提高营销收益。

企业形象建设还包括经营理念、经营宗旨、事业目标、企业定位、企业精神、企业格言、管理观念、人才观念、创新观念、工作观念、客户观念、人生观念、价值观念、品牌定位、品牌标准广告语等。企业有意识、有计划地将自己的企业或品牌特征向公众展示，使公众对某一个企业或品牌有一个标准化、差异化、美观化的印象和认识，以便更好地识别，达到提升企业的经济效益和社会效益的目的。

3. 网络营销

（1）**网站**　建立企业的汽车租赁网站，开展网上预订、租车和结算等业务。

（2）**第三方平台**　利用携程、去哪儿网等旅游、旅行类第三方电子商务平台作为业务推广和预订渠道。

（3）**搜索引擎**　将企业和业务信息加入百度等互联网搜索引擎并尽可能突出关键字和搜索排序。

（4）**博客、微信、论坛**　建立企业官方博客、微信，有针对性地与客户互动沟通，是效果更好的网络营销方式。建立或参与相关话题的论坛，也可达到引导舆论、扩大影响的营销目的。

（5）团购　　在特定情况下可利用团购网站迅速扩大网约车企业的影响。

（6）网上竞拍　　企业也可在销售淡季，用一定数量的需处置车辆开展无底价增价拍卖或减价拍卖，以达到制造营销热点的效果。

据有关统计，客户通过上述互联网渠道获得信息的比例已超过 50%，网络营销推广因能提供更精确的目标市场而变得越来越重要。

4. 与关联行业合作

（1）互惠合作　　汽车租赁或网约车企业与银行的合作形式有与银行合作发行联名卡、有条件地对某银行的信用卡优惠、与银行合作进行宣传活动等。与宾馆、航空、旅游、加油站等相关服务行业建立类似的互惠关系，企业的客户可享有参与计划的航空公司贵宾会员额外的飞行里程积分，或宾馆贵宾会员的经常光顾积分。这些额外积分可享受各航空公司或各宾馆的优惠待遇。

（2）建立代理关系　　企业可与较有名的宾馆、旅行社和航空公司洽商合作事宜，为这些宾馆、旅行社和航空公司的客户代办汽车租赁服务。当这些客户去外地出行时，可享受企业的异地租车服务或免费约车服务。作为回报，汽车租赁或网约车企业按照代理伙伴的营业额，以一定比例向代理伙伴支付酬金。

企业还可将汽车租赁或服务网点布设在酒店、宾馆内，依托已有实体服务业扩展汽车运营网络。

三、曹操出行市场营销策略制订

1. 营销策略的制订

（1）目标市场细分　　对网约车市场进行目标市场细分要有一定的细分标准，针对其中的一个或几个目标市场进行市场进攻，从而有针对性地设计相应的服务和产品。从消费者的角度考虑市场细分，价格敏感度及乘坐舒适性是考虑问题的维度。以下从消费者对价格的敏感度和对乘坐舒适度的追求对网约车市场进行细分。

消费者对于网约车的评判，一般是综合"服务"与"价格"两个维度，即"性价比"。按照价格敏感度进行细分可分为敏感、一般和不敏感。对于服务的敏感度可划分为重视、不重视两个等级。综合上述五个等级，可将消费者分为 6 个类型，见表 5-8。

表 5-8　消费者类型

服务	价格		
	价格敏感	价格关注度一般	价格不敏感
重视服务	A	B	C
不重视服务	D	E	F

由此可见，A 类消费者对价格敏感，同时对服务有较高要求；B 类消费者对价格关注度一般，但重视服务，肯花略高的价格接受高质量服务；C 类消费者对价格不敏感，重视所提供的服务；D 类消费者对于价格敏感，不在意服务质量；E 类消费者对价格关注度一般，不在意服务质量；F 类消费者对价格不敏感，不在意服务质量。

（2）目标市场选择　　首先，对于价格较为敏感，同时也注重服务质量的 A 类消费者，是基数最大的，也符合一贯"物美价廉"的需求。但是出于成本考虑，做到使此类消费者完全满意，需要很强的运作能力与前期投入。对于价格关注度一般、重视服务的B类用户，即可接受打车价格，或比此价格稍贵，同时要求服务质量优于出租车的用户。由于人群规模同样存在，可成为"曹操出行"的目标客户。而价格不敏感、重视服务的C类用户，作为高端消费者，虽然人数较少，但能带来较大效益，因而也是重点目标对象。由于"曹操出行"本身注重对服务的追求，其目标群体是愿意为服务消费的中高端客户群体，所以不追求服务的客户群体D、E、F不是"曹操出行"的目标选择。

综上所述，考虑到运营成本，排除A、D、E、F四类客户，"曹操出行"的主要目标市场为B、C两类客户群体。

(3) 目标市场定位 目标市场定位不是对产品本身做什么，而是对客户的心理采取的行动，即对产品在客户心中确定一个适当的位置。

目前，"曹操出行"对外宣称"互联网+新能源出行平台，自营新能源专车服务，以低碳为原则用车，致力于成为首个建立新能源汽车出行服务标准的专车品牌"。之所以选择这一品牌形象，是因为"曹操出行"采用"新能源汽车+公车公营+认证驾驶员"的B2C重资产运营模式，"新能源汽车"从形象方面做到了差异化，"公车公营"从产品和服务上做到了差异化，"认证驾驶员"从人员方面做到了差异化。重资产运营方便"曹操出行"统一管理，同时也能够保证服务质量。这些差异化措施，能够在客户心目中留下深深的印象。结合目标市场的客户群体来说，"曹操出行"的目标市场是对于出行服务质量有一定要求，肯花略高于打车价格选择出行的客户群体。而"曹操出行"的"新能源""正规化服务"的标签正好符合相关人群的心理预期，对企业客户、政府客户以及中高端的个人用户等有较强的吸引力。

综上所述，"曹操出行"的产品定位应包含"新能源""正规化服务""价格较低"等概念。可概括为"高品质、低价格的新能源专车"。

2. 曹操出行目标市场营销策略

(1) 产品策略

1) 开发"曹操出行"产品新功能。当前，网约车开发市场的驱动力已经转化为对服务质量高低、服务广度的追求，"曹操出行"可通过开发新功能，提升产品价值。如开放更多的功能端口："自由行""帮忙取送""绿色公务""出租车""彩选"等，在客户端增加多种功能端口等业务。通过开发"曹操出行"产品新功能，同时也可将"曹操出行"紧密地与客户联系起来。

"曹操出行"推出类似美团外卖的"帮忙取送"业务，基于"专车"的功能上，实现同城快递业务。这一业务模块的延伸，打开"二次开发"市场，在市场竞争的时候，就能够吸引客户选择"曹操出行"。

2) 完善"曹操出行"个性化服务。完善个性化服务，是"曹操出行"亟待解决的。司乘两端对于网约车需求体验越发严格细致，如叫车效率、精准定位、乘客匹配等。开发或采购智能匹配技术，对无序派、接单做出优化升级，根据以往乘车记录的等级评价，为优质用户或驾驶员进行派车或派单，优享尊贵体验，减少纠纷。个性化司乘匹配，将有效地激励优质用户或驾驶员，从根本上践行"心·约定"服务出行理念。优化平台系统为驾驶员端配置多种接单模式，以满足驾驶员出车时各种所需，使其在条件触发下支持预约抢单、实时派单、回家模式单、不接机场和火车站订单等多种接单模式设置，驾驶员可根据实际情况选择听单，尽显人性化。引入大数据应用技术，能够精准预测供需，以最优的状态匹配驾驶员和乘客。所有乘客及驾驶员数据集合在移动智能出行网络中，大数据下的智能供需预测要解决的问题是通过对用户需求的预测，实现城市车辆的实时调度（未来30min供需缺口预测精度已达85%），以便满足不同区域的打车需求，从而实现资源最优化分配，帮助缓解用车紧张。除以上核心调度算法外，"智能派单""路径规划""智能推荐上车点"等功能也一应俱全。持续优化升级，旨在提升用户出行效率及出行体验，最大化驾驶员收入利益，使司乘双方都能更高效、低成本地享受科技带来的出行便捷，用技术构建智能出行新生态。通过技术更新换代，在乘客等待和驾驶员匹配上做到可精准预估乘客所使用车辆到达目的地的时间，合理规划行程路线，确保司乘都能在既定时间内做出优化选择，更好地安排出行时间。

（2）价格策略　"曹操出行"可采取低价格策略，在相同服务质量下采取低价格，获取竞争优势。对比其对标网约车平台，如快滴、优步等网约车，"曹操出行"可在同等服务的情况下，采用降价、优惠的方式，杀入市场，获取一席之地。

"曹操出行"的低价格策略，首先基于服务质量的保障："曹操出行"的服务是标准化服务，符合网约车高端市场定位需求，制订低价格的价格策略。通过将价格降低的方式吸引一大批客户成为曹操出行的忠实铁粉。虽然价格降低，但是服务却不打折扣。统一的服装、统一的手势、统一的欢迎语，这一切服务都给乘客一种高端的享受，相同的服务，价格却低，这也是"曹操出行"在今后的市场竞争中提高市场占有率的一种途径。低价策略不是价格战：价格战是牺牲自身利益，采用低价策略吸引消费者；低价策略是从价格角度出发，满足自身的利益前提下，让利给消费者。

（3）渠道策略　在互联网迅速发展、大数据快速应用的今天，要将传统的营销活动，融入互联网应用中去。运用互联网营销激发客户的欲望和需求，同时要通过有效沟通，方便客户购买，做到为客户考虑，降低客户的购买成本。对于网约车而言，要想扩大客户群体，就等同于扩大软件的应用数量，也等同于扩大软件的入口端。

1）增加"曹操出行"平台入口。作为市场营销的主力通道，网络渠道要特别的重视起来。对于"曹操出行"APP，可能因为下载麻烦，或其他原因，客户群体的下载数量受到限制。可在其他软件中增加APP入口，从而提高乘客使用率。通过与各主流软件的合作，将APP入口引入其中，通过这种合作能够快速地导入客户。

2）发展、维系大客户群体。通过大客户关系的维系，不断发掘市场的潜在需求，从而保持市场占有率。"曹操出行"可派遣专员，通过建立联系、逐步了解、建立信任、维系关系、增进感情，继而形成客户忠诚。通过不断的市场开发，发掘潜在客户群体，继而增大客户群体范围。通过与大客户建立战略合作关系，互相携手并进。

3）与政府建立长期的合作。可在APP上建立"政府专车入口"，客户可通过这个入口轻松叫公车，用车后直接结束用车，账单通过政府支出去结算。规范程度高，能为政府提供专业的公务出行服务，也可与政府部门建立合作关系。这种方便快捷的方式会吸引大量的用户使用，同时也方便了报销等流程。

（4）促销策略

1）采取全方位的立体宣传方式。

①加强品牌名字的曝光度。"曹操出行"这一名字的寓意取自于"说曹操，曹操到"，借用"曹操"来比喻专车的快捷。"说曹操，曹操到"这句话大家耳熟能详，如果看到"曹操出行"的字样，自然就会想到这句话，也就将"曹操出行"记下。

② 采用车辆实物展示。除了名字以外，可将"说曹操，曹操到"这句"广告"印刷在车身上，在城市的路面上进行巡游。此外"曹操出行"本身的辨识度很高，对于一个新鲜的、明显耀眼的车辆进入城市，肯定会激起市民的好奇，也就起到了宣传的作用。

③ 善于利用交通媒体。可在出租车的顶灯位置，打上"曹操出行"的广告，这种流动广告的效果会非常好，用不了多长时间就可以做到家喻户晓。在城市的繁华地段租用一块广告牌，这样的宣传也能起到很好的效果。

④ 参加大型公众活动。"曹操出行"可到一二线城市参与大型活动，比如车展、博览会等大型活动。"曹操出行"可与活动方签订协议，作为官方指定用车，这种大型活动的效果非常好，可在活动中将良好的形象展示给客户。

⑤ 增强节假日促销。在一些重大的节日以及一些活动中，做好品牌的宣传。可以以赞助商或项目的举办者身份参与到活动中，可将奖品设为现金抵用券或乘车体验券等，也可通过互联网或广播抽奖的方式，抽取幸运用户。

2）储值回馈活动。可通过与银行之间或第三方平台等建立联系，通过指定渠道存入一定金额就可获得相应的优惠，这个优惠既给到了客户又可将成本转嫁给渠道方，也可以设立满减活动，比如充值 500 送 200，这样客户既得到了实惠，"曹操出行"平台又锁定了客户。

3）发放用车抵用券。"曹操出行"可通过与各个城市中当地的一些便民平台或有一定传播效用的公众号或大 V 建立合作关系，通过平台发放"曹操出行"的电子用车抵用券，有针对性地吸引客户，不断地将客户引流到自己的 APP 上，通过下载、注册 APP 可得到免费用车的机会。

4）增加其他服务促销。可推广"曹操出行"的帮忙取送业务，让客户在家就可参与到合作方的活动当中去。"曹操出行"也可利用自己的客户资源，通过与合作方的强强联合，对合作方的产品和自身进行推广，这种互惠的合作，不但能够提高市场占有率，同时也能增加一种新的收入模式。

(5) **人员策略**

1）以客户为本。"曹操出行"要高度尊重信任客户，提供使客户偏爱的产品和服务，让客户享受到满意加惊喜的产品和服务，最终成为"曹操出行"的忠诚消费者。"曹操出行"可坚持打造服务特色，做到车辆合规、驾驶员合规、熟悉道路、车内外干净无异味、车内温度舒适、免费 WiFi、迎宾礼仪、站立等候、主动开关车门、提拿行李、航班延误免费等。

2）以员工为本。"曹操出行"要在技能上重视员工的培训，实现服务的标准化；在精神上重视向员工灌输企业文化，使员工真正地认同"曹操出行"的"为您服务"的企业文化。"曹操出行"应当在员工招募时，增加统一培训的力度，培训合格后方可上岗服务。在岗一段时间后，还应设置不断的学习充电制度。完善员工培训体系，保障员工素质及服务质量，将服务做到极致。员工在经过统一的培训后，能够增长知识、技能，在工作方法、工作态度以及工作的价值观上都能够得到改善和提高，从而发挥出最大的潜力提高个人和公司的业绩，能够在推动公司和个人的不断进步的同时，展示公司的完美形象，实现公司和个人的双重发展。

(6) **过程策略**

1）落实、优化服务流程标准。标准化的服务和流程能够给乘客带来舒适的乘车体验。乘客在选择"曹操出行"的同时，也就选择了默认接受"曹操出行"的服务。因此"曹操出行"应完善服务标准和流程，采取统一的服务标准。

同时，"曹操出行"应建立乘客的监督、评价和反馈体系，在乘坐过程中，邀请乘客对驾驶员行为和出行服务做出监督和评价，并及时地反馈给"曹操出行"平台。通过落实服务流程标准化，从而为乘客提供一个安全、放心的乘车体验。

2）加强与乘客间的情感交流。依据互联网整合营销4I原则，寻找消费者情感的薄弱点，进攻消费者的内心，唤起消费者的共鸣来达到营销目的，往往会取得较好反响。"曹操出行"可采取情感场景化这一营销策略，从这个角度出发，比如开发"替人打车"的功能。对一些老人而言，由于其年纪稍大，在使用智能手机方面已经落后于年轻人，"曹操出行"根据这一问题，开发出"替人打车"端口，通过这种情感化场景的应用，拉近与客户的距离，同时培养客户的用车习惯，也能够提高"曹操出行"的市场占有率和平台渗透率。

3）场景化营销。"曹操出行"可与高校或婚庆公司或某企业合作，举办一场集体婚礼。"曹操出行"提供车辆，担当重要的角色，这对网约车平台而言是极大的好处。除了出行，可以和多家品牌进行跨界合作，采取场景化营销策略，让百姓生活中的每一个方面，都出现"曹操出行"的影子。依靠砸钱培养的用户，这种方式产生的效果一般，客户的忠诚度和客户黏度也无法保障。采用情感场景化这一策略，引起客户的情感共鸣，继而吸引客户的注意力，使其忽略"红包"的效应。在没有优惠和补贴的时候，也会习惯接受服务，这种方式提升的客户忠诚度要比依靠"红包"提升的忠诚度更加牢固。

任务四　企业经营状况分析及发展目标制订实施（高级）

任务描述

某网约车运营服务企业需要根据上一年的经营状况，调整今年的发展战略规划，请你作为部门经理，落实本年度的战略目标。

任务目标

1. 能够结合企业环境分析方法，分析企业经营状况和竞争地位。
2. 能够根据企业经营的因素，制订企业长期发展战略规划。
3. 能够根据年度经营计划制订方法，制订企业战略目标的经营计划。
4. 能够结合预算管理的操作方法，进行企业资源配置及评估效果的预测。
5. 能够结合绩效管理方法，跟踪、调整、考核目标的达成情况。

相关知识

一、企业战略

1. 企业战略的基本概念

传统的观点认为战略是企业为之奋斗的一些终点与企业为达到它们而寻求的途径的结合

物。也就是说战略是"路径+终点"，强调的是计划性、全局性和长期性，现代的观点认为战略是一系列或整套的决策或行动方式，"战略=路径"的观念，强调的是应变性、竞争性和风险性。

2. 企业战略的分类

企业战略分总体战略、业务单位战略和职能战略3个层次，如图5-26所示。

（1）**总体战略** 又称企业层战略。总体战略是企业最高层次的战略，主要任务是业务组合和资源配置，使各项经营业务相互支持、相互协调。

（2）**业务单位战略** 是企业二级战略、也称竞争战略。业务单位战略要针对不断变化的外部环境，在各自的经营领域中有效竞争。对于一家单业务公司来说，总体战略和业务单位战略只有一个，即合二为一。

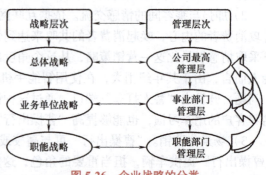

图 5-26　企业战略的分类

（3）**职能战略** 又称职能层战略，主要涉及企业内各职能部门，如营销、财务、生产、研发、人力资源、信息技术等，如何更好地配置企业内部资源，为各级战略服务，提高组织效率。

在职能战略中，协同作用具有非常重要的意义。这种协同作用首先体现在单个职能中的协调性与一致性，其次各个不同职能的协调性与一致性。

二、企业发展战略

1. 企业发展战略的概念及类型

总体性战略有发展战略、稳定战略和收缩战略3大类型。发展战略是总体战略中的一类。企业的发展战略强调充分利用外部环境的机会，充分发掘企业内部的优势资源，以求得企业在现有战略的基础上向更高一级的方向发展。发展战略主要包括3种基本类型。

（1）**一体化战略** 是指企业对具有优势和增长潜力的产品或业务，沿其经营链条的纵向或横向延展业务的深度和广度，扩大经营规模，实现企业成长。按照业务拓展的方向可将一体化战略分为纵向一体化和横向一体化。

1）纵向一体化战略：是指企业沿着产品或业务链向前或向后，延伸和扩展企业现有业务的战略。企业采用纵向一体化战略有利于节约与上、下游企业在市场上进行购买或销售的交易成本，控制稀缺资源，保证关键投入的质量或获得新客户。不过，纵向一体化也会增加企业内部管理成本。纵向一体化战略可分为前向一体化战略和后向一体化战略。

企业采用纵向一体化战略的主要风险包括不熟悉新业务领域所带来的风险；纵向一体化，尤其是后向一体化，一般涉及的投资数额较大且资产专用性较强，增加了企业在该产业的退出成本。

2）横向一体化战略：是指企业收购、兼并或联合竞争企业的战略。主要目的是为了减少竞争压力、实现规模经济和增强自身实力以获取竞争优势。

（2）**密集型战略** 是指企业充分利用现有产品或服务的潜力，强化现有产品或服务竞争地位的战略，根据"产品—市场战略组合"矩阵，分为4种战略类型，如图5-27所示。

1）市场渗透战略。这种集中战略称为"坚守阵地"，战略强调发展单一产品，试图通过更强的营销手段而获得更大的市场占有率。市场渗透战略的基础是增加现有产品或服务的市场份额，或增加正在现有市场中经营的业务。它的目标是通过各种方法来增加产品的使用频率。

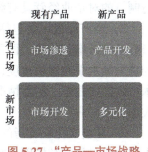

图5-27 "产品—市场战略组合"矩阵

2）产品开发战略。这种战略是在原有市场上，通过技术改进与开发研制新产品。这种战略可提高产品的差异化程度，满足市场新的需求，延长产品的生命周期，从而改善企业的竞争地位。拥有特定细分市场、综合性不强的产品或服务范围窄小的企业可能会采用这一战略。

3）市场开发战略。市场开发战略是指将现有产品或服务打入新市场的战略。实施市场开发战略的主要途径包括开辟其他区域市场和细分市场。

（3）多元化战略 是新产品与新市场结合的结果。这一战略方向是从密集型战略中分离出来，归为发展战略的另一种基本类型。当现有产品或市场不存在企业所期望的增长空间的时候，企业通常会考虑选择多元化战略。

2. 企业发展战略管理建设与实施过程

战略管理主要是指战略制订和战略实施的过程。一般说来，战略管理包含战略分析、战略选择、战略实施、战略评价和调整4个关键要素。

1）战略分析的主要目的是评价影响企业目前和今后发展的关键因素，并确定在战略选择步骤中的具体影响因素。战略分析阶段明确了"企业目前状况"。

2）战略选择阶段所要回答的问题是"企业走向何处"。首先需要制订战略选择方案。第二步是评估战略备选方案。第三步是选择战略。最后是战略政策和计划。制订有关研究与开发、资本需求和人力资源方面的政策和计划。

3）战略实施是将战略转化为行动。主要涉及以下一些问题：如何在企业内部各部门和各层次间分配及使用现有的资源；为了实现企业目标，还需要获得哪些外部资源以及如何使用；为了实现既定的战略目标，需要对组织结构做哪些调整；如何处理可能出现的利益再分配与企业文化的适应问题，如何进行企业文化管理，以保证企业战略的成功实施等。

4）战略评价是通过评价企业的经营业绩，审视战略的科学性和有效性。战略调整是根据企业情况的发展变化，即参照实际的经营事实、变化的经营环境、新的思维和新的机会，及时对所制订的战略进行调整，以保证战略对企业经营管理进行指导的有效性。包括调整公司的战略展望、公司的长期发展方向、公司的目标体系、公司的战略以及公司战略的执行等内容。

三、企业战略分析方法

1. 企业外部因素分析

（1）宏观环境分析：PEST分析

PEST分析主要分析政治（Politics）、经济（Economy）、社会（Society）、技术（Technology）等因素，具体表现为：

1）政治环境是指对组织经营活动具有实际与潜在影响的政治力量和有关的法律、法规等因素。包括一个国家的社会制度，执政党的性质，政府的方针、政策、法令等，还包括政府制订的对企业经营具有约束力的法律、法规。

2）经济环境主要包括宏观和微观两个方面的内容。宏观经济环境主要指一个国家的人口数量及其增长趋势，国民收入、国民生产总值及其变化情况。通过这些指标能够反映国民经济发展水平和发展速度；微观经济环境主要指企业所在地区或所服务地区的消费者的收入水平、消费偏好、储蓄情况、就业程度等因素。这些因素直接决定着企业目前及未来的市场大小。

3）社会文化环境指的是人口环境和文化背景。人口环境主要包括人口规模、年龄结构、人口分布、种族结构以及收入分布等因素。文化背景包括一个国家或地区的居民教育程度和文化水平、宗教信仰、风俗习惯、审美观点和价值观念等。

4）技术要素不仅包括那些引起革命性变化的发明，还包括与企业生产有关的新技术、新工艺、新材料的出现和发展趋势以及应用前景。

（2）行业竞争环境分析：五力竞争模型　五力指现有竞争厂商之间的角逐、潜在进入者带来的压力、来自替代产品的竞争压力、来自供应商的议价能力以及供应商和销售方之间协作的竞争压力、来自买方的议价能力以及卖方与买方协作的竞争压力，如图5-28所示。

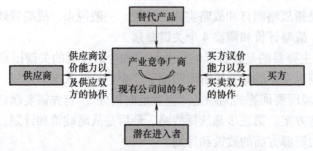

图5-28　行业竞争环境分析—五力竞争模型

2. 企业内部因素分析

（1）IFE矩阵　IFE矩阵用于评价企业各项内部资源和能力的优势与劣势，并为确定及评价这些因素间的关系提供基础。建立IFE矩阵可按照以下5个步骤进行：

1）列出在内部分析过程中确认的关键因素（资源或能力），使用10~20个内部因素，包括优势和劣势两方面，先优势后劣势，尽可能使用百分比、比率及比较数字。

2）给每个因素赋予权重。权重表明各因素对企业在产业中成败的影响的相对大小，不论关键因素是优势还是劣势，对企业绩效影响较大的因素都应该给予较高的权重。权重数值范围从0.0（不重要）到1.0（非常重要），权重以行业或竞争对手水平为基准，所有权重之和等于1.0。

3）对各个因素进行评分。使用数字1~4，1表示重要劣势，2表示次要劣势，3表示次要优势，4表示重要优势。优势的评分必须使用3或4，劣势的评分必须使用1或2，评分以公司为基准。

4）用每个因素的权重乘以其评分，得到各个因素的加权分数。

5）将所有因素的加权分数加总，得到各企业的总加权分数。

无论 IFE 包含多少因素，总加权分数的范围都是从最低的 1.0 到最高的 4.0，平均分为 2.5，总加权分数远低于 2.5 或远高于 2.5 的企业，分别表明其内部状况处于弱势或强势，如图 5-29 所示。

关键内部因素	权重	评分	加权分数
优势			
1. 存货周转率从 5.8 上升 6.7	0.05	3	0.15
2. 客户平均购买金融从 197 元增加到 228 元	0.07	4	0.28
3. 员工道德高尚	0.10	3	0.30
4. 店内促销导致销售增长 20%	0.05	3	0.15
5. 报纸上的广告费增加 10%	0.02	3	0.06
6. 专卖店的维修/服务收入增加 16%	0.15	3	0.45
7. 店内技术支持员工拥有管理信息系统的学位	0.05	4	0.20
8. 商店资产负债率为 34%	0.03	3	0.09
9. 员工平均收入增加 19%	0.02	3	0.06
劣势			
1. 专卖店软件收入下降 12%	0.10	2	0.20
2. 新的 34 号公路对商店位置带来负面影响	0.15	2	0.30
3. 商店的地毯和油漆年久失修	0.02	1	0.02
4. 商店浴室需要翻修	0.02	1	0.02
5. 业务收入下降 8%	0.04	1	0.04
6. 商店没有网站	0.05	2	0.10
7. 供应商准时交货期增加至 24 天	0.03	1	0.03
8. 客户结账时通常必须等待	0.05	1	0.05

图 5-29　某零售店内部因素 IFE 评价矩阵示例

（2）VRIO 矩阵　VRIO 是针对企业内部资源与能力，分析企业竞争优势和弱点的工具。它从经济价值（Value）、稀缺性（Rarity）、难以模仿性（Inimitability）和组织（Organization）4 个视角出发，分析企业经营资源及其应用能力，如图 5-30 所示。

图 5-30　VRIO 矩阵

3. SWOT 分析法

（1）收集信息　SWOT 分析实质上是机会威胁与优势劣势分析的综合，信息的收集也就是外部环境资料和内部环境资料两方面的收集，可划分为宏观环境的收集和微观环境信息的收集两部分。

1）信息的整理与分析。把收集到的信息分别归类到宏观环境、微观环境后，再分析信息的含义，看其是表明企业面临的机会还是遭遇的威胁，是反映企业的优势还是劣势。

2）确定企业具体业务所处的市场位置，在资料收集整理完毕后，再看企业某一项具体业务面临的环境，是机会多于威胁还是威胁多于机会；企业在这项业务上是处于优势还是劣势，然后在 SWOT 分析图中标出其市场地位。

3）企业某一项业务的市场位置确定后，就可根据具体情况制订相应的营销战略和策划方案，决定企业是否应加大对这项业务的投资产品组合，促销组合各方面有哪些要改进的具体问题等。

(2) 机会与威胁分析

1) 机会分析。机会分析是指通过对外部环境的分析，找出有利于目标实现的因素，并具体分析其影响度和成功可能性的过程。可通过机会矩阵来分析外部环境所提供的每一个机会，如图 5-31 所示。

第一类机会是最向往的，吸引力大且成功率高。吸引力大，表明营销活动的影响很大，同时在此项业务上成功率也大，应抓住这样的良机来加速发展；第二类机会是应谨慎考虑的，吸引力大但成功率不高。虽然这类机会吸引力很大，但成功率小，不宜盲目跟风行动；第三类机会是要着力分析的，吸引力小但成功概率高。此时应深入进行效益分析，如果发现利用这一机会获得的收益大于付出的成本，也可考虑用这一机会，促进企业营销活动的开展；第四类机会是不应考虑的，因为这类机会对营销活动的影响不大，企业利用这一机会的成功率又小。

2) 威胁分析。威胁分析是指通过对外部环境的分析，找出对目标实现不利的因素，具体分析出其影响强度和发生的可能性的过程，具体分析可以通过图 5-32 所示。

第一类威胁要高度重视并着力化解。这些威胁对网约车运营平台活动的影响很大，同时发生的可能性也很大，一方面要密切地监控，另一方面形成一套良好的常备反应机制，在威胁来临时迅速化解，将损失减到最小；第二类威胁对汽车企业营销活动的影响很大，但发生的可能性小。对这类威胁要有一套灵敏的预警机制，不能因为其发生的可能性小而忽略它，同时还要有良好的应对措施；第三类威胁是汽车企业在生产经营过程中经常遇到的，它对企业营销活动影响很小，但是发生的可能性大。对这些威胁企业要及时解决，不能因为其影响力不大而搁置起来，不然很可能会发生变化，造成巨大的影响；第四类威胁对汽车企业营销活动影响不大，发生的可能性也不大。对这类威胁要注意其动向，一经发现就及时解决，避免其转移为其他形式的威胁。

3) 综合分析。将机会分析与威胁分析结合起来运用到企业目标活动中，就可以了解这类业务所处的外部环境，从而为相关的营销决策提供依据，具体分析如图 5-33 所示。

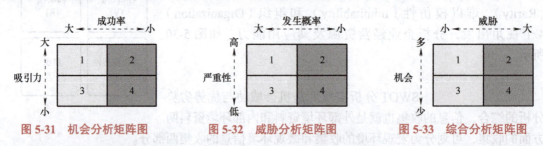

图 5-31 机会分析矩阵图　　图 5-32 威胁分析矩阵图　　图 5-33 综合分析矩阵图

第一类业务是理想的业务，拥有的机会多，收到的威胁又少，是企业应着力发展的业务；第二类业务有用的机会虽然多，但受到的威胁也多，是风险类业务，企业应慎重考虑，做好风险收益分析；第三类业务面临的机会与威胁都很少，一般是已经成熟的业务。企业在这类业务中所占的市场份额如果较大，可加强发展，不适宜作为新加入者来开展这类业务；第四类业务是企业不愿做的业务，面临的威胁很多，拥有的机会却很少，是企业经营中的麻烦业务，企业可以考虑从这类业务中撤出。

通过机会与威胁分析，营销活动人员就能够清晰地了解到企业所处的外部环境，再根据企业的情况进行恰当的营销策划，推动企业营销活动的发展。

(3) 优势劣势分析　优势劣势分析又称为内部环境分析，是对企业自身的审视，通过对影响营销活动和业务发展的各种内部因素进行分析，找出其拥有的优势和劣势，确定企业的市场地位的过程。

1）优势劣势分析的意义。对企业自身内部环境的审视十分重要，如果对自身的优势与劣势不清楚即便面临的市场机会再好，也不可能取得成功。在进行了优势、劣势分析后，就可在营销活动过程中扬长避短，充分发挥优势，克服或避开劣势，取得市场中的有利地位。对于营销人员而言，了解企业的内部环境是首要的条件，是科学策划的基础。

2）优势劣势分析的途径。在对收集的信息进行分类整理后，就可进行优势劣势分析了，见表 5-9，可将企业的各项能力用数据指数表示出来，从而了解企业的优势、劣势所在。

表 5-9　企业优势、劣势分析表

项目		评价	权数	结果
维修能力	维修设备			
	人员技术水平			
	维修质量			
营销能力	市场份额			
	市场覆盖地域			
	服务水平			
盈利能力	销售利润率			
	总资产报酬率			
	资本收益率			
抗风险能力	企业信誉			
	资产负债率			
	周转率			
组织能力	管理层水平			
	员工协作精神			
	创业导向			
发展能力	研发开支比例			
	技术人员比重			
	培训费用			

第一列项目栏列出了企业内部环境的主要因素。针对企业的不同情况，可进行项目的增减，但要注意分类列出；第二列评分栏是指对各个项目的评价。把评价结果量化，以百分制的形式给出，分数越高，表示评价越好；第三列权数栏表明了各个项目在总体评价中所起的

作用与重要性。项目的重要程度越高,权数就应越大;第四列结果栏表示各个类目的最终得分。类目得分 = ∑(各项目得分 × 对应权数)。将各类得分进行比较,就可了解企业的长处是什么,短处又是什么。

进行优势、劣势分析是为了明确企业在市场中处的地位,即企业在市场竞争中是处于优势还是劣势。根据数据可整理出表 5-10 的各项数据。

表 5-10 企业优势、劣势评价表

类目	得分	权重	综合值
维修服务能力			
营销能力			
盈利能力			
抗风险能力			
组织能力			
发展能力			

需要说明的是,表中各个类目权数的确定受到行业特点和企业状况的制约,同时还会受分析人倾向的影响。如果分析人属于谨慎型,抗风险性能力的权数就会设得高一些;如果分析人敢于冒风险,该权数就会低一些。各类目权数之和应为 1。

最后得出的综合值就是企业的市场得分,企业的综合值 = ∑(各项目得分 × 对应权数),这一结果表明了企业在市场中的地位。

企业案例

杭州某汽车租赁有限公司拥有 40 多辆在租车辆,近三年的租车率为 42.19%~64.11%。如今公司已经发展出一个总部,两个分部。虽然目前还没有实现高盈利的状态,但整体的收入情况还是非常稳定的。总经理认为,虽然公司没有持续出现较大的盈利,但作为一个新兴的服务行业具有非常广阔的商业前景。只要针对市场变化及时调整营销策略,是能够逐步发展壮大的。

(1)内部环境 公司的费用主要由汽车的管理经费、折旧费、保养费、油费及工作人员工资及福利待遇等费用组成。而这些费用中有相当一部分属于不可控成本,如折旧费。一般汽车的折旧时间为 8 年,由于消费者更青睐于最新款的车型,所以汽车的折旧时间一般在 5 年左右。如此一来,无形中加大了中小型公司的经营成本。而且汽车是一种无形损耗高、自然损耗低的产品。汽车的保险费用、保养费也是随着市场的变化而变化,一定程度上也影响着公司营运成本的变动。

从公司的角度讲,汽车就是公司的固定资产。汽车折旧方法的不同,公司的利润也会受到很大的影响,比如按 5 年折旧和按 8 年折旧,折旧率完全不一样。随着折旧方式的日趋合理规范,将有效地压缩公司的利润空间。折旧费逐渐下降,但汽车的管理费用却在逐年增长,这虽然不属于有效成本的控制范畴,还是导致了公司整体利润的下降。

(2)外部环境 杭州的整体经济环境虽然不错,但与一线城市比还具有一定差距。

在欧洲，汽车租赁是对汽车生产与销售之间的"瓶颈"进行有效的缓解，能进一步拓宽汽车市场。在国内，汽车租赁的需求与当地的经济发展程度有着直接的关系。也就是说，当地的经济程度越发达，其对汽车租赁需求就越大。虽然浙江整个地区的旅游业都非常的完善，但杭州市内的旅游仅以西湖为辐射带，且随着城市交通的不断完善，完全可以满足人们短途旅游的需求。杭州市整体的消费水平并不高，对于汽车租赁的需求不大，所以汽车租赁公司一定要稳步的进行发展，不能盲目地扩大经营规模。

四、年度经营计划制订

确定了战略目标后，需要进行战略的落地。战略目标的达成包含经营计划、预算及绩效的联动管理。战略与目标、年度经营计划、预算与绩效考核之间的关系如图 5-34 所示。

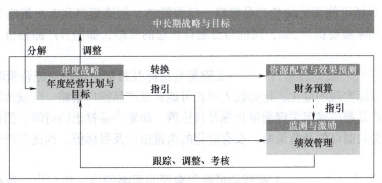

图 5-34　战略管理各要素之间的关系

经营计划是企业为了适应环境的变化，确保经营方针与目标的实现而制订的工作计划。它不是常规性的工作计划，而是一种总体性的规划。

1. 经营计划的特点

（1）**决策性**　经营计划是以企业作为相对独立的商品生产者和经营者为前提，根据企业外部和内部情况制订的，直接关系到企业的生存与发展。

（2）**外向性**　经营计划与社会、市场和用户有着密切的联系，其基本目标就是帮助企业实现与外部环境的动态平衡，并获得良好的经济效益和社会效益。

（3）**综合性**　经营计划的基本内容涵盖市场调查、预测、生产、销售等各环节，也涉及技术、财务和后勤等各部门，它是指导企业全部生产经营活动的纲领。

（4）**激励性**　经营计划把国家利益、企业利益和职工个人利益有机地结合起来，形成一股强大的动力，以激励企业全体职工。

2. 经营计划的制订方法

（1）**解读战略发展要求**　充分理解公司发展战略，并输出发展战略对年度经营计划的要求并宣贯，以确保年度经营计划中的经营目标与策略与战略发展要求相符。

（2）**上年度经营总结**　年度经营总结的核心是找差距，包括与年初目标的差距、与竞争对手的差距、与客户要求的差距；且必须实事求是，数据说话，不能避重就轻（公司如果没有在第三季度开展中长期战略规划，则第二步工作还需开展外部环境分析，发现机会和威胁)。

(3) 确定年度经营目标　年度经营目标来自于公司中长期战略的分解以及中长期战略举措的要求，包括财务性指标和非财务性指标，财务性指标主要有收入、利润等，非财务性指标包括关键的客户类（如市场份额）、内部运营类（如研发能力提升）、学习成长类（如员工收入增长）。其中财务性指标要进行层层分解，特别是收入指标，必须要有分解，要与营销部门充分讨论，确保收入目标的可行性，而不仅仅是一个总体目标数据。ToB 企业要分解到客户或项目，ToC 企业要分解到细分渠道或项目；利润目标的设立要有毛利提升、费用控制指标值作为支撑。非财务性指标要承接公司中长期发展战略举措的落地要求，如公司在中长期战略举措中有提升研发能力、快速响应客户需求，在内部运营类指标中，需设缩短产品开发周期的目标。

(4) 制订经营策略　经营策略是指实现经营目标的具体策略，包括营销策略、研发策略和交付策略等。如经营目标确定了收入要增长 20% 的目标，需要确定实现确保收入增长 20% 的策略，包括可能贡献增长产品策略、销售策略、渠道策略和客户策略等。如果经营目标确定了毛利率需要提升 5%，同理需要制订相应的策略，如提升产品售价、降低制造成本等。

(5) 明确关键衡量指标及目标值　关键衡量指标及目标值是指对经营策略是否执行到位、是否支撑目标实现的量化，比如收入增长可能有新产品推广策略、区域市场精耕细作策略，需要对新产品推广确定关键衡量指标及目标值，如新产品推出的时间、预计实现的销售收入等。很多公司制订的经营策略，没有量化的衡量指标及目标值，因此最终是否执行到位无法评估。

(6) 分解关键行动措施　关键行动措施是对经营策略的进一步细化，是对经营策略实施需要输入的资源、过程管理、输出管理等的分解。如新产品推出策略，需要细化到新产品的策划、新产品的研发、新产品的上市、新产品的市场推广促销等一系列的行动措施并明确责任部门、完成时间等，以确保经营策略的落地。高效年度经营计划"六步"如图 5-35 所示。

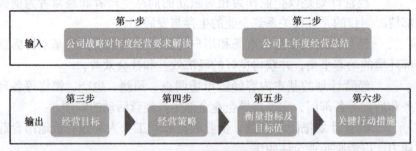

图 5-35　年度经营计划实施步骤

五、全面预算管理

全面预算管理是利用预算对企业的财务、实物及人力等资源进行分配、控制、考核，以便有效地组织和协调企业的生产经营活动，并预测企业的现金流量与利润，以实现企业既定的战略目标。

1. 全面预算管理的内容

全面预算管理内容由业务预算、资本预算和财务预算3部分组成，3项预算互相影响。

（1）业务预算　业务预算又称经营预算，是反映企业预算期间日常供应、生产、销售、管理等实质性经营活动所编制的，与企业日常业务直接相关的预算，主要包括销售预算和生产预算等。

（2）专项预算　专项预算是指预算期企业涉及长期投资的、非经常发生的、一次性业务支出的预算。它包括资本支出预算和一次性专门业务预算。

（3）财务预算　财务预算综合反映各项业务对企业现金流量和经营成果的影响，从而规划企业的现金流量和经营成果，财务预算实际上是业务预算和专项预算的综合体现，落脚点就是现金流量预算，最后形成预计损益表、资产负债表和现金流量表。

2. 全面预算管理操作流程

（1）预算目标制订与分解　根据公司的经营目标，选择关键指标作为预算指标，并将其分解到各预算责任单位。

（2）预算编报　建立基于业务特点的预算编制体系，由各基层单位及业务部门参与编制公司年度预算，逐层汇总形成集团公司及各单位整体预算。

（3）预算执行与控制　以预算为基础，开展实际经营活动，辅以控制流程，对预算执行过程进行监督。

（4）预算分析　将实际发生情况与预算指标进行差异分析，并形成公司预算执行分析报告。

（5）预算调整　根据公司内外部环境变化和经营情况，调整年度预算目标与滚动方案。

（6）预算考核　根据各项预算指标和公司预算考核制度，对预算执行结果进行考核评估。

全面预算反映的是企业未来某一特定期间的全部生产、经营活动的财务计划，它以实现企业的目标利润为目的，以销售预测为起点，进而对生产、成本及现金收支等进行预测，反映企业在未来期间的财务状况和经营成果。

六、绩效管理

绩效管理是指各级管理者和员工为了达到组织的战略目标，共同参与的绩效计划制订、绩效辅导沟通、绩效考核评价、绩效结果应用、绩效目标提升的持续循环过程，绩效管理的目的是持续提升个人、部门和组织的绩效。常见的绩效考核方法如下：

（1）KPI绩效考核法　KPI绩效考核（Key Performance Indicator）也称为关键绩效考核，是企业最常用的绩效考核方法之一。KPI绩效考核是通过对工作绩效特征的分析，提炼出最能代表工作绩效的关键指标体系，并以此为基础进行绩效考核的模式。

（2）OKR绩效考核法　OKR绩效考核法也称目标绩效考核，是一套明确和跟踪目标及其完成情况的管理工具和方法。OKR的主要目标是明确公司和团队的"目标"以及明确每个目标达成的可衡量的"关键结果"。员工共同工作，并集中精力做出可衡量的贡献。

（3）BSC考核　BSC考核也称平衡记分卡，据调查，目前全世界的前500强的企业中有70%企业已运用了BSC，可见其确实对企业绩效管理和运营有一定的作用。它主要包括内部运营、客户、学习成长和财务 4 个考核维度。

（4）360 度考核　360 度考核，又称为全方位考核法，360 度考核法是常见的绩效考核方法之一，其特点是评价维度多元化（通常是 4 或 4 个以上），适用于对中层以上的人员进行考核。它是一种从不同角度获取组织成员工作行为表现的观察资料，然后对获得的资料进行分析评估的方法，它包括来自上级、同事、下属及客户的评价，同时也包括被评者自己的评价。

（5）目标考核　按一定的指标或评价标准来衡量员工完成既定目标和执行工作标准的情况，根据衡量结果给予相应的奖励。它是在整个组织实行"目标管理"的制度下，对员工进行的考核方法。这种方法是目标管理原理在绩效评估中的具体运用，与组织的目标管理体系以及工作责任制等相联系，深受众多企事业组织的青睐。

任务五　企业法律风险防范及法律事务处理（高级）

任务描述

某汽车租赁公司即将开业，请你审定公司所制订的租赁合同，提出法务修改意见。

任务目标

1. 能根据汽车租赁风险问题的性质和类型，做好法律诉讼各项准备工作。
2. 能够处理合同审定等企业其他法律事务。

相关知识

一、汽车租赁的主要法律问题

1. "善意取得"被利用

物权的转移有以下两个基本规则：

1）动产物权的设立和转让自交付时产生效力，但法律另有规定的除外（如机动车没有变更登记，善意取得无效）。

2）无处分权人将动产转让给受让人的，符合特定情形的（如以合理价格取得、办理了车辆变更登记），受让人取得该动产的所有权。

上述两个基本规则为不法分子侵占租赁车辆创造了机会，使承租人因占有租赁车辆，得以主动或被动地处置租赁车辆的物权，侵害汽车租赁企业合法权益。而获得租赁车辆的第三方可以善意取得为由，逃脱返回租赁车辆的法律责任。物权转移的基本规则是经济社会正常运转的保障，但也确实是租赁车辆被第三方非法占有的重要诱因。因此，汽车租赁的首要法律问题，是如何堵塞第三方利用"善意取得"逃避法律责任的漏洞，维护汽车租赁企业的合法权益。

此外，租赁车辆因涉及刑事案件、经济纠纷和行政处理等问题，被公安机关、法院、行业管理部门扣押，也是汽车租赁企业可能面临的、可能需要通过法律途径解决的问题。

> **拓展阅读**
>
> **善意取得**
>
> 善意取得是指动产占有人向第三人转移动产所有权或为第三人设定其他物权，即使动产占有人无处分动产的权利，如受让人在取得该动产时出于善意，受让人取得该物的所有权，原权利人丧失所有权。善意取得需符合以下条件：
> ① 出让人无权处分。
> ② 受让人受让该不动产或动产时是善意的。
> ③ 以合理的价格转让。
> ④ 转让的动产依照法律规定应登记的已经登记，不需要登记的已经交付给受让人。

2. 未办理车辆登记不属于善意取得

根据有关法律规定，受让方未办理车辆变更手续不属于善意取得。机动车、飞机、船舶登记制度是唯一由法律确定的动产登记制度，而其他动产物权的变更，并不需要进行登记。这主要是针对在动产中，交通工具价值相对高而制订的。相关规定明确办理车辆转移、抵押登记的必须是机动车所有人，办理转移、抵押的程序详尽、复杂，因此第三方很难在汽车租赁企业不知晓的情况下办理车辆物权变更手续。有关车辆买卖、抵押办理登记手续的法规如下：

（1）《中华人民共和国担保法》 《中华人民共和国担保法》第四十一条规定，当事人以本法第四十二条规定的财产抵押的，应当办理抵押物登记。第四十二条规定，以航空器、船舶、车辆抵押的，办理抵押物登记的部门为运输工具的登记部门。

（2）《机动车登记规定》（公安部令第102号） 关于车辆买卖，《机动车登记规定》第十八条规定，已注册登记的机动车所有权发生转移的，现机动车所有人应自机动车交付之日起30日内向登记地车辆管理所申请转移登记。第十九条规定，办理转移登记必须提供现机动车所有人的身份证明、机动车所有权转移的证明和凭证、机动车登记证书、机动车行驶证等六类证件或证明。

关于车辆抵押，《机动车登记规定》第二章登记，第四节"抵押登记"共有五条内容，规定了办理抵押及解除抵押的手续、所需文件。

如果严格执行这些规定，未经所有权人同意，办理车辆物权变更手续几乎不可能，车辆登记制度是保护汽车租赁企业的重要法律制度。

二、相关法律措施的运用

1. 财产保全

当汽车租赁企业发现失控车辆的具体下落时，可向法院要求财产保全，查封租赁车辆，避免车辆再次失去下落。为了降低车辆被转移的风险，应提出诉前保全。财产保全是指遇到有关财产可能被转移、隐藏等情形，可能对利害关系人权益造成损害或可能使法院将来生效的判决难以执行时，人民法院根据利害关系人或当事人的申请，或依职权对一定财产采取的特殊保护措施。

财产保全分为诉前财产保全和诉讼中的财产保全。诉前财产保全是指在诉讼发生前，人民法院根据利害关系人的申请，对有关财产采取保护措施的制度。诉前财产保全要求较严格，一般适用于较为紧急且申请人应当提供担保的情况。诉讼中的财产保全是当事人已经起诉，人民法院已经受理案件后才采取的财产保全。诉讼中的财产保全可以由当事人申请，也可由人民法院依职权做出决定。

财产保全限于诉讼请求的范围或与案件有关的财物。所谓诉讼请求范围是指保全的财产价值与诉讼请求的价值相当；与案件有关的财物主要是指案件的标的物，即可供将来执行法院判决的财物。财产保全的措施有查封、扣押、冻结财产以及法律规定的其他方法。

2. 先予执行

先予执行是指人民法院在审理民事案件后，做出终审判决前，根据当事人的申请，裁定另一方当事人给付申请人一定数额的钱财或裁定另一方当事人立即实施或停止某一行为的法律制度，是使权利人在判决生效前实现部分权利的一种救济方式，又称为先行给付、假执行。

多数情况下第三方通过交易获得租赁车辆，与承租方存在经济关系，虽然根据相关法规他们之间的交易不受法律保护，但为了避免不必要的纠纷，在出租方对租赁物所有权关系明确的情况下，可要求法院在承租方与第三方的民事诉讼尚未完结前，将处于第三方控制之下的租赁车辆归还汽车租赁企业。

《中华人民共和国民事诉讼法》规定，人民法院对下列案件，必要时可书面裁定先予执行：追索赡养费、扶养费、抚育费、抚恤金、医疗费用的，追索劳动报酬的，因情况紧急需要先予执行的。采取先予执行必须具备一定条件：

1）原告提起的诉讼必须是给付性质的，即要求被告给付一定金钱或财物。
2）作为给付所根据的必须明确权利义务关系。
3）如不采取先予执行措施，将严重影响申请人的生活或生产经营。
4）被申请人有履行能力。

汽车租赁为第三方占据，要求先予执行完全符合上述条件。

无论是财产保全还是先予执行，申请人都应向法院提供担保，如果申请人败诉，应赔偿被申请人因财产查封或先予执行遭受的损失。胜诉后担保全额退还申请人。因租赁车辆被第三方占据的法律事实清楚，汽车租赁企业败诉的概率极小，所以汽车租赁企业可向法院交付现金担保，担保金额为被保全或先予执行的标的物价值。汽车租赁企业可以降低诉讼标的物价值的办法减少担保数额，降低标的物价值并不影响汽车租赁企业的诉讼利益。

3. 先刑事后民事

如到法院起诉，法院可能会以"先刑事后民事"为由不予立案。但实际上，只有在下列情况下，才执行"先刑事后民事"的原则：

1）刑事附带民事诉讼的，民事的处理涉及刑事审判结果或要以刑事审判结果为依据时。
2）民事赔偿责任需要民事刑事一起审理，民事可能导致刑事过分延时。

租赁车辆被第三方占有的案件多是民事、刑事各自单独立案，且两个案件没有相互影响关系，所以不必依据"先刑事后民事"的原则。有关法规参见《最高人民法院关于在审理经济纠纷案件中涉及经济犯罪嫌疑若干问题的规定》《关于及时查处在经济纠纷案件中发现的经济犯罪的通知》。

4. 自力取回全权

当租赁车辆被第三方非法占有时，部分租赁企业自己或雇用他人采取"偷窃"或"非暴力"措施自行取回租赁车辆。如果租赁车辆顺利回到汽车租赁企业的控制下，一般而言，第三方就失去了重新占有租赁车辆的机会，司法部门对于租赁物物权回归这个既成事实，也是无从介入的。

三、汽车租赁相关法律案例分析

1. 车辆被第三方占据

这类案件涉及出租人、承租人、受让车辆的第三方，存在租赁合同纠纷、非法转让车辆等不同关系，刑事案件与经济纠纷并存，如图5-36所示。在如此复杂的关系中，应争取问题简单化，以便及早解决问题，减少出租人的损失。

图5-36的虚线部分属于公安部门处理范围，涉及诈骗、非法买卖等问题，关系复杂。实线部分属于法院处理范围，为出租人与承租人的经济纠纷，以双方合同为基础，关系清晰，通常解决此类问题的原

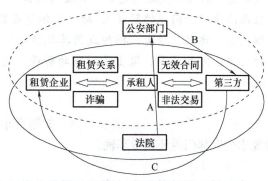

图5-36 租赁车辆被第三方占有的法律关系及处理程序示意图

则是向法院起诉，承租方履行租赁合同，返还租赁车辆。但由于具体情况不同，也可采取起诉第三方和直接要求公安部门返还车辆的办法。

（1）**起诉承租人** 起诉承租人方案适合承租人可到案应诉，承租人具有赔偿能力，且车辆因涉及刑事案件等原因被公安部门扣留的情况。

（2）**起诉第三方** 起诉第三方方案适用于承租人无法到案应诉或没有赔偿能力，且第三方和租赁车辆下落明确的情况。

> **实例分析**
>
> **起诉第三方返还所购买的租赁车辆**
>
> 某市民石某将自己的车辆委托给某汽车租赁公司出租，2005年7月，犯罪嫌疑人张某某从租赁公司租走石某的车后，伪造石某的全套手续，将车辆卖给了第三方王某某，但未办理车辆过户手续犯罪嫌疑人就消失了。后来犯罪嫌疑人落网，2006年6月30日因合同诈骗罪和诈骗罪，数罪并罚，被判处执行有期徒刑4年。由于张某某服刑且没有偿还能力，王某某无法追回被骗钱款，因此拒绝返还车辆，认为自己是善意的第三方，是合法获得车辆，出租人应补偿其被骗损失后才能取回自己的车辆。于是石某起诉王某某，要求法院判令被告返还车辆。
>
> 2007年3月28日，某市区级人民法院对此案依法做出了判决。法院认为，根据《中

华人民共和国物权法》第一百○六条规定，被告未办理车辆过户登记，不属于善意取得范围，被告应返还原告石某所拥有的车辆。

我国汽车租赁行业主要问题之一是大量租赁车辆被骗，其根源是犯罪分子（无处分权人）将诈骗来的租赁车辆非法转卖给第三方（受让人）后，第三方以"善意取得"为由，对抗汽车租赁企业（所有权人）对租赁车辆主张权利。由于"善意取得"的滥用，客观上助长了诈骗租赁车辆的犯罪行为。此案的判决，有效地阻断了"诈骗租赁车辆—非法转卖租赁车辆—获得非常受益"环节，削弱了租赁车辆诈骗问题存在的基础，这个判决是一个令汽车租赁行业振奋的好消息。另外，2007年5月11日起施行的《最高人民法院、最高人民检察院关于办理与盗窃、抢劫、诈骗、抢夺机动车相关刑事案件具体应用法律若干问题的解释》，对"明知是盗窃、抢劫、诈骗、抢夺的机动车，买卖、介绍买卖、典当、拍卖、抵押或用其抵债的"等严重危害汽车租赁企业利益的犯罪行为的具体认定和处罚，做出了明确的解释。这也为消除租赁车辆被骗问题打下了良好的基础。

（3）**直接向公安部门索要车辆** 如租赁车辆确为公安部门扣留，可依据有关法规，直接要求公安部门返还租赁车辆。

2. 租赁车辆被公安部门扣押

当租赁车辆被承租人或第三方用于犯罪活动或处于犯罪分子占有状况时，公安部门在侦查阶段可将租赁车辆作为脏污、作案工具、物证暂时扣押。但公安部门以租赁车辆移交检察院、法院，案件侦查中为由长期不予返还时，会给汽车租赁企业造成经济损失。对于这种情况，汽车租赁企业应首先向公安部门提供租赁车辆产权证据和汽车租赁合同，证明汽车租赁企业是租赁车辆物权受到侵害的受害者。

（1）**租赁车辆不必移交法院判决** 租赁车辆与所涉案件关系清楚时，公安部门没有必要将租赁车辆移交检察院或法院起诉或判决。《广东省高级人民法院关于刑事案件赃款物适用法律问题的若干指导意见》明确指出："需要急需追缴或责令退赔的赃款赃物，不属于财产和刑事附带民事赔偿的范围，属于侦查、控诉工作的延续。对于赃款赃物没有查扣随案的刑事案件，人民法院原则上不对赃款赃物做出判决。"

（2）**作为证据的租赁车辆不必等到结案时才返还** 根据公安部颁发的办理刑事案件的程序类规定，如收集、调取的物证依法应当返还被害人的，可拍摄足以反映原物外形或内容的照片、录像作为物证。所以在证据充足的情况下，公安机关应先返还车辆而不得以物证为由扣押。此外，在公安机构以证据扣押租赁车辆时，汽车租赁企业有权根据相关法规要求警方提供"调取证据通知书"。

（3）**从犯罪分子处追缴的被骗租赁车辆应首先返回汽车租赁企业** 根据《关于依法查处盗窃、抢劫机动车案件的规定》，对直接从犯罪分子处追缴的被盗窃、抢劫的机动车辆，经检查鉴定、查证属实后，可依法先行返还失主。在返还失主前，按照赃物管理规定管理，任何单位和个人都不得挪用、损毁或自行处理。该规定同时说明机动车诈骗案件也适用该规定，对于机动车诈骗案件，公安部门应首先将作为赃物扣押的租赁车辆返还汽车租赁企业，而不必等待案件审结。只要租赁车辆的产权清晰，公安部门都应遵循此规则。

《中华人民共和国刑事诉讼法》《公安机关组织管理条例》等对暂扣手续和暂扣物品的保管、移交都有严格规定，属于被害人的应尽快返还。"犯罪工具""赃物""物证"等可在侦查阶段即予以了解，不必移交法院裁定。

3. 租赁车辆被法院没收

通常没收作案工具是一种由公安部门做出的行政处分而不是由法院做出的财产刑罚判决，但确有法院以没收作案工具为名做出没收租赁车辆判决的情况。

（1）"犯罪工具""赃物"不能作为处分对象　在法院判决书上，出现以"作案工具""赃物"的名义没收涉案财物的判决是错误的。《中华人民共和国刑法》中关于财产处分的条款主要有两点，一是以"没收财产"对犯罪分子进行刑罚，处分对象必须是犯罪分子的个人财产，所以《中华人民共和国刑法》第五十九条规定："没收财产是没收犯罪分子个人所有财产的一部分或全部"；二是从维护被害人利益和消除危害的角度，《中华人民共和国刑法》第六十四条规定："犯罪分子违法所得的一切财物，应当予以追缴或责令退赔；对被害人的合法财产，应及时返还；违禁品和供犯罪所用的本人财物，应当予以没收"。而"作案工具"既可能是"犯罪分子个人所得财产"或"供犯罪所用的本人财物"，也可能不是；"赃物"还包括应退还被害人的合法财产。

该案的车辆应属于《中华人民共和国刑法》第六十四条规定应向被害人返还的合法财产。

（2）国库及车辆没收国库的基本程序　《中华人民共和国刑法》规定："没收的财物和罚金，一律上缴国库"。《中华人民共和国国家金库条例》第二条"国家金库（以下简称国库）负责办理国家预算资金的收入和支出"。所以国库只是一个抽象的概念，一般是账由各级政府的财政部门做，钱存在银行，功能相当于企业的财务部门，负责各级政府包括公、检、法在内的机构收入和支出。和企业财务一样，政府的财务也有管理制度，其中最重要的管理原则是"收支两条线"，即政府按照财务预算下拨各机构包括工资、办公费在内的各种维持机构正常运作的经费；各机构上缴包括罚没、税收、事业收费在内的各种收入；严禁自收自支。

具体到被法院罚没的机动车上缴国库的程序大致是这样的：法院向罪犯收缴机动车及其车辆登记证件，如行驶证、登记证等，将机动车送往产权交易中心或拍卖行，售出机动车的资金上缴国库，购买人凭法院判决、交费凭据、原车登记证件到车辆登记部门办理过户手续。

（3）几点建议　在上述案例中，可以肯定车辆所有人能够收回被第三方占有的车辆，但其遭受的损失十分惨重。遇到类似情况时，车辆所有人可采取以下措施来减少自己的损失：首先在车和租车人失踪后立即报案，这样车辆被盗、被骗信息就会进入公安部门的相关数据库，减少了车辆成为"犯罪工具""赃物"的可能；其次车辆所有人可要求租车人赔偿从车辆失踪到车辆收回期间的租金损失。

4. 在租车辆被运输管理部门扣押

（1）汽车租赁作为道路运输相关业务纳入道路运输管理　汽车租赁不是道路运输，但作为道路运输相关业务纳入道路运输管理，汽车租赁企业应遵守道路运输管理的有关规定。各地道路运输管理的基本内容是：从事道路运输以及相关业务经营活动应依法取得道路运输许可，按照核定的期限、范围、种类、项目、区域和场所等许可事项从事经营活动。有些地方也制订了汽车租赁的具体管理政策,且不尽相同,比如有地方规定租赁汽车不必办理道路运输证,对租赁汽车座位限制从7座、9座到12座不等。

(2) **汽车租赁的经营和服务模式与道路运输管理发生冲突** 由于汽车租赁与道路运输有很大差异,以道路运输模式进行管理会产生一些问题,如承租人驾驶的租赁车辆被道路运输管理部门扣押的情况时有发生。典型案例:2012年4~6月期间,某汽车租赁企业在租的五辆租赁车在公司注册地之外的同一地区被该地道路运输管理部门扣押,理由包括没有在当地办理运营手续、没有携带道路运输证、不符合规定的经营条件等。无辜的是:该汽车租赁企业在注册地完全符合道路运输管理要求,而承租人驾驶租赁车辆进入其他地区,可能不符合当地规定;承租人依法获得的租赁车辆的用益物权被剥夺,并蒙受损失。

(3) **几个法律问题**

1) 道路运输管理条例对汽车租赁的管理范畴。汽车租赁企业的经营活动,除救援外,仅限于其经营场所范围,经营内容主要是置备符合规定的租赁车辆、办理租车手续。而承租人获得租赁车辆用益物权,租赁车辆已与汽车租赁企业没有关系,已不属于汽车租赁企业的管辖范畴。道路运输管理部门的管理对象是汽车租赁企业,区域限于汽车租赁的经营场所,管理内容是汽车租赁的经营行为。《中华人民共和国道路运输条例》释义已对道路运输管理条例的适用范围有很明确的诠释:"合同法对如何规范、调整道路运输中行政管理的行政法规,其立法目的应围绕着道路运输活动中需要通过行政权力来规范和解决的问题"。

2) 道路运输条例对汽车租赁管理的法律效力。运输管理部门因承租人未带道路运输证等原因而扣押租赁车辆,除行政范畴不恰当外,还涉嫌违法。根据《中华人民共和国立法法》法律的效力高于行政法规、地方性法规、规章。各地道路运输条例属于地方性法规,其法律效力低于《中华人民共和国合同法》。显然,道路运输管理部门依据道路运输条例而终止承租人与汽车租赁企业依据《中华人民共和国合同法》签订的租赁合同,有被承租人起诉的风险。

5. 租赁车辆物权登记

> **分析案例**
>
> (1) **因机动车物权登记制度不完善留下隐患** 2009~2011年两家融资租赁公司分别与淄博某公司签订融资租赁合同,将3台起重机租给淄博某公司,租赁期限分别为48个月和41个月。
>
> 由于我国机动车登记制度没有用益物权登记内容,即车辆登记证和行驶证上没有承租人信息登记项目,为了便于承租人淄博某公司的日常运营,两家租赁公司同意起重机登记在承租人名下。同时为了防范租赁物的所有权遭受侵犯,作为权宜之计,两家租赁公司又分别与淄博某公司签订了"抵押合同",将租赁物抵押给租赁公司,其中一家公司在车辆登记部门办理了车辆抵押登记。
>
> (2) **承租人非法解除抵押登记窃取租赁物所有权** 两台起重机的抵押登记被淄博某公司以伪造抵押权人(即融资租赁公司)同意解除抵押的文件方式解除。淄博某公司还将其中一台起重机抵押给了某信用社,并在工商管理部门办理了动产抵押登记。另一台起重机被抵押给某支行并在车辆登记部门办理了抵押登记。

至此，3 台起重机的所有权从融资租赁公司变成了淄博某公司。

（3）租赁企业的资产被法院执行　2012 年 5 月，淄博某公司因债务纠纷被起诉至山东省淄博市中级人民法院（以下简称淄博中院），淄博中院将淄博某公司以融资租赁方式从两家融资租赁公司租来的且只支付了部分租金的 3 台总价为 8000 万元全路面起重机作为诉讼标的进行财产保全。2013 年 8 月，淄博中院对淄博某公司系列贷款纠纷案陆续做出判决，认定债权人对起重机享有抵押权，有权以起重机拍卖、变卖或折价所得价款优先受偿。租赁公司对租赁物的所有权被无端剥夺。

（4）经验教训　2013 年 9 月，两家融资租赁公司分别向淄博中院递交了"查封异议申请书""财产保全和执行异议书"。由于其中一家融资租赁公司办理了起重机的抵押登记，因此向车辆登记部门提起行政诉讼，请求恢复被非法接触的、设定在租赁物上的抵押权。

本案的主因是承租人非法占有他人财产，但机动车登记制度的不完善也是该案的重要成因。如果车辆登记系统能参照飞机与船舶的登记制度，列明所有权人、承租人、抵押权人，相关交易方在交易前，先行在车辆管理部门的车辆登记系统中查询标的物的权属关系，可避免租赁物被非法抵押或买卖。但在相关法规完善前，租赁企业一定要办理租赁物的登记手续，充分利用《中华人民共和国物权法》有关善意取得的限制条款，堵塞他人非法占有租赁物的渠道。

四、网约车发展现存的法律问题

1. 违约问题

在乘客方面，主要表现在等车过程中的违约与到达目的地下车后不支付费用的违约。乘客在等车过程中，往往会盯着软件屏幕查看车辆到来情况，如果车辆信息始终显示在一个点不动或运行缓慢，乘客由于时间比较赶等原因就会选择取消交易的选项。在乘客到达目的地后出于趋利性与占小便宜的心态，有些乘客不支付费用，而当前网约车软件对违约乘客基本不要其承担任何违约责任。

虽然根据软件设计的程序，在乘客再次出行时必须首先支付上一次的乘车费用，但是有的乘客会更换手机号或不再使用该软件。这是乘客对驾驶员权益造成损害的体现。在驾驶员方面，也会出现延迟到来现象。

2. 交通安全问题

网约车驾驶员是乘客出行过程中的服务者，同时也是乘客人身财产安全的保障者。因而，网约车运营安全措施仍然需要积极解决。在实践中，我国当前的大中型城市不大可能按照峰值水平发放出租车牌照，不可能以全职出租车来满足高峰期的乘车需求。网约车运行中发生了一些驾驶员侵害乘客人身与财产的情况。

3. 平台垄断问题

长远来看，一旦垄断者达到了排挤其他对手的目的，其在后续的服务中，就有了独断话语权，因其本身的强势地位以及没有充分竞争的市场氛围规则的限制，其最终达到获取巨大垄断利益的目标。由于没有资本培育新的消费习惯，网约车慢慢地挑起消费者对价格高低问题比较容易敏感的神经，人们担心，资本和技术不仅未能打破旧体制的束缚，而是在创建新的垄断，而垄断会导致损害处于弱势地位的消费者利益，因为人们会少了很多选择。

4. 利益博弈监管问题

网约车的盛行，使传统出租车和网约车利益冲突问题成为重要问题。当下，阻碍传统出租汽车联动互联网的主要原因在于传统出租汽车价格的定价方式。出租车市场有其特殊性，在网约车没有出现时，市场专属于传统出租车。网约车的出现，影响着出租车行业的利益格局。网约车市场的火爆，必将影响到传统出租，而利益博弈的过程中就会出现矛盾变化与升级。

五、针对网约车发展存在的问题提出具体应对策略

1. 规制违约，保障正当交易

（1）预留赔付储备金　不管是乘客还是驾驶员由他们直接向守约方支付违约金都存在现实的困难，因此，应该由软件平台在中间起到媒介的作用。为了避免乘客或驾驶员逃避责任而不支付违约金的情况，软件平台在注册之初可建立一个预存账户，驾驶员和乘客都需要在预存账户中存有一定数量的准备金。当乘客或驾驶员违约后，在明确违约责任的基础上，由平台从准备金账户中划拨给守约方，从而实现对违约方的处罚。

（2）畅通申诉途径　对处罚不当的行为，乘客和驾驶员应有明确的申诉途径，可以向平台、协会以及管理部门要求重新进行违约责任判断；而且应确保各种诉求能得到及时解决。通过国家法律的不断完善和软件平台的技术改进，来保障网约车行业交易的顺利进行。

2. 加强管理，提高网约车安全

在网约车获得合法地位以后，政府应进一步加强网约车的管理。总体上应采取统一配置、统一登记、系统操作的管理方法。

（1）提高驾驶员进入门槛，建立驾驶员安全系数考核体系　相对于对乘客的约束审查，作为操作车辆的驾驶员需要更多的约束措施。而对驾驶员的监管，重点是对其资质的控制。在法规与平台监管举措上，对于实名注册的驾驶员的相关信息，比如有无犯罪记录和车辆安全信息都应被包括在审核的范围、质量控制机制内。在平台叫车程序的设置中，对安全系数高与乘客反响态度好的驾驶员，应优先发送用车信号，而且我国应基于驾驶员真实姓名和身份证号码的注册，在网约车运营中建立驾驶员信用体系。

（2）完善车辆交通保险，保障交通损害赔偿　网约车也应充分保障乘客的权益。在汽车发生事故后，网络平台以及汽车公司应该承担承运人的责任，由他们先行承担安全事故赔偿责任，随后再由其向保险公司理赔。原因是，在交通事故后，网约车平台与出租公司先行承担责任以避免乘客进入保险公司赔偿时无法获赔的局面。满足运营条件且信用良好的私家车可按照特定的程序从事转移保险风险操作。同时，保险公司在对网约车承保时，以商业汽车的保险报价，仍然采用风险评估的工作方法。

3. 适度竞争，避免集团垄断

（1）保障行业自律发展　网约车的兴起体现了乘客与驾驶员之间利益诉求双向满足的选择。可以利用经济法上的自由竞争理论之优势来保障网约车市场的充分竞争。当市场处于自由竞争的良好秩序时，用车平台之间竞争秩序处于蓬勃发展之中，这在整体上有利于大众的出行权益。因此鼓励自由竞争式的行业自律发展方式可达到有效避免垄断的目的。在面对

市场上出现的合并现象的时候，不能一味地从避免垄断的角度去限制其合并，允许平台之间的正常合并，以使其利用扩展优势来提供更好的服务。

（2）**完善信息披露制度**　网约车发展平台基本信息以及市场份额的披露有利于乘客选择更加完善的服务平台，这对于维护乘客自身权益是非常有益的。监管机构应改善出租车行业的信息披露制度，平台需要的不仅是一辆出租车，这辆车驾驶员的真正信息是需要向有关部门备案的。按照公共规则，公民福利应接受公众的监督，出租车公司管理透明度的披露对该行业的良好运行具有重要价值。

六、法规效力层级的知识

法规泛指法律、行政法规、地方性法规和部门规章等，它们具有不同的法律效力，了解相关知识，有利于维护企业的合法权益。《中华人民共和国立法法》是关于法规制定、修改和废止及它们效力层级的法律，根据《中华人民共和国立法法》，法律的效力高于行政法规、地方性法规、规章；行政法规的效力高于地方性法规、规章；地方性法规的效力高于本级和下级地方政府规章；省、自治区的人民政府制定的规章的效力高于本行政区域内的较大的市人民政府制定的规章。

1. 第一层

（1）**法律**　全国人民代表大会和全国人民代表大会常务委员会行使国家立法权。法律由国家主席签署主席令予以公布，如《中华人民共和国合同法》。

（2）**法律解释**　法律解释权属于全国人民代表大会常务委员会。法律解释和法律具有同等效力。

2. 第二层：行政法规

国务院根据宪法和法律，制定行政法规。行政法规由总理签署国务院令公布，如《中华人民共和国道路运输条例》。

3. 第三层

（1）**地方性法规**　省、自治区、直辖市的人民代表大会及其常务委员会制定地方性法规。

（2）**部门规章**　国务院各部委、中国人民银行、审计署和具有行政管理职能的直属机构制定部门规章。部门规章由部门首长签署命令予以公布，如《汽车租赁业管理暂行规定》（已废止）。

4. 第四层：地方政府规章

省、自治区、直辖市和较大市的人民政府制定地方政府规章。地方政府规章由省长或自治区主席或市长签署命令予以公布，如《重庆市汽车租赁管理办法》。

此外就是比较常见的红头文件，即行政规范性文件，是指行政机关制定的除行政法规、支付规章之外的对不特定人和事进行规范的文件，严格意义上行政规范性文件不是法规，它是某项法规落实、执行的程序性文件。

参考文献

[1] 张一兵. 汽车租赁 [M]. 北京:人民交通出版社,2009.
[2] 张一兵. 汽车租赁业务与管理 [M]. 2版. 北京:机械工业出版社,2020.